教育部哲学社会科学研究重大课题攻关项目资助（批准号：19JZD048）

| 国 | 研 | 文 | 库 |

民族教育超常规发展研究

孟立军 ————— 著

光明日报出版社

图书在版编目（CIP）数据

民族教育超常规发展研究 / 孟立军著 . -- 北京：
光明日报出版社，2021.4

ISBN 978 - 7 - 5194 - 5916 - 1

Ⅰ. ①民… Ⅱ. ①孟… Ⅲ. ①少数民族教育—发展—
研究—中国 Ⅳ. ①G759.2

中国版本图书馆 CIP 数据核字（2021）第 063235 号

民族教育超常规发展研究

MINZU JIAOYU CHAOCHANGGUI FAZHAN YANJIU

著　　者：孟立军

责任编辑：黄　莺　　　　　　　　责任校对：张　幽

封面设计：中联华文　　　　　　　责任印制：曹　诤

出版发行：光明日报出版社

地　　址：北京市西城区永安路 106 号，100050

电　　话：010 - 63169890（咨询），010 - 63131930（邮购）

传　　真：010 - 63131930

网　　址：http：//book. gmw. cn

E - mail：huangying@ gmw. cn

法律顾问：北京德恒律师事务所龚柳方律师

印　　刷：三河市华东印刷有限公司

装　　订：三河市华东印刷有限公司

本书如有破损、缺页、装订错误，请与本社联系调换，电话：010 - 63131930

开　　本：170mm×240mm

字　　数：222 千字　　　　　　　印　　张：16

版　　次：2021 年 4 月第 1 版　　　印　　次：2021 年 4 月第 1 次印刷

书　　号：ISBN 978 - 7 - 5194 - 5916 - 1

定　　价：95.00 元

目 录
CONTENTS

导　论

一、民族教育概念的提出

民族教育，是指在多民族国家中对居住在一定地区的、人口居于少数的民族所实施的教育活动，包括教育制度、教育设施、教育思想、教育管理、教学内容、教学用语等各个相互联系的方面。

具体地讲，可以根据实施教育活动的不同主体将民族教育分解为有所区别的两大主要类型：一类是指在一定政权形式下，政府有关部门根据一定统治阶级制定的教育方针，对所属成员中的少数民族群体实施的在一定程度上体现这些民族历史文化传统的教育实践活动；另一类是指各人们共同体在一定社区范围内，对其所属成员实施的与本民族生产方式和生活方式密切联系的、在很大程度上能体现本民族历史文化传统的教育实践活动。本书研究的范围限定在第一种类型，主要讨论我国现阶段体现国家主体的各级人民政府对我国各少数民族实施的教育活动。

首先，民族教育与民族自身的发展相联系，与民族具有共存性。①

民族教育是与民族的产生相伴随的，民族的产生为民族教育的产生提供了客观依据；民族教育的产生与发展又为民族自身的发展和进步创造了条件。没有民族的出现便不会产生民族教育这种历史现象；没有民族教育这种历史现象，民族自身的进步、民族共同体从蒙昧到现代民族

---

① 孟立军. 论民族教育的历史性［J］. 民族教育研究，1996（3）.

的演化过程也不可能实现。可见，民族发展离不开民族教育，民族教育赖以存在的基础在于民族本身。

人们很早就注意和研究"民族"这种社会现象。在西方，民族一词最早出现在古希腊的《荷马史诗》中，但使用得比较广泛的则是古希腊的历史学家希罗多德。他在《历史》一书中曾多次使用民族这个概念。在我国，早在我国先秦时代的历史文献中，就已将"民"和"族"两字连用。到了近代，民族一词已成为使用频率很高、使用范围宽泛的名词。

对民族这一概念阐述得最为科学和完整的是在马克思主义产生以后，对此，马克思、恩格斯、列宁都有过精辟的论述。斯大林在1913年撰写的《马克思主义和民族问题》一文中对民族的概念做了科学定义："民族是人们在历史上形成的一个有共同语言、共同地域、共同经济生活以及表现于共同的民族文化特点上的共同心理素质这四个基本特征的稳定的共同体"①，从而对民族概念进行了比较全面科学的表述。尽管斯大林关于民族的科学定义主要是通过研究西欧资本主义上升时期的资产阶级民族这一特定历史事实而做出的科学归纳，有一定的理论适用范围，但就一般意义而讲，这一理论定义同样适用于前资本主义时期形成的民族。

作为人们共同体的民族并不是有史以来便有的社会现象，它属于历史范畴，是人类发展到一定阶段的产物。具体讲，民族是在原始社会末期、阶级社会形成初期形成的。"随着野蛮向文明的过渡、部落制度向国家的过渡、地方局限性向民族的过渡"②，民族这一稳定的人们共同体才得以形成。"劳动本身一代一代地变得更加不同、更加完善和更加多方面。除打猎和畜牧外，又有了农业，农业以后又有了纺纱、织布、冶金、制陶器和航海。同商业和手工业一起，最后出现了艺术和科学；

① 斯大林. 斯大林全集：第11卷［M］. 北京：人民出版社，1955：286.
② 马克思，恩格斯. 马克思恩格斯选集：第1卷［M］. 北京：人民出版社，1972：56.

从部落发展成了民族和国家。"①

可见，民族这种社会现象在历史上的出现绝非偶然，它的出现是有条件的，它是一定社会条件发生变化的最终结果。

民族在历史上的最终形成，便开始了作为人类这一主要社会现象的发展、演变的漫长历史过程。按照马克思主义的观点，民族与社会发展阶段相联系，可划分为原始民族、奴隶制民族、封建制民族、资本主义民族和社会主义民族五种主要类型，并可表现为相互作用交替运动变化发展的过程，有其固有的发展规律性。

需要指出的是，在民族自身发展的历史长河中，民族教育无疑起着至关重要的作用，它不仅承担着物质文化和精神文化的积累和创新任务，使本民族传统文化得到保持并发扬光大，而且使本民族社会成员的相互关系得到协调，利益得到调整，行为受到约束，人格获得新生，使之铸造成为一定生产关系所需求的合格成员。民族教育的特殊作用成为民族自身发展的决定性因素。

既然民族是一定历史发展阶段的产物，并非与生俱有，那么，民族教育作为民族的伴生物，也只能是历史的一种暂留现象，并非永恒存在。当人类文明促进民族融合，以至达到彻底消除民族特征和民族差别时，民族将自行消亡。在这种条件下，世界上所有民族将会融合成一个统一的人类共同体。民族作为已经消逝的社会现象，将永远地成为历史学家书斋中研究的课题。

民族教育既然随民族的产生而产生，也必将随民族的消亡而消亡。需要说明的是，民族教育在促进民族融合、消除民族特征和民族差别中起的作用是无比巨大的，是其他社会现象所不能取代的。

其次，民族教育还与民族问题相联系，是人类社会各个历史时期，特别是社会主义时期解决民族问题最强有力的手段。

就民族与民族问题产生的过程来看，好像应是民族产生在先，民族

---

① 马克思，恩格斯. 马克思恩格斯选集：第 3 卷［M］. 北京：人民出版社，1972：515.

问题产生在后，因为有了民族才会有民族问题。但从本源上分析，应当是民族问题产生在先，而民族形成在后。至少可以说是民族问题的萌芽产生在先，作为人们共同体的民族产生在后。民族自身的出现正是民族问题尖锐化获得发展的必然结果。因此，从民族产生的过程来看，民族的产生与国家的产生非常类似。我们可以做这样描述：随着人类社会的发展，人们交往地域的扩大和交往程度的加深，不同文化特征的人们群体之间的矛盾出现并不断增强，以至于客观上需要有一种外在的社会组织形式来调整不同利益集团、不同文化集团之间的关系，这种最初源于利益与文化差异并在利益和文化认同基础上得以强化的过程便是民族意识产生的初因，也是民族产生的最初过程。

自有民族始，不同利益、不同文化集团之间的矛盾便通过民族这种特定的社会形式出现，并以民族问题得以体现，民族问题成为各种社会形态中普遍存在的一种现象。时至今日，民族问题更具复杂性，民族关系的调整已成为当前人类社会生活的重要内容。

因此，探索民族间民族问题产生的规律，寻求行之有效的解决不同文化集团之间存在矛盾的方法，促进人类发展和维护世界和平，仍然是当今世界各国普遍关注的问题。

民族的存在必然产生民族问题。民族问题是指民族关系中出现的矛盾现象。民族关系"取决于每一个民族的生产力、分工和内部交往的发展程度"①。不同民族的经济及社会生产力发展水平，决定着不同民族享受现代文明成果的程度，是民族问题产生的最本质的根源。可见，民族间表现出来的政治、经济和文化差异是构成民族问题的基本原因，而解决民族问题的根本途径也在于努力消除这种差异。

社会主义时期是各民族发展和繁荣的重要时期，由于民族间经济差异、文化差异还存在，民族问题还将继续保留相当长的一段时期。当前在我国，虽然经过中华人民共和国成立以来长期的发展，各民族之间已

---

① 马克思，恩格斯. 马克思恩格斯选集：第 1 卷［M］. 北京：人民出版社，1972：25.

4

经建立起了平等、团结、互助的新型民族关系，但国内各民族在生产方式、生活方式、文化习俗、宗教信仰等方面的特点和差异仍然存在，尤其是经济和社会发展方面的差距仍然存在，因而，民族间的矛盾便不可避免。当前我国民族问题更多地表现在少数民族和民族地区迫切要求加快经济文化建设方面。

民族问题的存在决定了民族教育存在的历史必然性。因为只有采取积极措施，大力发展民族教育，才能增进民族间的相互了解，消除民族间的隔阂和偏见，才能提高劳动者的科学文化素质，提高劳动生产率，才能保持我国少数民族的优秀传统文化，并实现民族文化的再创造过程。实现民族文化的现代化，也才能最终消除业已形成的民族间的各种差距现象，最终实现各民族的共同发展与共同繁荣。发展民族教育是解决社会主义时期国内民族问题的主要途径。

在社会主义时期，既然民族问题的存在具有长期性的特点，那么作为解决民族问题基本途径的民族教育也会长期存在。这是因为：第一，民族问题的解决并不是一个简单的问题，它不仅要求消除民族间在经济、生产力发展水平方面存在的差距，而且还要求消除各民族间在文化上的差异。这决不是一朝一夕能够解决的问题，必须在国内民族关系十分和谐的情况下逐渐得以实现。这有赖于民族教育所具有的教育性、文化选择性和文化创造性的充分发挥。第二，民族问题具有敏感性的特点，各种因素的影响，会增加民族矛盾的发生率，使民族问题带上多发性的特点，还会增加民族问题的复杂程度，加大民族工作管理的难度和民族教育所担负的工作量。第三，国际民族问题的影响也是不能忽视的重要原因。民族问题具有国际化特点，也使解决民族问题的难度增大，并加大了民族教育在解决民族问题时的复杂程度。所有这些，都使民族教育在社会主义时期的任务具有长期性的特点。

民族教育在社会主义时期任务的长期性，决定着民族教育的主要发展趋势。要发展民族教育，必须解决好民族教育形式与内容的关系。就内容而言，发展民族教育是我国现阶段和今后相当长的一段时期内必须坚持的一种基本政策。从民族教育在解决国内民族问题所发挥的作用来讲，只要国内仍然存在着民族问题，存在着民族差距，就必须坚持发展民族教育，并要切实下大力气抓紧抓好。就形式而讲，坚持发展民族教育并不等同于坚持民族教育的某些具体办学形式和某种模式，不应该以是否坚持某一种或某几种办学形式作为是否坚持发展民族教育的评价标准。办学形式应根据社会主义发展的不同历史阶段和民族问题所面临的任务来确定。

可见，发展民族教育，不应当固守某种发展模式，而应当根据民族教育自身的发展条件来选择发展的模式。努力探讨适应我国民族地区经济增长方式转变的、适应民族地区社会主义市场经济体制建立需要的、适应民族地区 21 世纪人才需求的、加快发展民族教育事业发展的模式和方法，是我们面临的一项十分紧迫的重要任务。

二、民族教育的历史地位

中华民族呈现"多元一体格局"①，民族教育活动同样具有这种特点。在我国，民族教育有着悠久的历史，它与我国汉民族教育并存，相互影响，相互交融，共同发展。民族教育是整个中华民族教育的重要组成部分。此外，民族教育还呈现多元化发展的格局，在历史上曾为我们展示出丰富多彩的历史画卷，呈现了多层面的历史发展轨迹。

我国在历史上就是一个多民族的国家，民族的多样性特点，决定着与民族自身共存的教育现象的不同发展特点。这种多彩多异的历史景观是中华民族教育史的重要组成部分。

如果我们对中华人民共和国成立前的民族教育现象进行横向研究后就不难发现，由于民族地区经济社会发展的高度不平衡性，民族教育与我国汉族教育相比，存在着与各种社会发展阶段相适应的不同形态的教育类型特点。

---

① 费孝通，等. 中华民族多元一体格局 [M]. 北京：中央民族学院出版社，1989：1.

在处于原始公社制末期的少数民族聚居的地区，教育活动主要是以家庭单位、以传授生产技能和社会公德为主要内容。在这些民族中，一般没有本民族的文字和正规的教育机构。教育活动建立在家庭熏陶和模仿的基础上，主要传授历史知识、伦理道德和宗教礼仪等具有本民族特点的传统文化内容。如在内蒙古地区的鄂温克族集中居住的地区，那里没有正规的学校，教育活动是由家长来承担的。孩子幼年时通过长辈讲授故事、神话、谚语、谜语、歌谣以及通过各种节日活动接受教育。稍长，学习放牧、狩猎等生产生活知识。这种处于原始公社末期的教育活动，虽然与这些民族生产力极其落后的社会发展状况相适应，但却是这些民族发展和生存的巨大推动力量。正是这种具有原始社会性的教育活动，才使人们在与大自然的抗争中实现着知识的积累和各种技能的传授。教育活动使这些民族在长期的历史实践过程中不断地认识周围自然世界和抵御自然灾害，发展着人类适应自然和社会的能力，为这些民族摆脱蒙昧状态而迈入现代文明奠定着基础。

奴隶社会形态的民族教育是带有阶级性和等级性的教育。在处于这一社会发展阶段的民族地区，原始教育形态的那种教育的平等性已不复存在，取而代之的是等级制的教育活动。教育活动开始向两端延伸：首先是教育对象发生了变化，奴隶阶级作为社会的主要部分被排除在教育活动之外，接受教育成为统治阶级的一种特权；其次是教育内容也发生了变化，明显带有阶级的属性，教育活动已成为奴隶主阶级实施政治统治的重要内容。当然，如果说奴隶阶级仍然可以接受教育的话，那仅限于劳动技能以及必要知识的教育，以满足劳动力再生产得以延续的需要，这是与这种教育活动相对应的社会制度得以存在的基础。

在我国部分民族地区还存在着以寺院教育为基本特征的教育形式，在中华民族教育史上占有十分重要的地位。主要包括伊斯兰教的经堂教育、小乘佛教的缅寺教育和藏传佛教的寺院教育等。

我国回族、东乡族、撒拉族、保安族等少数民族在清真寺实施的教育被称为经堂教育。其奠基人是明代陕西回族学者胡登洲（1522—

1597）。他有感于回族在完成汉语化过程后伊斯兰教"经文匮乏，学人寥落，既传译之不明，复阐扬之无自"，遂立志兴学，早期在家设立私塾，免费招收学生，教授阿拉伯文和一些经典。随着这种教育形式的发展，课堂由家庭转入清真寺，并加强了宗教课程的教学。经堂教育在明末至清末时成为回族教育的主要形式，主要教授形态学、语法学、修辞学和逻辑学等，同时兼授文学、历史等知识。教师主要来自清真寺礼聘的知名阿訇。学生毕业可接受礼聘担任本寺或其他寺院的教职。①

小乘佛教教育是对我国信奉小乘佛教的傣族、布朗族、德昂族和阿昌族、佤族、彝族等民族实施的教育形式。傣历 386 年（1205 年），小乘佛教由缅甸传入我国西双版纳地区，从而逐渐形成颇具特色的宗教与教育合一的制度。寺院既是从事宗教活动的场所，又是教育和文化活动的中心。这些民族的子弟达到入学年龄时即入寺为僧，学习傣文，修习佛教教义和戒律等。学期数月至 10 余年。学僧入寺学习后，绝大多数仍还俗为民，其中极少部分人成为终身僧侣。学习内容除宗教课程外，还包括哲学、文学、历史、地理、天文、历法等多方面知识。②

藏传佛教寺院教育是在我国藏族、蒙古族居住地区实施的极富地方色彩的一种教育形式，在历史上曾对藏族、蒙古族等民族产生过深刻影响。这种教育形式的主要特征是在寺院设立札仓（学院），分为显宗学院、密宗学院、时轮学院和医宗学院等。蒙藏子弟出家入寺学习，按照一定的学阶，接受诵经、讲辩训练，通过严格的考试，可取得不同等级的格西学位。少数学业优秀者，可依次升任密宗学院的翁则（引经师）、居巴堪布（密院主持）、夏仔曲吉和相巴曲吉（法王）、甘丹赤巴（甘丹寺主持）。时轮学院研习"五明"学中的"工巧明"，学习历算、天文方面的技术。医宗学院研习"医方明"，学习四部医典和药物炮制加工、诊脉、验尿、问切以及解剖学等医疗技术。此外，在塔尔寺还设

---

① 教育大辞典编纂委员会. 教育大词典：第 4 卷 [Z]. 上海：上海教育出版社，1992：99，150.
② 教育大辞典编纂委员会. 教育大词典：第 4 卷 [Z]. 上海：上海教育出版社，1992：101 - 102.

有欠巴札仓（舞蹈学院）等。① 我国历史上存在着的封建领主制的寺院教育，为我们呈现了极具特色的教育历史面貌。

近代正规学校教育在中华人民共和国成立前的民族地区也占有十分重要的位置，它是以正规学校为主、以传授系统的知识体系为目的的教育形式。如在吉林延边朝鲜族地区，20 世纪初开始兴办近代教育。1906 年在延边龙井成立第一所朝鲜族学校——瑞甸义塾。1912 年建立第一所朝鲜族中学，1913 年成立师范学校。中华人民共和国成立时，这一地区已有小学 341 所，中学 18 所，在校生达 104062 人，占总人数的 14% 左右。主要课程已包括民族语言、算术、地理、政府政策和经文等。② 这些学校已经是近代教育的学校，其发展水平大致与我国汉族地区相当，有的地区甚至超过我国汉族地区。

由此可见，我国民族教育不但历史悠久，而且呈现出多层面的历史发展轨迹，并带有先天发展不足和相对后进的问题。如处于原始社会末期的民族教育明显带有原始性和自我封闭性的特点；处于奴隶制社会的民族教育带有阶级等级性的特点；而封建领主制的民族教育又带有浓厚的宗教消极性等。这都在一定程度上反映着民族教育的相对后进的特征。

但我们也应当看到，多层面发展的民族教育也具有积极的促进各民族发展的一面。它为我国不同的民族培养和造就了大批本民族的知识群体，创造和汇集了大批各民族历史文化典籍，传播了社会科学知识和自然科学知识，并促进了本民族语言和文字的发展。

此外，多层面发展的民族教育还为我国现有的教育制度提供了好的范例，成为我们丰富现代教育思想、完善现代教育制度之借鉴。如我国藏传佛教寺院教育就有着极为鲜明的特色：一是有着严格的学程、固定的教材和严谨的学制；二是十分强调学习和知识的掌握要由浅入深，由易到难，由简到繁，要循序渐进，日积月累；三是实施严格的考试制

① 朱解琳. 黄教寺院教育 [M] //耿金声，王锡宏. 西藏教育研究. 北京：中央民族学院出版社，1989：395－413.
② 《中国教育年鉴》编辑部. 中国教育年鉴：1949—1981 [M]. 北京：中国大百科全书出版社，1984：402.

度，学僧每个学习阶段都须通过严格的考试，重要职位的取得必须经考试选任；四是有着独特的教学方法，通过讲辩学习经论，进行考核和晋升学位；五是注重知识学习的专与精，研习经典必须按部就班；六是强调知识的背诵，并使之成为藏传佛教寺院教育的一种十分重要的教育传统；七是创造了具有民族特色的学位制度。这种完备的人才选拔制度，没有任何虚假成分，成为严格选拔人才的重要方法，不仅为藏族、蒙古族人才的选拔提供了途径，而且也为现代教育提供了可供借鉴的样板。

三、社会主义时期的民族教育

俄国十月革命，开创了人类历史的新篇章，在探讨多民族社会主义国家发展道路时，列宁和斯大林都曾对社会主义时期民族教育诸方面进行过有益探讨。苏联社会主义民族教育实践的历史经验，是我国民族教育实践可以借鉴的直接模型。

中国共产党的成立，为我国新型的民族教育实践提供了先决的政治条件。

我党在新民主主义时期的民族教育实践，是苏联党和国家民族教育思想与模式在中国创造性的再现，为中华人民共和国民族教育新体系构建和新运作机制的建立提供了可供借鉴的直接经验，是我国社会主义民族教育的有益尝试。

社会主义条件下的民族教育，是我国教育体系中不可分割的重要组成部分。它的发展水平，直接关系着我国整体教育事业的发展水平；它的发展程度，是影响我国社会主义现代化历史进程的重要因素。

民族教育与一般教育相比，既有与之相同的某些特点，如其教育的基本属性和作用是一致的，即都是通过教育这种有目的的社会实践活动，使人类长期积累的生产技能、各类知识和生活经验得到传递，形成人们共同体共同遵守的道德规范和社会意识形态，以达到对所属成员施以一定影响的教育目的；也有与一般教育相区别的特殊方面，如发展水平的不平衡性、相对稳定的教育对象和相对固定的服务区域、特有的信息传播形式、不同的历史教育传统、不同的民族心理活动特点、不同的语言符号文化、特殊的地域区位特点对民族教育的影响等。民族教育在社会主义时期的这些特殊方面，构成了我国民族教育鲜明的时代特色和教育传统，是我国社会主义民族教育存在和发展的基本依据和现实基础。

可见，我国社会主义民族教育的实践基础明显带有先天发展不足和相对后进的问题。经过几十年的发展，我国民族教育已经发生了翻天覆地的变化，取得了令世界瞩目的巨大成就，民族地区人民群众接受教育的程度和科学文化水平得到迅速提高。但是，由于历史等因素的影响，我国的民族教育，在整体水平上仍然相对落后于教育发达地区。这种状况与我国社会主义事业发展状况以及民族地区要求改变文化落后状况的迫切要求不相适应。

努力消除这种差距，使原先教育发达民族的教育事业更加发达，使教育后进民族赶上教育发达民族的教育水平，促进民族地区经济和社会发展，是当前我们面临的一项重要而迫切的任务。

民族教育事业的发展，不能仅仅被认为是一个教育问题。我国现阶段民族问题比较集中地体现在少数民族和民族地区迫切要求加快经济和文化发展的问题上。"没有西部地区的繁荣昌盛，就不可能实现我们整个国家的繁荣富强；没有西部地区的社会稳定和民族团结，就不可能保持我们整个国家的社会稳定和民族团结；没有西部地区的全面振兴，就不可能达到我们整个中华民族的振兴；没有西部地区的基本现代化，就不可能有我们整个社会主义现代化建设的最终成功。"[1] 要促进民族地区经济和文化事业的发展，实现民族地区的现代化，就必须转变对教育的一些传统观念，从教育入手，从改善民族地区劳动者的素质起步。民族教育所具有的特殊作用要求民族教育尽快摆脱后进状态。

依靠各少数民族自身的力量，民族教育发展的难度无疑是巨大的。

---

① 贾奋勇. 西部1995：中南海留下的脚印 [J]. 民族团结，1996 (3).

对于那些中华人民共和国成立前仍处于原始社会末期或奴隶制社会发展阶段的民族或地区来讲，其难度将是几种教育形态的跨越。即使是对那些原先处于与我国汉族地区教育发展水平大致相当的民族或地区来讲，由于地处偏僻，交通不便，信息不畅，特别是民族地区对教育事业的投入不足以及师资队伍整体水平偏低等条件的限制，其发展的制约因素也明显多于教育发达地区。再加上中华人民共和国成立以来曾受"左"倾思潮的干扰，民族教育也曾走过一段弯路，其结果是延缓了教育发展的历史进程，以致民族教育与发达地区教育的差距不但仍然存在，而且有不断扩大的趋势。

可见，要尽快消除民族地区与发达地区在教育事业发展上的差距，使民族教育达到与教育发达地区并驾齐驱的发展水平，用常规的发展模式和发展办法，在短期内是难以实现的，必须促进民族教育的超常规发展。

民族教育超常规发展是体现社会主义基本特征、提高少数民族群众科学文化素质、发展少数民族地区经济事业、实现民族文化传统现代化和巩固国内各民族团结的需要。

民族教育超常规发展在人类发展的各个阶段上都有表现，而在社会主义条件下则具有必然性。这可以从民族产生过程、民族发展趋势和民族地区发展需要等方面得到证实。民族的产生和发展离不开教育活动这种至关重要因素的影响，教育所具有的教育性、服务性、文化积累性和文化创造性的功能，使民族发展成为可能。而民族地区与发达地区以及民族地区之间存在着的不平衡性，决定着在社会主义制度下发展民族教育事业的必然性。

社会主义制度为各民族发展提供了良好的政治环境，少数民族教育只有在这种社会环境中才能真正得到超常规发展。

实现民族教育超常规发展同样是可行的，这不但在社会基本矛盾运动原理、社会螺旋式发展过程以及社会发展形式的理论上可以得到证明，而且可以在中外教育发展史的实践中找到其依据。社会主义制度下，民族教育能够实现与历史上相比更大跨度的跳跃。

马克思、恩格斯在研究人类社会发展历史时，不但阐述了社会主义发展的一般规律和一般模式，而且揭示了社会主义发展的特殊规律和特殊模式。列宁、斯大林以及中国共产党人，将马克思、恩格斯关于社会主义发展的特殊规律和特殊模式的思想系统化和理论化，并将其推向社会主义实践的高度。马克思主义关于社会主义发展的特殊规律和特殊模式理论是社会主义时期民族教育超常规发展思想的理论基石。

民族教育超常规发展是有条件的。超常规发展虽然表现为事物发展过程中的突变现象，但要真正实现超常规发展，必不可少的条件是要有外部环境的影响、支撑和内部因素的积极配合。要促进社会主义国家内部不同发展水平地区的协调发展，其根本实现方式在于营造与后进地区相比较而存在的高度发展的社会文化背景，并通过一定的方式实现向后进地区的转移，从而使后进地区得到超常规发展。缺少实现超常规发展的外部先进因素的积极影响和内部迫切要求发展因素的相互作用，教育超常规发展乃至民族地区的超常规发展都是难以实现的。

社会主义制度的建立能够更有效地集中社会力量，充分发挥社会主义制度的优越性，是民族教育超常规发展极为有利的社会政治条件；民族地区在全国现代化历史进程中要求尽快摆脱教育文化相对落后状态的强烈愿望，是实现民族教育超常规发展的根本性动因；党和国家加快中西部民族地区的开发战略、全面推进和重点突破实现现代化的步骤，以及对民族地区所采取的重点扶持政策，是实现民族教育超常规发展和民族地区发展的必要外部条件。

要真正实现民族教育的超常规发展，必须转变传统观念，从民族地区的实际出发，脚踏实地地推动民族地区教育事业的健康发展。切实树立民族的现代化必须依赖教育的现代化、通过非均衡发展达到均衡发展、增强教育的社区适应性等思想。转变观念还必须与具体措施相结合，稳步推进必须与重点突破相结合，采取多种办学形式，力求使教育结构与当地的人才需求相适应。同时要进一步加大国家对民族地区教育事业的支持力度，以便更快地提高民族地区人民群众的整体科学文化素质，促进民族地区生产力的不断发展，逐渐增强科技含量在民族地区经济社会生活中的比重。还要进一步搞好精神文明建设，推动民族地区政治体制改革，真正实现民族地区的社会发展。

国家支持后进地区所采取的措施已经取得了很大的成绩，应当成为今后进一步实现民族地区发展，特别是实现民族教育事业发展中继续坚持的基本方针。当前的重点在于对民族地区和民族教育区分类型，分别推动民族地区的发展和普及义务制教育工作，提高各级各类教育的质量。在进一步打好经济扶贫攻坚战的同时，搞好对民族地区的文化扶贫工作。要着眼于民族地区人民群众整体素质的提高，着眼于民族地区经济增长方式的转变，着眼于 21 世纪现代化宏伟目标，在充分发展民族地区市场经济的同时，努力推动民族教育的超常规发展，使民族教育真正成为民族地区走向现代化的先导。

四、实现民族教育的超常规发展

常规是指过去沿袭下来经常实行的规矩。

所谓超常规发展，亦可称为超常发展、跨越式发展、跳跃式发展等，是指事物超出寻常发展程度的运动状态，具有突发性、剧变性和跳跃性的特点。超常规发展是事物发展过程中的一种特殊的运动状态。

就人类社会而言，特别是从一定区域内实现超常规发展来看，主要包括政治超常规发展、经济超常规发展和文化超常规发展等多种表现形式。政治超常规发展是指政治理论、政治制度、政治关系等方面超出一般发展程度的运动状态。经济超常规发展是指经济理论、经济制度、经济关系等方面超出一般发展程度的运动状态。而文化超常规发展则是指文化理论、文化内容以及人们科学文化素质方面超出一般发展程度的运动状态。社会制度影响着人类社会各种现象超常规发展的程度和质量。在社会主义制度下，超常规发展可以得到更加充分的展示。

由于某个领域或某些方面的超常规发展，并不是一个孤立的现象，其最终将影响到其他领域或其他方面，表现为先超常规重点突破，继而牵动其他领域或其他方面协调发展的过程。这种表现为政治、经济、文化三个方面分别实现超常规发展进而相继带动其他方面超常规发展，以使整个社会得到整体发展的过程，被本书称为政治启动、经济启动和文化启动。

社会主义制度下的政治启动，是指由于政治超常规发展而带动整个社会协调发展的过程。社会主义制度下的经济启动，是指由于经济超常规发展而带动政治关系的调整以及文化事业发展的过程。社会主义制度下的文化启动，是指由于文化超常规发展而带动社会主义国家整个社会协调发展的过程。

社会主义政治启动、经济启动和文化启动三种运作状态在社会主义发展的不同阶段，其有效性是不同的。政治启动在社会主义不同发展阶段的初期有效性最高；经济启动在社会主义不同发展阶段的中期有效性最高；文化启动则在社会主义不同发展阶段的后期有效性最高。此外，从社会主义整个历史阶段考察，政治启动、经济启动和文化启动三种运作状态表现为依次更替过程；从社会主义某一时期或某一发展阶段来看，则表现为三种运作状态的不间断的循环过程。

当然，这种表述是就社会发展的一般规律和一般过程而言的。由于不同国家或不同地区客观环境存在着较大差异，引起政治、经济和文化三方面超常规发展的内在因素也有所不同。因此，政治启动、经济启动和文化启动在其表现形式上也具有特殊性，会展示出更加多样化的相关性。

社会主义制度在我国的建立，使各民族之间建立和发展了平等、团结、互助的新型民族关系，通过实行民族区域自治，保证了少数民族当家作主管理本民族内部事务的权利。少数民族地区的政治、经济、文化等各项事业得到很大的发展，展示出无比辉煌的发展前景。

尽管如此，我国少数民族地区与发达地区仍然存在着较大差距，仍然在多方面表现出不平衡的特点：在政治上仍然保留着原有政治制度的某些影响；在经济上的表现就更为明显，民族地区在经济发展的整体水平上仍然落后于全国平均水平；在文化教育方面也还存在着落后的文化观念、落后的文化因素以及人民群众整体科学文化素质偏低等问题。

可见，社会主义条件下的民族地区与非民族地区之间还存在着差距，这种不平衡对民族地区的政治、经济、文化生活有着不良影响。在这种客观环境下，通过尽快发展民族教育来促进民族地区的社会发展水平，就必然带有迫切性。

教育超常规发展，是指在异文化或异水平文化背景下，教育活动相互作用而造成的后进地区教育超出一般发展变化水平的一种特殊运动状态。所谓民族教育超常规发展，是指在相对先进教育活动影响下，民族教育出现的在一定程度上有别于一般教育活动常规变化的超出寻常变化程度的符合教育发展趋势的发展进程。

民族教育的教育功能对于民族政治建设的作用是十分明显的。它既可以直接服务于民族政治，即通过教育活动为新的政治关系建立制造舆论，论证其政治制度的合理性，为新政治制度建立创造与之相应的意识形态，以争得广大群众的理解与支持；同时，它又可以间接地服务于民族政治，即通过教育人培养人的活动来为新的政治制度服务，为一定的政治制度提供适应这种政治制度运作的智力资源。

民族教育对民族经济的影响无疑是巨大的，它通过对劳动者素质的改善来提高劳动生产率，提高人们社会经济活动的质量，促进经济增长因素的发展。在一定意义上讲，经济发展的状态在很大程度上要取决于劳动者的素质水平。劳动者的素质好和科学技术掌握的程度高是民族经济振兴的重要条件。

民族教育具有选择和创造民族文化传统内容的功能。一方面，民族教育对民族文化具有定向选择功能，既能够对民族文化传统中积极因子进行肯定性的选择，又可以对民族文化传统中的劣质因子进行否定性的选择，从而达到发扬民族文化传统中的优秀部分而抑制糟粕部分的目的。另一方面，民族教育对民族文化还具有定向创造功能，在保持民族文化传统积极因子的基础上，吸收外来文化的一切合理内容，创造出有别于本民族原有文化传统的新文化内容和新文化精神。教育活动所具有的这种有目的地选择文化传统和积极创造新文化的社会功能，是任何政治制度的建立和巩固甚至是任何社会得以发展所必需的条件。

教育超常规发展对文化启动具有特殊作用。从一定意义上讲，如果没有教育活动对文化传统进行有目的的选择，便无法按一定社会制度的特殊要求来构建社会意识形态，也就无法使符合一定社会制度的社会意识成为在这种社会生产关系下每一个社会成员的共识。换句话说，如果没有教育活动的积极创造新文化作用的发挥，社会意识便只能停留在原有水平上。在这种情况下，新的社会意识形态便难以形成，社会文化便不能得到发展，人类精神产品的生产便无法完成。

不难看出，虽然实现文化启动包括多种形式，但最为有效、最为经济、发展潜力最大的当属教育启动，即由教育超常规发展而带来的文化超常规发展及社会协调发展的现象。

因此，教育活动的本质特征便决定了它在文化建设中的无法取代的重要作用。既然教育活动对文化事业具有这种无法代替的作用，也就决定了教育超常规发展对文化启动的特殊意义。没有教育活动的超常规发展，便不可能产生真正意义上的文化启动。

我们可以对民族地区超常规发展以及民族教育在实现这一发展的整个过程做这样的描述：通过增大对民族教育的物力、财力和人力的投入，在相对先进教育活动的直接示范和影响下，促进民族教育内部的改革、调整、完善，培育教育活动新的增长点，实现民族教育的超常规发展。教育的发展，一方面对民族地区劳动群众施加影响，提高他们的科学文化素质，并对他们施以社会主义的教育；另一方面，通过民族教育对民族文化的选择和创造功能，继承民族文化中的优秀因素，抛弃其相对落后因素，实现民族文化的现代化，并凭借上层建筑的反作用，对民族地区经济及其他事业产生影响，最终达到实现民族地区经济和社会发展的目的。

社会主义制度的建立，为各民族充分发展提供了良好的社会政治环境，有利于发挥先进地区所具有的先进因素的积极性，帮助民族地区发展，使民族地区能够永远摆脱历史上政治上受压迫、经济上受剥削和文化上受奴役的影响，使各民族携手并进，共同开创新的生活。

五、民族教育超常规发展的研究价值

研究我国民族教育超常规发展的理论与实践问题是十分重要的，它不仅能促进我国民族教育理论的发展和完善，还能对我国民族教育实践起积极的指导和促进作用。特别是在中央实施西部大开发战略决策的今天，此项研究就更显示出它的理论特色和应用价值。

研究民族教育超常规发展的理论具有十分重要的理论意义。

1. 可以丰富我国民族教育理论

列宁和斯大林根据苏联社会主义实践创立的社会主义民族教育理论，是社会主义民族教育实践的指导思想。我国不但推进了民族教育在社会主义实践中的发展，而且丰富了马克思主义关于民族教育的理论。民族教育超常规发展理论的提出和实践，可以进一步加深我们对民族教育特殊发展规律的认识，进一步完善我国的民族教育理论体系。

2. 可以为民族平等增加具体内容

我们过去的工作，在一定程度上存在着较多的强调各民族政治上一律平等，而相对忽视受教育平等、经济平等等具体平等内容的问题，民族教育在我国社会主义实践中受到"左"倾思潮影响而出现大起大落的历史事实就可以充分证明这一点。民族平等是由多方面具体平等权利来体现的，受教育平等是民族平等的重要内容。其主要思想集中体现在社会主义时期切实缩小少数民族在受教育机会和受教育程度上与汉族的差距方面。民族教育超常规发展理论的提出和实践，给民族平等充实了具体内容，有利于国内各民族的平等与团结。

研究民族教育超常规发展的理论具有十分重要的实践意义。

1. 有利于我们认识和尊重各少数民族教育传统

我们过去的工作，不同程度地存在着较多地强调各民族根本利益和最终目标的一致性，而相对忽视各民族教育活动的特点和差异，以及民族教育传统形式在民族教育中的作用等问题。各少数民族在各自发展过程中，都形成了各自独特的教育模式和教育传统。这既是我国民族教育发展规律的高度概括，又是我国教育思想和教育传统不可缺少的一部分。中华人民共和国成立以来，由于有的地区在实际工作中，脱离各少数民族的教育传统，盲目地推行固定的教育模式和教育方法，特别是经历过"文革"那样的反复，致使民族教育发展一度缓慢，制约了民族教育的发展。如果我们在民族教育工作中，能够更多地尊重各少数民族教育传统，吸收各少数民族教育中的合理因素，以少数民族特有的教育形式传播社会主义新知识和新精神，效果可能会更好一些。尊重我国各少数民族教育传统，承认民族间在教育上的客观差异，赋予民族教育形式以新时代的内容，是社会主义时期发展民族教育的一条基本经验。民族教育超常规发展理论的建立和实践，能够在充分认识民族教育特殊规律的基础上，提高我们对民族教育形式特殊作用的认识，有助于各少数民族教育传统的继承和发挥，促进民族教育的健康发展。

2. 有利于实现民族地区经济发展和社会发展

大力发展民族地区社会生产力是社会主义时期民族工作的最根本的任务。当前搞好民族工作，增强民族团结的核心问题，就是积极创造条件，加快民族地区经济文化事业的发展，实现各民族的共同富裕和共同繁荣。这既是党在民族政策上的根本任务，又是社会主义制度优越性的具体体现。我国民族地区地大物博，拥有我国现代化建设必不可少的自然资源，中国经济发展的前景在相当大程度上将取决于民族地区的资源开发和经济发展状况。缩小民族地区与发达地区存在的差距，实现经济振兴与社会发展，其根本突破口在于发展民族教育。民族教育超常规发展理论的提出与实践，可以将党和政府加快发展民族地区经济和文化的思想向民族地区的社会实践转化，加快民族地区现代化因素的积累过程，切实促进民族地区的经济发展与社会发展。

3. 有利于认识教育差距及其他发展差距这种带普遍意义的社会现象

由于地域间差异和历史等因素的影响，教育发展不平衡仍然存在，可以说教育发展不平衡是教育发展的绝对规律。这种不平衡除了表现在民族地区与发达地区教育之间，还表现在不发达的非民族地区与发达地区教育之间。研究不同地区不平衡教育现象及其互相影响的规律，对于我们增强对我国教育不平衡现象和特殊发展规律的认识，缓解不同地区与不同类型教育的不平衡现象，协调不同层次和不同类型教育的发展，促进教育后进地区教育事业的发展，无疑也具有普遍意义。

第一章

民族教育超常规发展的实践条件

正像导论所指出的，本书研究限域为我国社会主义条件下民族教育超常规发展的理论和实践，这就决定了本项研究的主要对象和研究目的。为了更清晰地揭示我国社会主义民族教育的实践过程，首先要对我国社会主义民族教育的历史、主要成就以及当前存在的主要问题进行讨论。

第一节　我国民族教育的历史回顾

要了解我国社会主义民族教育的发展历史，有必要对我国新民主主义革命时期民族教育发展过程进行回溯。从教育的性质上分析，我国社会主义民族教育实践是新民主主义革命时期中国共产党领导的民族教育实践的直接延续。

一、新民主主义革命时期民族教育的实践

中国共产党的成立，为我国新型的民族教育实践提供了政治条件。坚持民族平等是这一历史时期民族教育实践的出发点；培养革命斗争需要的少数民族干部是这一历史时期民族教育的战略重点；而通过各类学校和设立专门的学校培养少数民族干部，则是这一历史时期民族教育的主要方式。

新民主主义革命时期中国共产党领导下的民族教育实践大致可以划分为两个主要阶段。

第一阶段（1921—1937）。在此阶段，中国共产党根据革命斗争的需要，通过各类学校培养少数民族干部，开创了中国民族教育史的新篇章。1921年，中国共产党在长辛店创办劳动补习学校，为中国革命事业培养了大批革命骨干；为了培养蒙古族革命骨干，党曾派乌兰夫（云泽）、奎璧（奎子璋）、吉雅泰、多松年（多寿）、李裕智（巴吐尔罄）、佛鼎等20多人进北京蒙藏学校读书；在中国共产党创办的湖南自修大学、上海大学、农民运动讲习所等培养干部的学校也曾培养了为数不少的少数民族学员。此外，中国共产党还根据革命斗争需要，举办各种训练班来培养少数民族干部。1925年9月，中国共产党在广西成立"东兰农民运动讲习所"，培养了500余名壮族和其他民族的干部；红四方面军曾在甘孜举办藏族干部学校，培养了一批翻译、宣传、后勤和群众工作干部；红军到达陕北后，还曾创办过蒙回干部学校和训练班；并在中央党校设立民族班，在陕北公学设立民族部等。

这一时期，是中国共产党民族教育从起步到逐渐发展的阶段。其特点是能够充分认识培养民族干部对中国革命的特殊意义，紧紧围绕革命战争的需要，采取灵活多样的教育形式培养民族干部。即使是在十分险恶的战争环境中，仍不失时机地创办了各类学校、训练队，对提高民族干部的政治觉悟、政策水平和综合素质做出了积极贡献。

第二阶段（1937—1949）。在此阶段，中国共产党根据新形势的需要，进一步加强了对民族干部的教育工作。除了进一步发挥各类学校在少数民族干部教育中的作用外，还根据新形势需要举办了新型的民族高等教育。

中国共产党在新民主主义革命时期民族教育最成功和最具代表性的实践活动是1941年9月延安民族学院的建立。延安民族学院是在原陕北公学民族部基础上建立的，是为了实现"动员蒙民、回民及其他少数民族，在民族自决和自治的原则下，共同抗日"① 纲领，专门培养少数民族干部的一所高等教育性质的学校。建院初期有蒙古、回、彝、苗、藏、满、东乡、汉等民族的学生 300 人。该院是真正意义上的新式学校，在教学组织形式、教学内容、教学方法以及日常管理等方面都具有自己的特点。② 为了能够使来自不同民族、不同年龄的学生更好地学习，学校分别设置有研究班、普通班和文化班，还专门设有回族和蒙古族班。在所开设的课程中，不仅包括马列主义、政治经济学、民族问题等课程，还开设了民族语文、历史、地理及自然科学课程。在教学上，学院根据不同学员的特点因材施教，并力求理论和实际相统一。为使学员受到实际工作的锻炼，学院曾组织学员参加各种社会调查活动，协助地方组成新政府等活动。在日常管理上设有专人负责学员的思想政治教育，对民族学生实行特殊生活待遇等。

延安民族学院是中国共产党领导下建立的第一所新型民族高等院校，为中华人民共和国民族高等教育积累了宝贵经验，为我国社会主义民族高等教育实践提供了成功范例。它的诞生标志着中国共产党培养少数民族干部教育活动达到了新的实践高度。

中国共产党在新民主主义革命时期领导的民族教育实践，从根本上改变了我国民族教育的落后性质，宣告了旧中国民族教育的终结，使民族教育成为具有为我国少数民族服务和为革命政治斗争需要服务的教育形式，为中华人民共和国的建立做出了巨大贡献。

二、社会主义时期民族教育的实践

中华人民共和国的成立，为社会主义民族教育实践的发展提供了先决条件。民族教育在社会主义条件下的实践，实现了国内各民族在教育上享有的平等权利，具有历史性变革的意义。

---

① 毛泽东. 毛泽东选集：一卷本 [M]. 北京：人民出版社，1967：327.
② 孟立军. 民族学院是毛泽东教育思想在民族问题实践中的产物 [J]. 中央民族学院学报：增刊，1993.

我国社会主义民族教育实践大致经历了四个主要阶段。

第一阶段（1949—1957）。这是我国社会主义民族教育创立并得到快速发展的重要时期。在此期间，中国共产党依据马克思主义民族理论的基本观点，正确地贯彻了民族政策；确立了少数民族教育工作的方针和任务；形成了发展我国民族教育的基本理论；建立健全了民族教育的管理机构，并采取适合我国民族特点的教育形式，使我国社会主义民族教育从无到有、从小到大地逐步发展起来，初步建立起具有我国特色的民族教育体系。

第二阶段（1958—1966）。这是我国社会主义民族教育曲折发展的时期。由于受到"左"倾思潮的干扰，我国民族教育发展在一定程度上受到影响。其表现：一是不切实际地盲目发展；二是在"民族融合"风的影响下采取极左的一些做法，如撤并民族学校，取消民族语文教学，取消民族学生享有的政策性照顾等。这些做法严重地影响了民族教育事业的健康发展。20世纪60年代初，在中央关于"调整、巩固、充实、提高"方针的指导下，党和政府纠正了民族教育实践中违反客观规律的不切实际的某些做法，使民族教育在新的形势下得到了新的发展。从总的发展过程来看，这一时期虽有挫折，但总的趋势仍然处于上升状态。

第三阶段（1966—1976）。这是我国社会主义民族教育遭受严重破坏，并偏离正常发展轨道的时期。这期间，民族理论和民族政策被否定；民族教育政策和经实践检验证明是正确的民族教育措施被抛弃；民族教育管理机构被撤销；全国民族高等学校、中等专业学校和部分中小学中断招生达4年之久；全国10所民族学院有8所被先后撤销、停办。农职中学、民族中小学被撤销或被合并的现象更为普遍。① 这期间是民族教育遭受中华人民共和国成立以来最为严重损失的时期。

第四阶段（1978—现在）。这是我国社会主义民族教育在新时期得

---

① 耿金声，崔斌子. 中国少数民族教育史：当代卷［M］. 长春：吉林教育出版社，1995：444.

到新的发展的时期。党的十一届三中全会以来，我国纠正了党在民族工作上出现的偏差，重新确定了马克思主义的政治路线、思想路线和组织路线，也使民族教育工作跨入了一个新的发展阶段。在尊重民族教育特点的基础上，重新确立和发展了我国民族教育的政策并恢复加强了民族教育管理机构，少数民族教育得到迅速发展，教育质量得到迅速提高，民族教育又重新焕发出蓬勃生机，我国社会主义民族教育再一次跨上了实现发展的"快车道"。

第二节　中华人民共和国民族教育实践的主要成就

我国社会主义民族教育经历几十年的发展，已经取得了前所未有的巨大成就。归纳起来，我国社会主义民族教育实践成就更集中地体现在以下三个方面。

一、民族教育体系的形成

中华人民共和国成立以来，党和国家为了发展我国的民族教育事业，先后于 1951 年、1956 年、1981 年、1992 年、2002 年和 2015 年召开了六次全国民族教育工作会议，制定了发展我国民族教育事业的方针和政策，提出了不同时期民族教育的任务，同时采取特殊措施大力帮助少数民族发展教育事业，使我国民族教育迅速发展并逐步完善，形成完整的民族教育体系。

（一）民族教育体系建立的条件

《中华人民共和国民族区域自治法》在阐述自治机关权利时规定："从当地民族中大量培养各级干部、各种科学技术、经营管理等专业人才和技术工人。""扫除文盲，举办各类学校，普及初等义务教育，发展中等教育；举办民族师范学校、民族中等专业学校、民族职业学校和民族学院，培养各少数民族专业人才。"① 这些规定和论述，不但重申了举办民族教育的基本任务，而且也是对发展民族教育、建立比较完善的民族教育体系的科学总结。

中华人民共和国的建立，是我国社会主义民族教育体系建立的前提和实践基础。中华人民共和国成立初期，我国确立了基本的民族政策，在政治上实现了民族平等，打破了旧中国因长期推行民族压迫政策而造成的民族隔阂，各民族之间平等、互助、团结的新型民族关系开始建立。

在这种充分强调民族平等、民族团结、民族进步的社会政治环境下，党和国家把发展民族教育事业作为坚持民族平等和团结进步的大事来抓，使我国民族教育事业得到突破性的进展。这不仅使本来基础好的地区的教育事业进一步得到发展，还使那些处于不同历史发展阶段的少数民族昂首跨入社会主义阶段社会，逐步建立起跨越不同历史发展阶段的现代教育制度。

（二）民族教育体系建立的内容

从我国教育大系统来看，可以根据教育的不同性质划分为一般教育和民族教育两个子系统。

一般教育，是指以提高国民素质为基本目的的培养人的社会实践活动，即泛指那些通过教育能够增进人们的知识与技能，影响人们的思想，并增进人们体质的活动。实施这种教育的是在我国境内设立的普通学校和社会学校等。

民族教育，一般是指对多民族国家中人口居于少数的非主体民族所实施的教育。在我国则特指那些为普及和提高除汉民族以外的其他民族科学文化素质所实施的教育活动。从事这种教育活动的主要有两类学校体系：一是在非民族自治地方设置的以招收少数民族学生为主要对象的民族学校；另一类是在民族地区设立的各级各类学校等。

---

① 全国人民代表大会常务委员会办公厅. 中华人民共和国第六届全国人民代表大会第二次会议文件汇编［M］. 北京：人民出版社，1984：87，90.

在对民族教育系统做进一步分析后可以看出，民族教育系统又可以根据教育对象、学校布局以及教学内容等特点进一步划分为多个子系统：

一是跨地区相互衔接的主要以招收我国少数民族学生为主并以此为特色的教育子系统。如民族小学—民族中学—民族高等院校等。

二是民族自治地方设立的各级各类学校的教育子系统。如小学—中学—大学等。

三是在我国一般教育系统中设置的招收少数民族学生的教育子系统。如普通高等学校少数民族班、内地西藏学校和西藏班、内地新疆高中班等。

第一、三类教育子系统以招收少数民族学生为主，为我国少数民族和民族地区培养急需的各类专门人才，间接地为我国少数民族和民族地区服务；第二类教育子系统少数民族学生与汉族学生兼收，直接与民族自治地方的物质文明和精神文明建设相联系，为当地经济和社会发展服务。由此可以看出，民族教育是我国教育体系中不可缺少的重要组成部分。

国家有关部门公布的民族学校设置数据也可以充分反映我国民族教育体系的状况。1998 年各级各类少数民族在校生达到 1856.22 万人，与 1951 年的 99.02 万人相比，增长了 18 倍。1998 年全国有少数民族专任教师 88.84 万人，与中华人民共和国成立初期的 6.49 万人相比，增长了近 13 倍。单独设置的民族学院（大学）12 所，民族地区设置的普通高等学校 101 所，1998 年在校少数民族学生 22.64 万人，与 1951 年的 0.21 万人相比，增长了近 107 倍。①

据 2019 年资料显示：少数民族学前教育学生 522.37 万人，普通小学学生 1282.87 万人，初中学生 552.90 万人，高中学生 532.68 万人，普通中专学生 77.89 万人，职业高中学生 38.51 万人，普通本专科学生

---

① 夏铸，阿布都. 民族教育：50 年铸造辉煌［N］. 中国教育报，1999 – 09 – 30.

298.87 万人，研究生 15.66 万人。少数民族学前教职工 36.64 万人，普通小学教职工 63.91 万人，初中教职工 39.49 万人，高中教职工 23.02 万人，普通中专和职业高中教职工 4.82 万人，高等学校教职工 15.24 万人。①

民族教育的发展提高了少数民族的整体素质，少数民族群众文盲率大幅度下降，各民族科学文化水平有了相当程度的提高。1994 年到 1998 年，民族自治地方县级行政区划单位有 241 个实现"两基"，占民族自治地方总数的 34.4%。② 2007 年底，410 个攻坚县中有 368 个实现了"两基"攻坚目标，其余 42 个达到了"普六标准"。③ 不少民族已经有了本民族出身的学士、硕士和博士。许多民族跨越几种社会形态成为社会主义时代的民族。

民族教育还形成了具有民族特色的教育制度。在学校设置、学校管理、办学形式、招生分配、教学用语、教材建设、教学方法等方面形成特色，有效地适应了我国少数民族和民族地区的实际需要。

中华人民共和国成立以来，民族教育事业的发展，提高了少数民族整体科学文化素质，造就了一代新型的少数民族干部队伍和知识分子队伍，他们中的很多人已经成为我国各条战线的领导干部或业务骨干。

二、民族教育理论的创立

社会主义民族教育理论的建立，也有一个从创立到不断发展和完善的过程。列宁和斯大林在领导苏联社会主义革命和建设中，从苏联多民族国家的实际情况出发，开创性地对社会主义时期民族教育理论进行了阐述。

我国社会主义民族教育理论直接渊源于列宁、斯大林的民族教育思

---

① 根据中华人民共和国教育部网站提供的数据整理。
② 夏铸，阿布都. 民族教育：50 年铸造辉煌［N］. 中国教育报，1999－09－30.
③ 赵岩. "两基"攻坚如期完成　教育之光洒遍西部［J］. 中国民族教育，2007（12）.

想，并在我国民族教育实践中有所发展，创造了符合我国国情的具有中国特色的民族教育理论。

（一）列宁对民族教育理论的贡献

列宁曾对社会主义民族理论和教育理论进行过多方面的探讨，成功地解决了社会主义时期民族、教育的一系列重大理论问题。列宁阐述的"从本阶级队伍中选拔自己的管理人员"以及民族平等等思想，是苏联社会主义民族教育理论的出发点。列宁关于民族和教育的思想主要包括以下内容。

1. 通过先进阶层实现全体居民参加管理

正像列宁在俄共（布）第八次全国代表大会上关于党纲报告所指出的那样，俄国十月革命后急需各类干部。十月社会主义革命做到了世界上任何一个国家都没有做到的事情，它彻底地摧毁了"官僚主义的和资产阶级压迫者的机构"，彻底改变了国家机关的性质。但由于缺乏具有较高文化水平的人才，那些沙皇时代的官僚们又渐渐地转入苏维埃机关，"把他们赶出了大门，他们又从窗户里钻进来"，致使官僚主义现象仍在苏维埃政权中存在着。要彻底地进行反对官僚主义斗争，从根本上战胜官僚主义，"只有当全体居民都参加管理工作时"[1] 才能实现。在这一点上，哪怕是最好的资产阶级共和国也是办不到的。在那里有着无数法律上的障碍，劳动群众参加管理工作是不可能的事情。

社会主义制度的建立，虽然为全体居民参加管理提供了可能，但由于居民文化水平的限制，其"还没有达到使劳动群众能够参加管理的地步"。[2] 苏维埃虽然在纲领上是通过劳动群众来实现管理的机关，而实际上却是通过无产阶级先进阶层来代替全体劳动群众实行管理的，即国家机关是由先进阶层组成的机关。它代表劳动群众的根本利益，为劳动群众的根本利益服务。要解决劳动群众直接管理这一问题，只有通过长期的教育才能解决。这正如列宁所指出的，"只有用比以前大得多的

---

① 列宁. 列宁选集：第3卷 [M]. 北京：人民出版社，1972：788.
② 列宁. 列宁选集：第3卷 [M]. 北京：人民出版社，1972：789.

规模把无产阶级和农民组织起来，同时真正实行吸收工人参加管理的种种办法"，① 才能做到。

不难看出，通过教育提高人民群众的"文化水平"是苏维埃政权面临的十分迫切的任务。

2. 培养本阶级的管理人员

为了解决苏维埃政权建设中急需高文化素质干部的问题，列宁认为面临的一个重要任务就是改造资产阶级的人才和积极地培养本阶级的管理人才。"要善于吸取、掌握、利用先前的阶级的知识和素养，为本阶级的胜利而运用这一切。"② 要起用封建主，要改造他们。此外，也是更重要的，就是要以极大的努力来培养苏维埃政权建设需要的干部。他认为："应当从本阶级队伍中选拔自己的管理人员"，"要运用全部国家机构，使学校教育、社会教育、实际训练等等，都在共产党员领导之下，为无产者、为工人、为劳动农民进行工作"。③

列宁从本阶级队伍中选拔自己管理人员的思想，解决了教育与巩固苏维埃政权的关系问题，是社会主义民族教育理论的重要理论基石。

3. 对民族干部提出特殊要求

列宁对民族教育理论的另一个贡献是对民族干部提出了特殊的要求。他认为民族地区的共产党员"不能死搬一套俄国的公式，而要运用灵活的智慧方法来制定适当的策略"。④ "不要抄袭我们的策略，而要独立地仔细考虑我们的策略为什么具有那些特点以及它的条件和结果，从而在自己那里不是照抄 1917—1921 年的经验，而是运用它的精神实质和教训。"⑤

列宁在这里特别强调要根据民族地区实际情况采取不同政策的思

① 列宁. 列宁选集：第 3 卷 [M]. 北京：人民出版社，1972：789.
② 列宁. 列宁选集：第 4 卷 [M]. 北京：人民出版社，1972：170.
③ 列宁. 列宁选集：第 4 卷 [M]. 北京：人民出版社，1972：171.
④ 苏联科学院历史研究所. 苏联民族政策文件汇编（苏联的形成）1917—1924 [M]. 中央民族事务委员会参事室，译.1954：300.
⑤ 列宁. 列宁选集：第 4 卷 [M]. 北京：人民出版社，1972：502.

想，既是对民族干部的特殊要求，又是培养和选拔民族干部的重要标准。

4. 使用民族语言进行教学

1914 年列宁还曾对民族地区使用民族语言的问题进行过阐述。他在《需要实行义务国语吗》一文中认为：采取强制性的伴以棍棒推行俄语是不符合人类历史发展规律的，因为"俄国资本主义的发展，一般说来，社会生活的整个进程，正在使各民族相互接近……居民的民族成分混杂起来了，民族隔阂和民族落后状况一定会逐渐消失。由于自己的生活条件和工作条件而需要知道俄罗斯语言的人，不用棍子逼迫也会学会俄罗斯语言的"。因而应"保证居民能够用各种当地语言在学校中授课"。① 列宁还特别强调民族必须平等，他认为："国内各民族绝对一律平等，任何属于一个民族或一种语言的特权都应认为是不能容许的、违背宪法的事情。"② 要"无条件地保护一切少数民族的权利"。③

列宁阐述的使用民族语言的一般性原则以及多语言发展的一般性规律，对民族教育理论形成具有重要指导意义。

5. 加强民族地区政权建设

列宁十分关心民族地区的政权建设，认为这关系到民族地区各项事业的发展和前途，是非常重要的政治问题。他在给民族地区党员的信中指出："高加索各民族的工人和农民之间的民族和睦是非常重要的，而更加重要得多的是保持和发展作为向社会主义过渡的阶梯的苏维埃政权。"④ 十月革命前他就曾指出："要是各民族工人不在一切工人组织中结成最亲密的联盟，无产阶级就不能进行争取社会主义的斗争和维护自己的日常经济利益。"⑤ 在社会主义制度下，"凡是国内居民生活习惯或民族成分不同的区域，都应当享有广泛的自主和自治，其机构则用普

---

① 列宁. 列宁全集：第 20 卷［M］. 北京：人民出版社，1958：59.
② 列宁. 列宁全集：第 20 卷［M］. 北京：人民出版社，1958：278.
③ 列宁. 列宁全集：第 19 卷［M］. 北京：人民出版社，1959：100.
④ 列宁. 列宁选集：第 4 卷［M］. 北京：人民出版社，1972：500.
⑤ 列宁. 列宁全集：第 19 卷［M］. 北京：人民出版社，1959：238.

遍、平等、秘密的投票方式来建立"。①

列宁对社会主义国家处理少数民族事务的一般原则、民族地区政权建设的思想以及民族地区政权组成人员的构成形式等思想，为解决社会主义时期民族问题，特别是解决民族地区政权构成问题指明了方向。

列宁关于从本阶级队伍中选拔管理人员，关于在处理民族问题上要有更多的灵活性，关于应当允许民族地区使用民族语言进行教学，以及关于建立民族地区人民群众拥戴的、能坚持社会主义道路的、能代表各民族根本利益的苏维埃政权的思想，都从不同的侧面对社会主义民族理论，特别是民族教育的理论进行了阐述。

列宁的上述思想，是社会主义民族教育理论的主要支点，是斯大林社会主义民族教育思想的理论来源，起着社会主义民族教育理论的奠基作用。

（二）斯大林对民族教育理论的贡献

斯大林对马克思主义理论的贡献之一是丰富和发展了马克思主义的民族理论。其中，他继承列宁关于培养少数民族干部、加强民族地区政权建设等思想，创造性地构建了社会主义民族教育的理论框架。斯大林关于民族教育的思想主要反映在他的《马克思主义和民族问题》《论取消民族限制》《论东方民族大学的真正任务》等文章中，其要点有 10 个方面。②

1. 民族教育问题是实行民族平等的重要内容

斯大林在《马克思主义和民族问题》一文中，针对有人担心少数民族会受到多数民族压迫从而建议将散居各地的少数民族结成一个统一民族联盟的论点指出：任何一个区域都不是清一色的单一民族区，每个区域里都杂居着少数民族。当国家保留着旧制度时，多民族国家中会出现多数民族压迫少数民族的问题，而在已经具备了完备民主的制度下便失去了民族压迫的根据。

---

① 列宁. 列宁全集：第 19 卷 [M]. 北京：人民出版社，1959：239.
② 孟立军. 论斯大林的民族教育思想 [J]. 广西民族研究，1995（3）.

"少数民族所需要的不是勉强凑成的联盟，而是他们在当地拥有的实权。"少数民族感到不满的不是没有民主联盟，"而是没有使用本族语言的权利"，"是他们没有本族的学校"，"是没有信仰（信教）、迁徙等等的自由"。在社会主义条件下，"在一切方面（语言、学校等等）实行民族平等是解决民族问题的一个必要条件"，"必须在国家完全民主化的基础上颁布全国性的法律，无例外地禁止民族享有任何特权，禁止对少数民族权利加以任何妨碍或限制"。①

斯大林认为搞好民族教育工作是实行民族平等的重要内容。而实行民族平等又是解决国内民族问题的必要条件。这样，就将民族教育问题与多民族国家中实行民族平等、解决民族问题紧密地联系起来，民族教育成为多民族国家中民族问题最终解决前的一个十分重要的问题。

2. 迅速培养少数民族干部

培养少数民族干部是民族教育的基本任务之一，是建立各民族苏维埃自治共和国的重要问题。

斯大林曾分析过实现苏维埃自治道路上的障碍问题：障碍之一"是边疆地区十分缺乏当地出身的知识分子，苏维埃和党的所有一切工作部门都缺乏指导员"，这一问题的存在，"不能不阻碍边疆地区的教育工作和革命建设工作"。② 民族地区缺少当地出身的知识分子，使设立本民族语言的本民族学校、法院、行政机关和其他机关都极端困难。

因此，要迅速培养当地出身的干部，为民族地区"一切管理部门培养当地人的指导干部"，③ 使民族地区的一切苏维埃机关"尽可能由熟悉当地居民生活方式、风俗、习惯和语言的当地人组成"。④ 这样，"才能在群众和政权之间建立不可摧毁的精神联系"⑤，使苏维埃政权成为俄国边疆地区人民群众所亲近和爱戴的政权，成为他们所了解的

---

① 斯大林. 斯大林全集：第 2 卷［M］. 北京：人民出版社，1953：354 - 355.
② 斯大林. 斯大林全集：第 4 卷［M］. 北京：人民出版社，1956：319.
③ 斯大林. 斯大林全集：第 4 卷［M］. 北京：人民出版社，1956：319.
④ 斯大林. 斯大林全集：第 4 卷［M］. 北京：人民出版社，1956：317.
⑤ 斯大林. 斯大林全集：第 4 卷［M］. 北京：人民出版社，1956：317 - 318.

政权。

斯大林从实行民族自治的高度强调了民族教育的意义，强调了没有合格的民族干部就没有民族自治。民族教育的基本任务就是培养适应民族地区工作需要的少数民族干部。

3. 在民族地区实行普遍的义务教育

斯大林十分重视在民族地区实施普遍的义务教育问题，要求将群众的觉悟提高到苏维埃政权的水平。

他认为：低文化水平是造成少数民族地区长期发展缓慢的重要原因，是使他们"终身受压迫的主要祸害"① 和影响民族自治机关行使自治权利的主要障碍。识字人愈多和文化水平愈高的国家、共和国或地区，党的机关和苏维埃机关就愈接近人民，愈接近人民的语言和生活习惯。"愚昧无知是苏维埃政权最危险的敌人"，民族地区要消灭人民群众的愚昧无知，"想要在精神上使俄国的中部和边疆地区接近起来，那就应该在那里实行普遍义务教育"。② "要想使自己的国家成为先进国家，即想使自己的国家制度发达，就必须提高居民的识字能力，提高本国的文化水平"。③ 具体步骤就是"首先使初等教育成为不分民族的全国公民的义务教育，然后中等教育也如此"。④

这里，斯大林特别强调了提高民族地区人民群众文化水平的必要性，它直接关系到苏维埃政权的建设。

4. 发展民族地区的学校和民族教育机关

要培养少数民族干部和实行普遍的义务教育，必须发展民族地区的学校和其他民族教育机关，实现有计划的人才培养。

通过培养，使之成为领导人民群众贯彻党的方针和政策的指导力量。为了满足对于指导人员的需求，"必须发展当地的民族学校"⑤，提

---

① 斯大林. 斯大林全集：第 4 卷［M］. 北京：人民出版社，1956：358.
② 斯大林. 斯大林全集：第 4 卷［M］. 北京：人民出版社，1956：317.
③ 斯大林. 斯大林全集：第 5 卷［M］. 北京：人民出版社，1957：268.
④ 斯大林. 斯大林全集：第 11 卷［M］. 北京：人民出版社，1955：304.
⑤ 斯大林. 斯大林全集：第 4 卷［M］. 北京：人民出版社，1956：317.

高边疆地区人民群众的文化水平。要"在边疆地区大量开办训练班和学校来为一切管理部门培养当地人的指导干部"①。在有各民族共和国和各民族地区负责工作人员参加的俄共（布）中央第四次会议上的演说中，他特别强调，要为培养民族干部创办政治常识学校。为了根据少数民族生活特点来进行各民族共和国和各民族区域的经济建设，还必须"为当地居民开办工艺学校和技术学校"，"为当地居民开办农业训练班"② 等。此外，民族教育还必须形成一个教育体系，成为"训练班网和学校网"。③

在这里，斯大林特别强调了少数民族人才培养的计划性，提出了实施少数民族人才培养的具体方案。

5. 使用少数民族语言进行教学

斯大林不但认为使用本族语言的权利是实现民族平等的重要内容，而且认为在民族地区设立的"本民族"学校也应当使用本民族语言进行教学。

他在《论取消民族限制》一文中认为：取消民族限制是必要的，不但在私人公司的文牍工作方面，在私立学校的教学工作方面有使用俄语以外的其他语言的权利，而且在那些不说俄语的非俄罗斯民族公民聚居的区域，也将有自己的议会，也将有文牍工作，"以及学校（不仅是'私立的'!）的'教育工作'"，"这一切当然不仅要用俄语，而且也要用本地语言"。④ 他多次强调在民族地区要设立"使用本民族语言"的学校，要"建立稠密的使用本民族语言的学校网"。⑤ 为使那些不会俄文的广大劳动群众都有得到政治训练的可能，要在东方劳动者大学等学校使用民族语言进行讲授。

斯大林这一思想，使多民族国家中包括语言在内的民族平等权利在

---

① 斯大林. 斯大林全集：第4卷 [M]. 北京：人民出版社，1956：319.
② 斯大林. 斯大林全集：第5卷 [M]. 北京：人民出版社，1957：244.
③ 斯大林. 斯大林全集：第7卷 [M]. 北京：人民出版社，1958：115.
④ 斯大林. 斯大林全集：第3卷 [M]. 北京：人民出版社，1955：19.
⑤ 斯大林. 斯大林全集：第11卷 [M]. 北京：人民出版社，1955：305.

学校教育活动中得到贯彻。

6. 根据民族地区需要培养少数民族各类人才

民族教育的人才培养类型反映着民族教育的教育目的，是民族教育得以实施和存在的客观基础。

斯大林认为：民族教育在人才培养类型上是有多方面要求的。首先是要培养"党的干部"，① 执政党需要在民族地区拥有同广大居民有密切联系的可靠的本地出身的马克思主义干部，以他们勤奋工作来贯彻党的路线和政策。其次是"苏维埃干部"，② 需要有熟悉当地居民生活方式、风俗、习惯和语言的干部组成苏维埃政权，实行民族自治。再次要培养"有专长的经济干部"，③ 通过他们来发展民族地区经济工作及各项文化事业，促进民族地区各项事业发展。此外，为了促进各民族共和国经济建设的发展，还要为当地居民开办工艺学校、技术学校等，以便根据各民族地区少数民族生活特点进行经济建设。

这里，斯大林特别强调了要根据民族地区实际需要培养人才，并最大限度地满足民族地区对各类人才需求的问题。

7. 民族教育是普通教育和职业技术教育相结合的教育体系

斯大林不仅强调普通教育的作用，还特别强调职业技术教育的作用，民族教育应当是两者有机的结合。

他在《论东方民族大学的政治任务》一文中谈到苏维埃东方的积极工作者当前任务时指出：要发展民族文化，广泛地建立"普通教育性质的和职业技术性质的训练班网和学校网"，④ 民族教育不但要有普通教育性质的学校，而且要有职业技术教育性质的学校，民族教育不但包括民族中小学、民族大学，还包括政治常识学校、各种训练班、技术学校、工艺学校等。只有这样，才能使民族地区各层次、各类型教育协调发展，共同承担起为民族地区培养各级各类人才的任务。

---

① 斯大林. 斯大林全集：第 7 卷 [M]. 北京：人民出版社，1958：115.
② 斯大林. 斯大林全集：第 7 卷 [M]. 北京：人民出版社，1958：115.
③ 斯大林. 斯大林全集：第 7 卷 [M]. 北京：人民出版社，1958：115.
④ 斯大林. 斯大林全集：第 7 卷 [M]. 北京：人民出版社，1958：115.

普通教育和职业技术教育相结合，民族教育普及与提高两个方面相互兼顾，使提高民族地区人民群众的整体文化水平成为可能。

8．加强民族学校的民族语言师资队伍建设

要在民族地区建立使用本民族语言进行教学的学校，就不可避免地存在着民族语言师资队伍建设的问题。

斯大林在《民族问题和列宁主义》一文中，在阐述建立使用本民族语言学校网时提出：要为这些学校"供给精通本民族语言的教师干部"，① 以适应民族教育在民族语言授课方面的特殊需要，保证建立本民族学校的目标得以实现。斯大林这一思想，是基于本国的实际情况提出来的。因为当时各共和国并不都使用俄语，至少在一些共和国使用俄语的程度并不高。如果没有精通民族语言的教师在民族学校任教，用民族语言教学便是一句空话。

为民族地区的学校提供精通本民族语言的教师和管理干部，使用民族语言教学和设置民族学校的目标建立在了可行的基础上。

9．培养民族干部工作要反对两种倾向

斯大林在题为《论东方民族大学的政治任务》的演说中，要求东方民族大学要为东方各苏维埃共和国当前的任务服务，必须与苏维埃东方积极工作者实践中的两种倾向做斗争。

首先要反对简单化倾向。即要反对不顾民族地区不同发展条件，忽视民族特点，企图机械搬用中部地区适用做法的简单化倾向。其次是要反对夸大地方特点的倾向。即抹煞民族地区与中心工业区的联系，夸大地方特点，漠视社会主义任务，迁就狭隘的有局限的民族主义的倾向。东方民族大学的任务就是用和上述两种倾向做不调和斗争的精神来教育少数民族干部。②

斯大林反对两种倾向的思想，解决了民族教育人才培养的政治标准问题，对培养政治素质合格的民族干部有积极意义。

---

① 斯大林. 斯大林全集：第11卷［M］. 北京：人民出版社，1955：305.
② 斯大林. 斯大林全集：第7卷［M］. 北京：人民出版社，1958：120－121.

10. 历史教材要反映各少数民族发展的历史

斯大林没有专门论述民族教材建设问题，但他在同安·日丹诺夫、谢·基洛夫一道对瓦纳格小组拟定的《苏联历史》教科书提纲的意见中，表述了要尊重历史，尤其是国内各少数民族发展历史进行教材建设的思想。

他认为：该提纲编的是"俄罗斯历史提纲，而不是苏联历史提纲"，因为提纲没有包括加入苏联的各民族的历史（没有照顾到乌克兰、白俄罗斯、芬兰和波罗的海沿岸各民族、北高加索和南高加索各民族、中亚细亚和远东各民族以及伏尔加河流域和北部各民族——鞑靼人、巴什基里亚人、莫尔多瓦人、楚瓦什人等的历史材料）。提纲没有指出被沙皇政府所征服的俄国各民族人民的民族解放运动的条件和根源，将这些人民从民族压迫下解放出来的十月革命的理由也没有得到说明。编写苏联历史教科书总的要求应当是："大俄罗斯的历史不脱离苏联其他各族人民的历史"，"苏联各族人民的历史不脱离整个欧洲历史"，"一般的也不脱离世界历史"。①

斯大林尊重多民族国家中各少数民族历史和历史教科书要体现多民族历史的思想，是教材建设工作必须坚持的重要原则。

此外，斯大林还阐述了要增加对民族教育经费投入的思想等。

斯大林在马克思主义思想史上第一次系统地论述了社会主义民族教育的思想，是对马克思主义民族理论和教育理论的重大发展。

（三）中国共产党对民族教育理论的贡献

列宁和斯大林所创立的民族教育理论，是当时苏联民族状况和民族教育实际需要的产物，除基本原理具有在世界范围内普遍适用的意义外，在相当大的程度上带有苏联社会和经济发展的特点。

由于诸因素的影响，我国的民族及民族教育有其特殊性。在此基础上，我国的民族教育实践，从我国实际情况出发，走出了一条具有中国

---

① 斯大林. 斯大林论民族问题［M］. 北京：民族出版社，1990：427.

特色的发展民族教育的新路，创立了一套符合我国国情的民族教育理论。这一理论，既体现了教育的一般原则和发展规律，又根植于我国民族教育实践的土壤中，具有鲜明的中国特色和时代气息。

我国民族教育理论主要反映在我国宪法、民族区域自治法等法律文件以及国家有关部门制定的政策性文件中，其主要内容包括以下几个方面。①

1. 民族自治地方的自治机关自主地发展民族教育

民族教育的自主发展，是指依据我国宪法等有关法律赋予民族自治地方自治机关的根据本地区实际情况，采取特殊政策和措施发展民族教育的权力及其操作过程。也就是说，民族自治地方的自治机关可以根据本民族、本地区需要与可能，独立自主地发展民族教育事业。

最早对民族自治地方自主发展民族教育思想进行表述的是 1954 年一届人大一次会议通过的宪法。该宪法规定："自治机关可以依照当地民族的政治、经济和文化的特点，制定自治条例和单行条例，报请全国人民代表大会常务委员会批准。"② 1982 年五届人大五次会议通过的宪法也进一步指出："民族自治地方的自治机关自主地管理本地方的教育、科学、文化、卫生、体育事业，保护和整理民族的文化遗产，发展和繁荣民族文化。"③

对自主地发展民族教育思想表述得最为完整的是 1984 年经六届人大二次会议通过的《中华人民共和国民族区域自治法》。该法规定："民族自治地方的自治机关根据国家的教育方针，依照法律规定，决定本地方的教育规划，各级各类学校的设置、学制、办学形式、教学内容、教学用语和招生办法。""民族自治地方的自治机关自主地发展民族教育。"④

---

① 孟立军. 试论我国民族教育理论的主要内容 [J]. 民族研究，1995 (6).
② 民族政策文件汇编：第二编 [M]. 北京：人民出版社，1958：2.
③ 全国人民代表大会常务委员会办公厅. 中华人民共和国第五届全国人民代表大会第五次会议文件 [M]. 北京：人民出版社，1983：61.
④ 全国人民代表大会常务委员会办公厅. 中华人民共和国第六届全国人民代表大会第二次会议文件汇编 [M]. 北京：人民出版社，1984：90.

民族自治地方自主地发展民族教育符合民族地区教育事业发展的一般规律性。尽管事物的发展是多种因素相互作用、影响的结果，事物的发展存在着多种发展模式和发展趋势，甚至许多偶发因素也构成决定事物发展的主要因素；但从事物发展的最终动因来分析，事物发展的根本原因在于事物的内部而不在事物的外部。自主地发展民族教育，是实现民族自治地方民族教育发展的基本内部条件，是对民族教育发展起决定性作用的因素。

强调民族自治地方自主地发展民族教育，在理论上解决了民族教育的发展动力问题，使民族教育的发展建立在了现实发展的基础上，是民族教育理论的最本质的内容。民族教育只有最大程度地自主发展，才能实现民族教育最大限度的繁荣与进步。

2. 普遍而大量地培养各少数民族干部

普遍而大量地培养各少数民族干部，是指各级教育主管部门及各类学校，根据我国的教育方针和教育政策制定各少数民族干部的培养方案，并加以实施的决策和操作过程。这里所指的各少数民族干部，既包含民族干部的层次结构，涉及从基础教育到高等教育，以及各种类型的以扫盲为目的的教育活动和以职业培训为目的的教育活动所培养的不同层次的专门人才；也包括民族干部的类型结构，即涵盖各类学校培养的各少数民族的各种类型的专门人才。

党和政府一直十分关心少数民族干部的培养工作。为了提高民族人才的整体素质，实现民族区域自治及社会改革，人民政府于 1950 年制定颁布了《培养少数民族干部试行方案》。该方案要求从中央至有关省县，都应根据新民主主义的教育方针，普遍而大量地培养各少数民族干部。"培养普通政治干部为主，迫切需要的专业与技术干部为辅。"①1951 年召开的第一次全国民族教育会议也特别强调：培养少数民族自己的干部是开展少数民族地区各项建设事业的中心环节，培养干部是现

---

① 国家教育委员会民族地区教育司. 少数民族教育工作文件选编：1949—1988 [M]. 呼和浩特：内蒙古教育出版社，1991：25.

阶段少数民族教育工作的首要任务。除此以外，还应加强小学教育及成人业余教育，以提高少数民族的文化水平。① 党的十一届三中全会以后，根据民族地区面临的新任务，国家民委、教育部《关于民族学院工作的基本总结和今后方针任务的报告》中对民族学院的方针任务做了新的阐述：由于"文革"对少数民族教育工作的破坏，以致少数民族干部在干部总数中所占比例低于"文革"前的水平。不但少数民族科学技术干部很少，政治干部也显得很不足，因此，"既要尽可能多地培养少数民族专业技术人才，又要大力培养少数民族的政治干部。这是党和国家当前和今后解决我国民族问题的关键"②。

随着民族地区社会主义市场经济体制的建立，各民族地区对各类专业技术人才、经济管理人才的需求矛盾日益突出。可以说，为民族地区社会主义市场经济体制建立提供服务，培养大量的科学型、技术型、管理型、开发型人才，是民族教育今后一段时期内十分迫切的战略任务。

为民族地区各少数民族培养各级各类干部，满足民族地区对人才的迫切需求，始终是民族教育实践的最终目的，是衡量民族教育质量高低的最重要的指标之一。民族教育只有体现这一鲜明特点，将服务方向指向国内各少数民族和民族地区这一相对稳定的服务区域，才能使民族教育充满生机与活力，否则便失掉了民族教育存在的客观基础和时代特色。

大力培养少数民族干部是民族地区人才需求所决定的。由于历史等因素的影响，我国少数民族绝大多数生活在比较贫困的地区，自然环境比较恶劣，政治、经济、文化事业发展相对滞后。这种状况，不但急需本民族的政治干部以及本民族的各类专门技术人才，而且需要懂得民族语言、愿意在民族地区工作的汉族干部。不但需要培养高层次的政治、技术干部，提高他们的领导素质，而且需要进行广泛的以扫盲为主要形式的社会教育，提高少数民族群众、干部整体科学文化水平。

---

① 国家教育委员会民族地区教育司. 少数民族教育工作文件选编：1949—1988 ［M］. 呼和浩特：内蒙古教育出版社，1991：37.
② 国家教育委员会民族地区教育司. 少数民族教育工作文件选编：1949—1988 ［M］. 呼和浩特：内蒙古教育出版社，1991：79.

普遍而大量地培养各少数民族干部的思想，深刻地阐述了民族教育的根本任务问题。民族教育是向民族地区源源不断地输入各类干部的主渠道。

3. 保障少数民族享有在教育上的平等权利

充分保障少数民族享有在教育上的平等权利，是指各级人民政府和教育主管部门要本着各民族一律平等的原则，为我国境内的各少数民族提供同等入学机会、同等受教育程度的过程。

党和政府一直十分强调民族平等的问题。1949 年 9 月 29 日通过的《中国人民政治协商会议共同纲领》在阐述我国民族政策时就曾指出："中华人民共和国境内各民族一律平等，实行团结互助"，"禁止民族间的歧视、压迫和分裂各民族团结的行为"①。一届人大一次会议通过的宪法也规定："各民族一律平等。禁止对任何民族的歧视和压迫，禁止破坏各民族团结的行为。"② 可以看出，我国在中华人民共和国成立后建立社会主义制度的过程中就一直十分注重民族关系问题，将这一问题摆在十分重要的位置上。

保障少数民族享有在教育上的平等权利，是从法律角度保障规范民族教育的过程。列宁曾经说过："谁不承认和不坚持民族平等和语言平等，不同各种民族压迫或不平等作斗争，谁就不是马克思主义者，甚至也不是民主主义者。"③ 民族平等是马克思主义民族理论和党的民族政策的重要内容。

社会主义时期是各民族发展繁荣时期，能否使我国少数民族享有在教育上的平等权利，是我国少数民族能否在政治上体现平等权利的重要方面，是能否贯彻执行党的民族政策的重要内容。由于我国多民族国家的现实和民族问题的长期性，民族特点、民族差别、民族矛盾会长期存在，正确处理民族矛盾和民族关系的一项重要任务，就是在民族平等总

---

① 民族政策文献汇编［M］. 北京：人民出版社，1953：1.
② 民族政策文件汇编：第二编［M］. 北京：人民出版社，1958：1.
③ 列宁. 列宁全集：第 20 卷［M］. 北京：人民出版社，1958：11.

原则前提下，保证少数民族在教育上的平等权利。

实践证明，只有当我国少数民族享有在教育上的平等权利的时候，民族教育才会发展，少数民族科学文化素质才会得到提高，国内各民族才能更加亲密地团结起来，才能实现各民族的共同发展和共同繁荣。

充分保障少数民族享有在教育上的平等权利，是民族教育得以健康发展的重要法律保障。

4. 采取特殊措施重点扶持民族教育事业

采取特殊措施重点扶持民族教育事业，是指党和政府有关部门根据民族地区民族教育的实际情况，有侧重、分步骤地对民族教育给予支持，以推动民族教育事业发展的过程。这不仅包括经费、设备等物质条件方面的支持，而且也包括政治上和政策上等方面非物质条件的支持。

对民族教育采取重点扶持政策是在中华人民共和国成立过程中明确提出来的。《中国人民政治协商会议共同纲领》指出："人民政府应帮助各少数民族的人民大众发展其政治、经济、文化、教育的建设事业。"① 一届人大一次会议通过的宪法也强调要"帮助各少数民族发展政治、经济和文化的建设事业"②。五届人大五次会议通过的宪法和六届人大二次会议通过的民族区域自治法也分别规定："国家根据各少数民族的特点和需要，帮助各少数民族地区加速经济和文化的发展。"③"国家根据国民经济和社会发展计划，努力帮助民族自治地方加速经济和文化的发展。"④

对民族教育采取重点扶持政策的思想还集中反映在国家有关部委制定的文件中。教育部、国家民委《关于加强民族教育工作的意见》指出："国家应采取特殊措施，重点扶持民族教育，逐步建立适合少数民

① 民族政策文献汇编 [M]. 北京：人民出版社，1953：1.
② 民族政策文件汇编：第二编 [M]. 北京：人民出版社，1958：2.
③ 全国人民代表大会常务委员会办公厅. 中华人民共和国第五届全国人民代表大会第五次会议文件 [M]. 北京：人民出版社，1983：35.
④ 全国人民代表大会常务委员会办公厅. 中华人民共和国第六届全国人民代表大会第二次会议文件汇编 [M]. 北京：人民出版社，1984：82.

族地区特点的民族教育体系。"① 1981 年召开的第三次全国民族教育会议也提出："发展民族教育，仍然需要国家和地方继续采取特殊措施，在人力、财力、物力上给予重点扶持。"② 不难看出，重点扶持民族教育是党和政府长期坚持的思想。

民族教育的重点扶持，强调的是民族教育外部条件的问题，虽然事物发展的最终动因在于事物的内部，但外部条件也是影响事物发展速度、发展方向的重要因素。

我国少数民族大都居住在边远山区、牧区和边境地区，这些地区普遍存在着经济文化落后，教育基础薄弱的问题。在这些地区发展民族教育，国家的支持始终是一个非常重要的条件。尤其是对那些原有教育基础相对落后地区而言，强有力的外部扶持往往是至关重要的发展因素。如果缺少这种扶持，必然会造成这些地区教育的长期徘徊，使其很难步出低谷，以致最终延缓民族教育发展的历史进程。

中华人民共和国成立以来，国家采取的诸如设立少数民族教育管理机构、建立民族教育补助基金、开办寄宿制民族中小学、举办高等学校民族班、对口实施教育援助等重点扶持措施，都有力地推动了民族教育事业的健康发展，收到了十分明显的效果。

5. 民族教育工作必须充分照顾民族特点

民族教育工作必须充分照顾民族特点，是指各级政府及教育行政部门形成根据各民族教育的不同情况，分别采取不同的工作方法，因地因族制宜地促进民族教育发展思想的过程。也就是在思想路线上坚持发展民族教育必须实事求是的态度，防止照搬照抄任何教育模式的做法。

第一次全国民族教育会议在阐述少数民族教育总方针时指出："少数民族教育必须是新民主主义的内容，并应采取适合于各民族人民发展

---

① 国家教育委员会民族地区教育司. 少数民族教育工作文件选编：1949—1988［M］.
呼和浩特：内蒙古教育出版社，1991：93.
② 国家教育委员会民族地区教育司. 少数民族教育工作文件选编：1949—1988［M］.
呼和浩特：内蒙古教育出版社，1991：114.

和进步的民族形式。"① 民族教育"必须采取民族形式，照顾民族特点，才能很好地和各民族实际情况结合起来，否则便不会有良好的效果"②。针对我国民族高等教育的实际，1979 年召开的第五次民族学院院长会议也特别强调：民族教育工作"一定要实事求是，从实际出发，充分照顾民族特点"③，"不能照搬汉族地区的做法，不能搞一刀切"④。在办学形式、系科设置、教学内容、教学方法、政治思想工作以及生活管理等方面，采取必要的不同于一般高等院校的办法和措施。

民族教育工作必须充分照顾民族特点的思想，指出了民族教育工作中首先要解决的思想路线问题。如何看待民族教育的特殊性，用什么思想来指导民族教育工作，采取什么措施促进民族教育的发展等所有这些带有根本性的问题，都要涉及思想路线问题。没有正确的思想路线，便不会产生符合民族教育实际的理论和措施，也就谈不上指导民族教育的实践。

因此，民族教育工作必须从各民族的实际情况出发，充分考虑各民族教育的不同发展因素，采取不同的工作方法，制定不同的发展措施，走不同于一般教育发展的道路，这是依据党的实事求是的思想路线而得出的发展民族教育事业唯一正确的结论。

6. 区分类型促进民族教育均衡发展

区分类型促进民族教育均衡发展，是指各级教育行政部门在制定民族教育事业发展规划和进行教育宏观调控中，要根据教育发展层次的不同来划定不同的发展类型，分步骤地促进处在不同发展水平上的民族教育协调发展的过程。

---

① 国家教育委员会民族地区教育司. 少数民族教育工作文件选编：1949—1988 [M].
呼和浩特：内蒙古教育出版社，1991：37.

② 国家教育委员会民族地区教育司. 少数民族教育工作文件选编：1949—1988 [M].
呼和浩特：内蒙古教育出版社，1991：37.

③ 国家教育委员会民族地区教育司. 少数民族教育工作文件选编：1949—1988 [M].
呼和浩特：内蒙古教育出版社，1991：62.

④ 国家教育委员会民族地区教育司. 少数民族教育工作文件选编：1949—1988 [M].
呼和浩特：内蒙古教育出版社，1991：56.

第一次全国民族教育会议期间对此进行过深刻表述：由于民族历史条件的不同，同时由于解放的先后不同，各地区各民族教育工作的发展很不平衡，"民族与民族之间、地区与地区之间，有着很大的差别"。① 例如：东北地区的朝鲜族入学儿童已达学龄儿童的92%左右，小学已接近普及的程度。内蒙古、新疆、青海、宁夏等省区民族教育也都有相当程度的发展。但与此同时，在我国西南的横断山脉一带、西北的游牧区等少数民族地区，还只有少数的学校或者还没有学校。因此，"现阶段少数民族教育的工作方针，应根据各民族教育的实际情况分别采取巩固、发展、整顿、改造的方针"②。即在西南、西北及其他各省山区、游牧区和偏僻的边境等少数民族教育工作尚无基础的地区，应有重点地创办学校和各种文教事业；在云南、广西、湖南等省区某些过去虽较有基础但工作尚未完全恢复的少数民族地区，应大力恢复并积极整顿；在东北、内蒙古、新疆等过去基础较好，中华人民共和国成立后又有相当发展的少数民族地区，应着重提高质量并做适当的发展，从而阐述了在高度不平衡状况下发展民族教育必须要根据各地区发展层次划定类型，采取不同的教育措施，分步骤地促进民族教育均衡发展的思想。此后在多次民族教育专门会议上也都重申了这一思想。

区分类型、分步骤促进民族教育均衡发展的思想，揭示了民族教育发展的战略步骤问题。

各民族教育的发展同其他事物发展一样，会呈现不同的发展层次和发展阶段，这不仅在于各民族教育发展的起点有所差异，甚至不同地区的同一民族的教育发展状况也有较大差距；还在于各民族教育发展的速度并非一致。因此，对高度不平衡的民族教育而言，各级教育行政部门在制定民族教育事业发展规划和实施教育宏观调控中，要根据教育发展层次的不同划定不同的发展类型，分步骤促进不同发展水平的民族教育

① 国家教育委员会民族地区教育司. 少数民族教育工作文件选编：1949—1988 ［M］. 呼和浩特：内蒙古教育出版社，1991：29.
② 国家教育委员会民族地区教育司. 少数民族教育工作文件选编：1949—1988 ［M］. 呼和浩特：内蒙古教育出版社，1991：37.

协调发展。必须从战略的高度，分步骤地解决民族教育发展中的起点不同、速度相异的问题，并在实践中实施不同措施促进教育后进地区教育事业的发展，使之赶上和超过教育先进地区的教育水平，最终求得民族教育的均衡发展。

需要提出的是，那种不切实际地否认民族教育发展的不平衡现象，或者要求处于不同发展水平层次上的民族教育同步发展的观点，在理论上是不能成立的，在实践中也是十分有害的。

7. 多层次多形式举办民族教育

多层次多形式举办民族教育，是指在培养少数民族人才的教育活动中，不拘泥于任何现成模式、全方位培养各少数民族专门人才，以提高我国少数民族人口科学文化素质的过程。

中华人民共和国成立初期，为了加强我国少数民族人才的培养工作，政务院第60次政务会议批准的《筹办中央民族学院试行方案》指出：民族学院要多形式多层次办学，如开办军政干部训练班、本科教育、少数民族干部子弟中小学等。民族学院在办学过程中，没有实行与一般高等院校相同的只办大专和本科的通常做法，而是采取多种形式办学，既办干训和预科，又办本科；既办大专，又办中专；有的学校还招收了研究生。有的学院对边疆文化教育基础薄弱的少数民族青少年，采取了从小学、中学到大专的"一条龙"办法进行培养。有的学院还承担了为其他高等院校开办少数民族大学预备班的任务。[①] 为了发展我国少数民族医药事业，为民族地区培养更多的高质量的医药卫生技术人员，国家在民族自治地方建立了高等医学院校、中等卫生学校，并建立了蒙医、藏医、维医等民族医学的教学、科研机构。为了培养民族地区艺术方面的创作、理论、研究、导演、表演等人才以及普通教育艺术师资和文艺普及工作干部，国家在民族地区设置和发展了艺术院校和中等艺术学校。鉴于普及小学教育仍然是部分少数民族地区长期的艰巨任

---

① 国家教育委员会民族地区教育司. 少数民族教育工作文件选编：1949—1988［M］. 呼和浩特：内蒙古教育出版社，1991：63.

务，国家在这些地区采取了多种形式（包括各种形式的简易小学、班组）办学，并在巩固提高中学教育质量的同时，注意适当发展职业教育、技术教育，发展各类技工学校和农业中学。此外，还有计划地发展了业余中小学和各种技术学校，以提高民族地区农牧民的科学文化水平等。

多层次多形式举办民族教育的思想，解决了民族教育办学形式的问题。

我国各民族虽然有着在共同利益基础上的共同性，但各民族之间由于社会、历史等因素的影响，在语言文字、风俗习惯、宗教信仰、心理素质、经济文化水平和生产生活方式等方面都存在着很大差别。特别是我国实行改革开放以来，出现了许多经济文化事业发展十分迅速的地区，更加大了区域间的不平衡，这种情况将最终体现在对人才多层次多类型的需求上。与一般地区相比，这种人才需求会呈现出更加多元化的特点。只有多层次多形式举办民族教育，不拘泥任何现成模式，才能满足民族地区对人才的特殊需求，促进民族地区人才素质的提高和人才结构的合理化。

8. 加强对民族学生的思想政治教育

加强对民族学生的思想政治教育，是指对民族学生进行以马克思主义民族理论和党的民族政策、民族团结、爱国主义为基本内容的教育，使民族学生树立马克思主义的民族观，形成正确的人生观和政治态度的过程。

1951年制定的《培养少数民族干部试行方案》，对各民族学校德育教学内容做了规定：除将共同纲领、毛泽东思想与马列主义理论作为政治课的基本内容外，还要求学生学习民族问题与民族政策，强调"在一切民族学校内，应发扬共同纲领精神，克服大民族主义倾向与狭隘民族主义倾向，培养民族间互相尊重、平等、团结、友爱、合作的作风"。① 第一次全国民族教育会议也特别强调要在少数民族地区开展爱国主义教育，将爱国主义教育作为现阶段少数民族思想政治教育的中心

---

① 国家教育委员会民族地区教育司. 少数民族教育工作文件选编：1949—1988［M］.
呼和浩特：内蒙古教育出版社，1991：26.

内容。1981 年教育部、国家民委报送的《关于进一步加强民族教育工作的报告》中强调指出：加强学校的思想政治教育是我国社会主义教育的性质和教育方针决定的，是建设高度社会主义精神文明的需要。要对学生进行四项基本原则的教育，进行热爱社会主义祖国和各民族团结的教育，使各族青年学生牢固树立拥护共产党领导，热爱社会主义祖国和奋发图强的爱国主义思想，树立各民族之间团结友爱、互助合作的思想和风气。① 1982 年教育部、中央宣传部在给新疆维吾尔自治区党委宣传部和教育厅的批复中，同意在高等学校和中等专业学校逐步开设《马克思主义民族理论和党的民族政策》课，并作为一门必修的政治理论课，列入学校的教学计划，在现有的政治理论课教学时间以外另增加 50 学时 ~70 学时。②

　　加强对民族学生的思想政治教育的思想，集中体现了民族教育的德育标准问题。

　　用马克思主义民族理论和党的民族政策教育少数民族学生和汉族学生，是民族学校思想政治教育最主要的内容。通过教育，要使学生懂得马克思主义民族理论和党的民族政策的基本观点，划清马克思主义民族观和资产阶级民族观的界限，以增强执行党的民族政策的自觉性；使各族青年学生牢固树立拥护共产党领导，热爱社会主义祖国和奋发图强的爱国主义思想，树立各民族之间团结友爱、互助合作的思想和风气，这是社会主义教育性质和教育方针决定的，是建设社会主义精神文明的需要。

　　民族教育培养的人才，必须具备优良的思想素质。民族学生是民族地区未来的建设者，他们的政治素质将直接关系到民族地区的前途。我国是一个多民族的社会主义国家，加强民族团结和民族理论的教育，对于巩固和发展我国社会主义的民族关系，加强民族团结，维护祖国统

① 国家教育委员会民族地区教育司. 少数民族教育工作文件选编：1949—1988［M］. 呼和浩特：内蒙古教育出版社，1991：104.
② 国家教育委员会民族地区教育司. 少数民族教育工作文件选编：1949—1988［M］. 呼和浩特：内蒙古教育出版社，1991：166.

一，巩固国防，全面进行社会主义现代化建设，都具有十分重要的意义。

9. 重视和加强对民族教育工作的领导

重视民族教育工作并切实加强领导，是指党和政府的各级部门要充分认识民族教育工作的特殊性和重要性，从战略的高度重视民族教育工作，并加强对民族教育工作行使行政干预的过程。

党和政府十分重视民族教育工作，曾在多次会议上强调民族教育工作的重要性，要求各级领导要切实加强领导。第一次全国民族教育会议要求"各级人民政府教育行政部门应充分重视少数民族教育工作，加强对少数民族教育工作的领导"①。第五次民族学院院长会议，针对民族学院在新的历史时期的任务也指出："要高度重视少数民族地区的教育工作。""必须提到实现新时期总任务的高度，提到我们民族政策的高度，来重视民族地区的教育工作。"②

重视和加强对民族教育工作的领导这一思想的提出，其目的是解决民族教育工作组织领导的问题。

民族教育作为我国教育体系中不可缺少的重要组成部分，有着与普通教育相异的特殊方面和发展规律。各级领导切实加强对这项工作的领导，是国家和民族地区现代化建设的需要，是尽快提高民族地区教育水平、增强民族团结、巩固边疆、落实民族政策的需要。我国有着 2 万多千米的陆地边防线，这些地区大多属少数民族聚居区，有二三十个民族跨境而居，发展民族教育具有迫切、重大的战略意义。

民族教育所具有的某些特殊性客观上也要求对民族教育工作加强领导。例如，我国许多少数民族都有信奉宗教的历史，使我国的宗教带有民族性的特点。我国实行宗教信仰自由、政教分离、宗教与司法分离、宗教与教育分离的政策，从而增强了民族团结和政治上的安定团结。

---

① 国家教育委员会民族地区教育司. 少数民族教育工作文件选编：1949—1988 ［M］. 呼和浩特：内蒙古教育出版社，1991：37.

② 国家教育委员会民族地区教育司. 少数民族教育工作文件选编：1949—1988 ［M］. 呼和浩特：内蒙古教育出版社，1991：55，56.

但在一些地区也不同程度地存在着宗教干扰教育的问题。1982 年，教育部在《关于全面贯彻党的宗教政策，正确处理少数民族地区宗教干扰学校教育问题的意见》等文件中，重申了宗教与民族教育分离的政策。① 这就要求各级领导要切实加强对这一工作的领导，因势利导，促进民族教育健康发展。又比如，国家集中力量举办一批公办寄宿制民族中小学，采取特殊政策解决民族学生入学比例、增加民族教育经费投入等问题，也都需要具有专门知识和经验的民族干部去管理。对民族教育加强领导是民族教育所具有的某些方面的特殊性所决定的。

总之，我国社会主义民族教育理论，有针对性地分别解决了民族教育的发展动力、根本任务、法律保障、外部条件、思想路线、战略步骤、办学形式、德育标准和组织领导等问题，已经形成了比较完整的理论体系。

当然，我国社会主义民族教育理论既然是在我国民族教育实践中产生的，也必将在我国民族教育再实践中得到发展和充实。实践证明，只要我们在工作中坚持以上这些基本内容，民族教育事业就会得到健康发展，民族人才就会不断涌现。具有中国特色的民族教育理论是我国民族教育实践的指导思想。

三、民族教育政策的完善

为了推动和促进我国民族教育事业的繁荣与发展，党和政府根据我国民族教育的实际情况，创造性地实施了一系列的发展民族教育的政策和措施，这是中华人民共和国民族教育得以迅速发展的重要条件。

（一）建立健全了民族教育管理机构

党和政府十分关心我国民族教育事业的发展，为使民族教育能够健康有序稳定发展，首先建立健全了民族教育管理机构。

---

① 国家教育委员会民族地区教育司. 少数民族教育工作文件选编：1949—1988［M］. 呼和浩特：内蒙古教育出版社，1991：160.

早在中华人民共和国成立初期的 1952 年，政务院专门做出了建立民族教育行政机构的决定。在中央人民政府教育部设民族教育司。在各大行政区人民政府教育部或文教部视工作需要设民族教育处（科）或在有关处（科）内设专职人员。各有关省、市、专署、县人民政府教育厅（处）、局、科，根据各地区民族人口多寡、民族教育工作的繁简，分别设立适当的行政机构或专职人员。1981 年，针对民族教育管理工作的实际情况，进一步重申了建立民族教育行政机构的基本原则。当前，教育部设置有民族地区教育司；国家民族事务委员会设置有教育科技司；在一些省、自治区、直辖市教育委员会、教育厅设立有民族教育管理机构；在一些自治州、自治县设立有民族教育管理机构或有关处（科）内设专人分管民族教育工作，从而形成了从中央到地方的民族教育管理系统。民族教育管理机构的建立，加强了对民族教育工作的领导，为发展民族教育事业提供了组织保证。

（二）增加对民族教育的经费投入

为了满足民族教育的特殊需要，有必要加大对民族教育经费的投入，以保证民族教育事业持续健康地发展。

为此，国家在中华人民共和国成立初期国民经济恢复时期的 1951 年，即在中央财政专设少数民族教育补助费，这是少数民族各级各类学校与一般学校享有同样的经费之外特设的一笔补助专款，并逐年增加补助费的数额。1951 年为 151.2 万元、1952 年为 450 万元、1953 年为 909 万元、1954 年为 983.6 万元、1955 年为 1081.9 万元。1956 年起，中央核拨经费中仍包括民族教育补助费，1964 年为 1500 万元，1976 年为 4900 万元、1977 年为 5500 万元、1978 年为 6100 万元、1979 年为 7100 万元。1980 年财政体制改革，此项经费包干由省、自治区掌握使用。1985 年开始，国家为支持老、少、边、山、穷地区发展基础教育，每年拨出 1 亿元作为普及小学教育基建补助专款，其中拨给少数民族聚居的 8 省区占 54% 以上。1990 年开始，中央财政恢复设立少数民族教育补助专项经费，每年安排 2000 万元，作为支持少数民族地区发展教育的补助专款。① 1995 年，国家设立的"贫困地区义务教育工程"专项经费，总计 39 亿元，其中 22 亿投向少数民族集中的地区，加上地方配套，总共达 50 多亿元。②"十二五"期间实施援疆教育项目 528 个，援藏项目 148 个，援青项目 86 个，共投入资金 117 亿元。部分民族地区实现了 15 年免费教育，对家庭经济困难学生基本做到应助尽助。中央和地方政府先后投入 4000 多亿元，实施中小学校舍安全工程、农村义务教育薄弱学校改造计划、学前教育三年行动计划等重大工程。③

（三）多种形式举办民族教育

为了尽快实现民族教育的发展，国家对民族教育采取了多种形式办学的特殊政策，在民族地区举办了民族小学、民族中学、民族师范学校、民族中等专业学校以及民族学院等。根据我国民族地区特殊的地理条件，党和国家实施了寄宿制民族中小学的重大举措。为了培养我国少数民族高等专业人才，政府在部分高等院校举办民族班等。经过几十年的发展，民族教育多种形式办学的格局已经形成。

（四）采取适合民族学生特点的教学方法

根据国家有关规定，各级民族学校的教学计划、教学大纲可在教育部有关规定的基础上，结合各民族的具体情况酌情加以变通或补充。凡有本民族语言文字的民族，应当使用本民族语文进行教学，在学好本民族语文基础上兼学汉语文；对那些没有本民族文字而有独立语言的民族，也应以本民族语言进行辅助性教学；招收少数民族学生为主的学校，可用当地民族通用的语言教学；在教材使用上，允许自编本民族语文教材和补充材料，并要加强少数民族文字教材的翻译、出版、印刷和发行工作。在国家教育政策指导下，因地制宜地发展民族教育，以确保

---

① 国家民委教育司. 新时期民族教育工作手册 [M]. 北京：中央民族学院出版社，1991：225.

② 夏铸，阿布都. 民族教育：50 年铸造辉煌 [N]. 中国教育报，1999 - 09 - 30.

③ 毛力提·满苏尔. 民族教育取得巨大成就 六个"关键词"概括变化 [EB/OL]. 新华网，2015 - 08 - 27.

民族教育的教育质量，培养合格的民族人才。

（五）在学生入学和分配方面给予政策性照顾

国家有关部门还采取积极措施，在招生和毕业生就业中实施照顾政策，以提高民族学生的入学比例和提高少数民族学生就业率。在20世纪50年代，国家有关部门就曾做出高等学校或一般中学录取民族学生应制定适当的入学成绩标准，并在他们入学后提供适当补习条件的规定。当前，高等学校在录取边疆、山区、牧区少数民族聚居地区的少数民族考生时，可根据当地实际情况适当降低录取分数；对散杂居地区的少数民族考生实行同等条件下优先录取或适当降低录取分数线的办法；对毕业的民族学生，根据所学专业、民族和籍贯等条件，尽可能地分配到本地区、民族事务机关和民族学校工作，以便为他们能更好地工作提供有利条件。

（六）通过教育协作支援民族地区教育事业发展

为了帮助和支持民族地区发展教育事业，国家还组织内地经济发达地区的学校采取多种方式与民族地区开展教育支援协作，在有关省、市举办了内地西藏班（校）；组织部委及有关高等学校为新疆培养本科生、研究生和培训教师。组织北京、天津、上海、山东、辽宁、江苏、福建、广东等内地省市分别与内蒙古、甘肃、云南、青海、宁夏、广西、贵州、新疆结成教育支援对子；组织各部委和有关省市高校与上述8省区高校建立对口协作关系，帮助民族地区发展教育事业。目前，此项工作的范围和内容都得到了进一步的扩大。

（七）对民族考生实行特殊的语言文字政策

民族学生由于长期使用本民族语言文字，汉语水平相对较低。为了照顾这部分学生入学的要求，教育部门曾做出给予民族考生们以适当照顾的规定。如"只要他们的学科成绩达到最低录取标准，汉语程度估计能够听懂讲课，则予以优先录取"①。用民族语文教学的高校或班级，可用民族语文单独进行招生考试。少数民族聚居区的民族考生报考高等学校可申请免试外语。报考用民族语授课的高校的民族聚居区考生可以用民族文字答卷。民族自治区用本民族语文授课的高校或专业，由区命题、考试和录取，不参加全国统一考试。用本民族语文授课的民族中学毕业生，报考用汉语授课的普通高校，应参加全国统一考试，汉语文由教委另行命题，不翻译成民族文字，用汉文答卷。其他各科可翻译成本民族文字，用本民族文字答卷。在考汉语文的同时，可由有关省、区决定加考民族语文，两科成绩分别按 50% 计入总分。汉语文成绩达到及格者方可录取等。

除此之外，国家还在民族学校人员编制、师资培训、民族语言教材建设、民族学生生活待遇等方面实行特殊的照顾政策。

党和国家采取的特殊政策，有力地推动了我国民族教育的协调发展，促进了民族自治地方政治、经济和文化事业的发展，提高了我国少数民族群众的科学文化水平，并形成了具有中国特色的发展民族教育的政策扶持体系。

从民族教育体系形成、民族教育理论创立和民族教育政策完善 3 个方面可以较全面地反映中华人民共和国民族教育实践所取得的成就，这些成就反映了我国民族教育事业的整体发展过程。应当看到，不论哪一种教育思想和教育形式，都清楚地记录着我们为发展民族教育而付出的艰辛努力；每一种教育理论的提出和每一种教育形式的采用，都是当时社会、经济、文化发展所必需的，都在不同程度上促进了民族教育事业的健康发展。

四、民族教育实践的启示

中华人民共和国成立后民族教育所取得的成就，至少可以给我们两

---

① 国家教育委员会民族地区教育司. 少数民族教育工作文件选编：1949—1988 ［M］. 呼和浩特：内蒙古教育出版社，1991：218 – 219.

点启示。

（一）我国民族教育实践体现着无畏的探索精神

我国的民族教育是在没有前人成功经验基础上开始它的创业历程的。尽管苏联在社会主义实践中曾提出过少数民族教育的一般性理论，也进行过一些有益的探索，但从根本上讲，特别是从实际效果上看，苏联的民族教育实践是不成功的。尤其是斯大林后期的民族教育实践更是走了弯路。苏联的最终解体，固然有其深刻的社会、历史、政治和国际因素影响等诸方面的原因，但在培养少数民族干部问题上的失误，不能不说也是其中一个十分重要的原因。我国社会主义民族教育在没有更多的成功经验可以借鉴的情况下，走出了一条具有中国特色的发展民族教育的路子，这本身便体现着一种首创精神和探索精神。

（二）我国民族教育实践体现着对规律认识的提高

在对我国民族教育发展过程进行较深入研究后，可以给民族教育发展规律做这样的表述：根据不同民族的经济和社会状况，因地制宜地采取相应的教育政策和措施，推动各民族教育因素的快速增长，以促进民族地区经济和社会发展。

既然我国民族教育没有更多的经验可以借鉴，也就决定着民族教育发展过程是一个在实践中不断探索和在认识上不断深化的过程。任何一种教育形式的出现和任何一项教育政策的出台，都反映着我们对民族教育规律认识上的提高。也正是有这样一个认识不断深化的过程，才使我国民族教育在形式上不断推陈出新，在政策上不断采取新的举措，在理论上不断深化完善。特别是近些年来，民族教育不断出现的新的形式和新的经验，更是促进了民族地区教育事业的发展，这些都在相当程度上证实了我们对民族教育发展规律认识的深化。

第三节 中华人民共和国民族教育实践的主要经验

我国民族教育在社会主义制度下的实践，既有波澜壮阔的壮举，又有蜿蜒不断的曲折。可以说，民族教育实践是中华人民共和国成立以来最具探索性的教育实践的一部分，它跳跃发展，它大起大落，它在曲折中前进，它在发展中完善，各种无情的冲击并没有使它放弃顽强地履行职责的信念，风雨进程更为我们勾勒出美好的发展前景。正是这种平凡中的不平凡，才不断地促使我们反思历史，总结经验。民族教育的历史经验不仅是我们失而复得的宝贵精神财富，也是指导民族教育新的实践的指导力量。归纳起来，我国民族教育的历史经验主要包括以下四个方面。

一、坚持从民族地区实际出发发展民族教育

坚持从民族地区实际出发发展民族教育，是我国社会主义民族教育实践的出发点，又是制定我国民族教育特殊政策的重要指导思想。

（一）我国民族地区的特殊性

我国民族地区的特殊性，客观上决定着发展民族教育事业必须从民族地区实际出发的工作方法。

所谓民族地区的特殊性，是指民族地区与其他地区相比或者民族地区内部不同地区相比，表现在政治、经济、文化等方面存在着的差别现象。不难看出，这种特殊性既可以依据表现主体的不同，划分为两种表现形式：一是表现在我国汉民族与各少数民族之间的差别，二是表现在我国少数民族之间的差别；又可以按时间特性的不同表现在两类具体内容上：一是由历史因素所造成的表现在政治、经济、文化，特别是经济文化方面在一定时期存在的差别现象，二是表现在不同的语言、不同的风俗习惯和不同的宗教信仰方面长期存在的差别现象。这些差别现象是

客观存在的，是我们在发展民族教育中必须正视的方面。从一定意义来看，我国民族地区的特殊性是我们认识民族教育现状的主要线索，对制定正确的民族教育政策关系极大。

（二）充分尊重我国民族特点

回顾中华人民共和国成立后的民族教育实践，既有充分尊重民族特点，从民族实际出发，使民族教育得到飞速发展的一面，同时在某些时期或某些方面也存在着相对忽视民族特点，脱离民族实际，使民族教育事业受到挫折和损失的一面。由于我国民族地区发展不平衡、民族与民族之间、地区与地区之间存在很大差别，因而必须根据民族地区各种不同的发展状况，提出不同的任务。基于这种认识，第一次全国民族教育会议对设立民族教育行政机构、民族教育师资培训以及少数民族学生待遇等急需解决的问题提出了意见，从而极大地促进了民族教育事业的发展。又比如，党和国家从民族地区经济文化建设以及民族地区政权建设需要有文化懂政策的民族干部这一实际需要出发，适时地提出了"普遍而大量地培养各少数民族干部"[1] 的工作方针，并在政务院第 60 次政务会议上批准了《筹办中央民族学院试行方案》，使民族干部的培养纳入了正规化培养的轨道。据 1994 年统计，40 余年来，我国 12 所民族学院共为国家培养了约 19 万名少数民族毕业生。其中大专以上高学历的人才约 16.5 万名，约占我国具有大专以上学历的少数民族干部和专业技术人员的 21.2%，[2] 为我国民族地区的经济和社会发展做出了突出贡献。

近几年来，针对民族地区的实际需要，国家实施了面向民族地区的教育援助工程、希望工程，推广了以脱盲和精神文明建设为主要目标的文化扶贫工程等。在普通高等学校举办了少数民族班，在边远贫困地区

① 国家教育委员会民族地区教育司. 少数民族教育工作文件选编：1949—1988 [M]. 呼和浩特：内蒙古教育出版社，1991：25.
② 苏克明. 民族院校在民族地区经济和社会发展中的地位和作用 [R]. 成都：西南民族学院，1997.24 – 25.

开办寄宿制民族中小学等。所有这些重要举措都已经并将继续收到好的成效。这些成功的实践都与我们对民族地区实际有相当程度的了解直接相关。

当然,民族教育也存在一些不足之处,如忽视各民族经济生活、文化背景、风俗习惯、心理素质等方面的差异而照搬发达地区教育模式的"一刀切"的形式主义做法等。应当看到,"一刀切"不符合民族教育的实际,这种做法没有充分考虑民族地区的特殊情况,不能将教育活动与民族地区的迫切需求实现有效衔接。"一刀切"只能切掉民族教育实践中那些最具特色的内容,切掉民族地区人民群众发展民族教育事业的积极性,切掉民族地区立足本地区实际赶超教育发达地区教育水平的希望。

实践证明,民族教育必须密切联系各少数民族地区的实际来进行。什么时期结合得好,民族教育就发展,就前进;什么时期结合得不好,民族教育就受挫折,甚至会出现倒退。民族地区实际是我们发展民族教育的出发点和政策措施制定的根本依据。

当前,民族地区在社会大转型期同样发生了巨大的变化,社会主义市场经济体制的建立,使民族地区经济运行方式发生了深刻变化;社会主义现代化历史进程影响着民族地区从价值观念到思维方式的方方面面;民族地区经济增长方式的转变成为激发民族地区人才和技术结构新需求的重要因素……所有这些,既是对民族教育发展提出的严峻挑战,又是民族教育遇到的前所未有的历史发展机遇。

要发展民族教育,就必须继续坚持尊重民族特点,坚持从民族地区实际出发,使民族教育与民族地区新的需求相一致,形成主动适应民族地区经济和社会发展的有效机制,使学校真正成为在政府宏观指导下,面向社会自主办学的实体。要通过调整教育运行条件,改善教育内部的各项管理工作,以最优化的管理来获取民族教育在质量和效益上的提高。

当前,民族教育工作的重点应放在主动适应民族经济文化发展方面，通过不懈的努力，勇敢地去迎接挑战，使民族教育更加主动适应民族地区经济和社会发展的需要。

坚持从民族地区实际出发发展民族教育，其实质就是坚持党的实事求是的思想路线，它是党的思想路线的具体化。做到这一点，对于各级人民政府和教育管理部门尤为重要。各级人民政府和各级教育行政部门是制定教育政策、措施的主体，他们的思想路线是否正确，直接关系到其政策措施是否正确，决策是否合理。对这些部门来讲，更要坚持从民族地区实际出发：一是防止脱离民族地区实际来制定政策和措施；二是防止脱离民族地区实际来盲目照搬内地或其他地区成功的经验。既要遵循教育发展的共同规律，又要充分注重各民族的不同特点，走符合当地情况的办学之路。各级人民政府和教育管理部门要从坚持党的思想路线的高度来充分认识这一问题，积极调研和正确引导，促进民族教育事业的健康发展。

二、坚持为少数民族和民族地区服务

为我国少数民族和民族地区服务，这是民族教育坚定不移的服务方向。离开了这一相对确定的目标，民族教育便有可能失掉其特色，丧失其存在价值。

（一）服务对象是衡量民族教育成效的重要标准

坚持为少数民族和民族地区服务，就是要求民族教育在制定发展规划、实施教育、检查评价等各个方面时，都要以是否服务于少数民族和民族地区为标准，并以此来衡量教育活动的实际成效。

这里包括两个主要方面：一是为我国的少数民族服务。民族教育作为我国教育活动的一种特殊类型，其存在的依据就在于为我国的少数民族服务，这是一个排除了地域范围而从服务对象上进行界定教育活动的范畴。即只要是为提高我国少数民族群众科学文化素质的教育活动都可包括其内。二是为我国的民族地区服务。民族教育的功能还应体现在直接促进民族地区经济和社会发展方面，这是一个从地域范围出发而相对淡化教育对象来界定教育活动的范畴。即凡是有利于我国民族自治地方人民群众科学文化素质的提高，有利于民族地区经济和社会发展的教育活动都可涵盖在内。

可见，为我国少数民族和民族地区服务，其第一个方面强调的是民族成分，而相对弱化其地理区位；而第二个方面强调的是地理区位，而相对弱化其民族成分。两者相辅相成，比较客观地反映了我国民族教育服务方向的相对稳定性。缺少任何一个方面，都不能对民族教育服务方向做出恰当的概括。

（二）服务方向决定着民族教育的独有特色

民族教育服务方向的两个方面的特性，还决定于民族教育系统所独有的特色。如果以招收学生的特色来划分，我国民族教育大致可以划分两大主要类型：一类是跨地区的以招收少数民族学生为主要对象的教育系统；另一类是民族自治地方内招收少数民族与汉族学生并重的教育系统。前一类学校以招收少数民族学生为其办学特色，间接地为民族地区经济和社会发展服务；后一类学校以为本民族自治地方培养人才为办学特色，直接地为民族地区经济和社会发展服务。民族教育的服务方向比较恰当地反映了民族教育系统内这两大类型的办学特色。

民族教育的服务方向还体现在学生毕业和就业的特色上。一般来讲，民族教育培养的学生应当为我国民族地区的经济振兴、文化发展和现代化事业服务，成为民族地区各条战线上的骨干力量。民族教育服务方向也较好地反映了民族教育的这一办学特色。此外，民族教育服务方向还应在学校的专业设置、课程设置、科研重点、实践性教学环节等各个方面得到体现。

我国民族学院的多层次多类型办学就较好地体现了民族教育必须坚持为少数民族和民族地区服务的思想。正是基于我国民族地区高度不平衡现象的正确认识，我国民族学院在办学的初期，就有目的地将服务的着眼点放在民族地区对人才规格的不同需求上。民族学院并没有采取一般高等院校的通常办学方法，而是多种形式办学，在多种类型和多个办学层次上兼顾民族地区的实际需要。

民族学院多类型多层次办学的实践，一方面较好地处理了民族学院既为我国少数民族服务又为民族地区服务的关系，收到了十分显著的效果，另一方面也较好地处理了办学形式和内容的关系。应当看到，为少数民族和民族地区服务，这是民族学院办学方向的基本要求，是实质性的内容，必须毫不松懈地坚持。而民族学院办学形式则是可以根据需要变化的，只要有利于少数民族整体素质的提高和民族地区的社会发展，各种办学形式我们都可以继续坚持和进行尝试，在不断地满足我国少数民族和民族地区发展的需要方面做出新的探索。

当然，我们也应当看到，在坚持为我国少数民族和民族地区服务方面也存在着一些问题，这在一定程度上与民族教育的服务方向是背道而驰的。如近年来，在招生制度的影响下，民族学校特别是民族高等院校少数民族在校生比例下降幅度较大；在教育活动过程中，还存在着过多地追求一些形式的东西，而相对忽视提高教育质量的现象；在毕业生择业方面，少数民族学生去边远民族地区、回家乡建功立业的比例有所下降；在思想品德教育方面，对民族学生的马克思主义民族观、服务于民族地区的教育有所放松等。

凡此种种，一方面反映出民族教育在改革开放大潮中有向多元化发展的趋势；另一方面，也反映出民族教育在市场经济建立的环境下有放松质量而追求经济利益的倾向。这些情况需要我们深思，并认真加以研究。凡有利于民族教育服务方向的，我们应当继续坚持，而不利于民族教育服务方向的，我们则应当坚决克服，永远保持民族教育为我国少数民族和民族地区服务的方向不动摇。

坚持为少数民族和民族地区服务的方向是通过具体的办学政策和措施来体现的。因而这里便存在着一个服务方向保持不变，但具体政策、措施有所变化的相对静止和相对运动的矛盾过程。

可以从两个方面认识。一是稳定服务方向必须通过相对稳定的政策和措施来体现。只有相对稳定的政策和措施才可以比较客观地反映相对稳定的服务方向。只要政策和措施长期保持不变，则服务方向便可以保持不变。二是稳定的服务方向必须通过变化中的政策和措施来保持。社会在发展，教育环境和各种因素在改变，其教育政策和措施不可能长期保持不变。正是在这种不断变化着的政策和措施不稳态中，稳定的服务方向才可以得以保持，才可能在前进的基础上得到新的体现。

不难看出，通过不断地制定出符合我国民族地区实际的教育政策和不断地推出新的举措，以使民族教育为少数民族和民族地区服务的方向得以保持和体现，正是我国民族教育行政管理部门以及广大民族教育工作者应尽的历史职责。只要我们在任何教育政策措施出台时，都能以民族教育服务方向这一标准为指导，并都能以这一标准来衡量任何教育政策措施出台的效果，民族教育就一定能坚持特有的服务方向，更大限度地发挥民族教育的社会效能，更好地推动民族地区的社会发展与进步。

三、坚持按教育事业的发展规律办事

按教育事业的发展规律办事，这是对各级各类教育活动的一个基本要求。但由于民族教育的特殊地位和特殊方面，按教育规律办事对民族教育来讲更为重要。

（一）民族教育的三级适应机制

按教育规律办事，主要有 3 个方面的要求：

一是从教育是人类社会的上层建筑，它既决定于一定社会的经济基础，又为一定的经济基础服务这一特性出发，民族教育必须与民族地区经济和社会发展的要求相适应。我们将这种表现在教育活动与社会大环境之间的适应关系称为民族教育发展的一级适应机制，其最佳表现状态为民族教育的发展与民族地区的发展相互促进，任何一方的发展都以另一方的发展为条件。

二是从教育活动与人的身心状态相关这一特性出发，民族教育又必须与民族学生生理、心理发展的需要相适应，教育活动不能摆脱民族学生生理与心理因素对其活动的影响。我们将这种表现在教育活动与受教

育者之间的适应关系称为民族教育发展的二级适应机制，其最佳表现状态为民族教育的发展建立在民族学生心理和生理发展基础之上，两者之间也存在着相互促进的关系。

三是从教育活动不是事物孤立的运动过程，它首先是一定教育活动资源合理配置并得到有效释放的特性出发，民族教育必须与民族教育各种资源的有效配置相适应，民族教育的发展是民族教育资源的最佳配置的必然结果。我们将这种表现在教育活动与教育小环境之间的适应关系称为民族教育发展的三级适应机制。其最佳表现状态为民族教育发展与民族教育资源优化组合，相互促进，民族教育新的发展往往是教育资源更为合理配置状态下的有效释放。

不难看出，一级适应机制更趋向于教育活动的外部适应；而二、三级适应机制则更趋向于教育活动的内部适应。三种适应机制相互联系，相互影响，相互制约，按教育规律办事的最为理想的状态是三种适应机制的互动与协调。

（二）发展民族教育要切实防止两种倾向

要让民族教育按照自身发展规律办事，就必须切实防止两种倾向，以使民族教育得到健康发展。

一是过分强调政治意义而相对忽视教育活动素质要求的倾向。不言而喻，民族教育与解决我国民族问题、实现民族团结和政治稳定都有着极其密切的关系。民族教育无疑是一个关系国家统一、民族团结的政治性问题。

但民族教育的这一鲜明特色决不意味着民族教育可以降低业务标准，不讲学生的质量和素质。恰恰相反，正是由于民族教育较一般教育活动所具有的这种政治色彩，给民族教育提出了更高的要求。民族教育培养的学生，不仅要在业务素质上达到一般学校所应达到的水平，而且在政治素质上也要高于一般学校所应达到的水平。民族教育所具有的政治意义，只能说明民族教育的任务更重，教师所担负的责任更大，民族地区对少数民族群众施以教育影响的力度要更强。只有这样，教育活动才符合按自身发展规律办事的要求。

二是过分强调特殊性而相对忽视教育活动整体性的倾向。民族教育具有的特殊性决定着民族教育的育人任务，也决定着民族教育育人的方式和方法。如果没有特殊性，民族教育便失去了赖以生存和发展的现实基础，也就无从谈起民族教育。

但是，民族教育的特殊性必须受制约于教育活动的整体性，决没有不讲教育活动整体性的特殊性。过分强调民族教育的特殊性，很容易只讲特殊性而不讲整体性；只注意民族教育与一般教育相区别的一面，而相对忽视民族教育与一般教育相一致的一面，这样难免会犯主观片面性的错误。

因而，强调特殊性的目的，是更有利于民族教育的发展，并使之与教育的整体性相一致，而决不是求异，差别越大越好。只有在教育活动整体性的基础上合理强调其特殊性，才能使民族教育的发展不脱离我国教育发展的正常轨道，真正实现按教育规律办事。

（三）提高民族教育的办学效益和办学质量

民族学院的干部教育就是较好地按教育规律办事的成功例子，这主要表现在两大转变上。

一是培养规格的转变。民族学院干部教育在培养规格上的转变主要反映在民族学院办学指导方针的变化。《培养少数民族干部试行方案》提出"培养普通政治干部为主，迫切需要的专业与技术干部为辅"。[1]第五次民族学院院长会议提出"培养四化所需要的具有共产主义觉悟的政治干部和专业技术人才，为少数民族地区的社会主义现代化建设服务"[2]。两种提法相互联系，有所区别。前者强调有所偏重，后者强调两者并举。提法的变化，反映了民族地区现状和民族学院教育因素的变

---

[1]　国家教育委员会民族地区教育司. 少数民族教育工作文件选编：1949—1988 ［M］. 呼和浩特：内蒙古教育出版社，1991：25.

[2]　国家教育委员会民族地区教育司. 少数民族教育工作文件选编：1949—1988 ［M］. 呼和浩特：内蒙古教育出版社，1991：64 - 65.

化，这是根据民族地区社会发展需要并尊重教育发展规律而做出的恰当调整。

二是培养层次的转变。民族学院干部教育在培养层次上的转变也主要反映在前后的变化上。1950 年颁布的《培养少数民族干部试行方案》提出要通过开办"政治学校与政治训练班"① 来培养少数民族干部，并要求各民族学院开办长期、短期两种班次，前者 2 ~ 3 年。《筹办中央民族学院试行方案》也提出：民族学院除开设两年制的本科政治系和语文系外，还要设立军政干部训练班，时间为 4 ~ 6 个月。②

可见，民族学院在建院初期除进行本科教育外，培养军政干部主要通过长短期非学历教育为主。

1983 年，国家民委、教育部、财政部下发的《关于民族学院干部轮训转向正规培训的意见》提出，随着我国实行干部四化要求，民族学院要"按照社会主义现代化事业的需要和各自的分工，修订教学计划，担负起对于干部进行正规化培训的任务"③。除继续开办必要的短期政治、文化、专业轮训班外，"举办正规学制为两年、三年的初中、高中班，中专和大专班"④。这样便实现了少数民族干部教育由非学历教育向学历教育的转变。

上述的两大转变，不仅是对民族学院干部培训教育工作的科学总结，亦是尊重教育规律而做出的符合民族地区事业发展需要的重大举措。

此外，在民族地区试办寄宿制民族中小学，在普通高校举办民族班，在内地普通中学和中等专业学校开办西藏班，在民族地区实行层层

① 国家教育委员会民族地区教育司. 少数民族教育工作文件选编：1949—1988 [M]. 呼和浩特：内蒙古教育出版社，1991：25.
② 国家教育委员会民族地区教育司. 少数民族教育工作文件选编：1949—1988 [M]. 呼和浩特：内蒙古教育出版社，1991：27.
③ 国家教育委员会民族地区教育司. 少数民族教育工作文件选编：1949—1988 [M]. 呼和浩特：内蒙古教育出版社，1991：173.
④ 国家教育委员会民族地区教育司. 少数民族教育工作文件选编：1949—1988 [M]. 呼和浩特：内蒙古教育出版社，1991：173.

分流的教育体制，在普通中小学校增设职业技术教育课程等，都在一定程度上体现着遵照教育规律办事，力求使三大适应机制有效协调的精神。

但是近年来，个别地区和个别学校，在市场经济因素、环境的影响下，程度不同地存在着盲目面向市场，致使民族教育质量有下降的问题。有的地区盲目地使学校升格、拔高，期望民族教育在短时间内上台阶。盲目升格在民族高等院校学科建设和专业设置中也有表现，中等教育升为大学专科教育，大学专科教育升为本科教育，这其中虽然不乏成功的经验，但以质量下降为代价的也为数不少。一些学校盲目地追求所谓经济效益，想方设法增加各种名目的自费生、捐资生，甚至形成了标准低、学生多的怪现象。这种现象在研究生教育中也有相当程度的表现。还有的学校盲目牺牲教育资源的优化配置而进行专业改造，希冀通过不断地改换专业或升格来维持发展，不惜以教育资源的巨大浪费和人才培养质量的降低来追求某一办学专业或某一办学层次等。这些现象都给民族教育事业带来程度不同的损失。

按教育规律办事，首先必须懂得教育规律。因此，有必要加强对民族教育客观发展规律的研究，真正做到既了解又有意识地去做。只有这样，才能言不离规律，行不离规律，果不违反规律，才能从根本上消除民族教育的"虚假"现象，才能使民族教育真正得到发展。

当前，民族教育应当用办学效益和办学质量这两把尺子对其活动做出衡量。按教育规律办事，必须在两者提高的基础上才能得到实现。

四、坚持对民族教育工作实施有效监控

无论是对少数民族聚居地区而言，还是对杂散居地区而言，民族教育无疑都是各级党政部门中心工作的重要组成部分。实践证明，各级党委和各级人民政府加强对民族教育工作的监控，是民族教育工作得以健康顺利发展的重要条件。坚持对民族教育实施有效监控，并不断地改进领导艺术和领导水平，充分发挥各级部门的监控职能，这是我国社会主

义民族教育实践得出的科学结论。

（一）加强有效监控必须改善政府职能

加强对民族教育的有效监控，与改善政府职能、下放权力和发挥办学单位的自主权并不矛盾。处理得好，两个方面存在着相互促进的关系。

加强对民族教育有效监控，指的是改善对办学实体的宏观管理。一方面，要通过党的路线、方针和政策对办学实体进行宏观管理，主要是解决办学指导思想及其他一些重大问题，使民族教育保持正确的办学方向。另一方面，通过一些必要的监控手段，如制订各项规章制度和事业发展规划、教育事业拨款、教育质量评估体系和制度等方式，对办学实体的具体教学活动实行有效的调控，使民族教育能在保持办学特色的基础上，提高办学质量和办学效益，在充分认识自己的责任与义务的基础上，使之真正成为面向社会自主办学的法人实体。

要达到这一目的，各级党的部门和政府部门，都必须将过去习惯了的微观管理模式转变为宏观管理模式，并提高管理的艺术水平，建立支持教育改革的运行机制，真正形成管而不死、管而更活的良好局面。要管有所管，放有所放，职责分明，任务明确，切实摆正宏观管理和微观搞活的关系，使学校更好地承担起为民族地区服务的任务。

加强对民族教育工作的监控，还必须解决对这项工作的认识问题。要将加强对民族教育监控作为我国整个民族工作总任务的一部分抓紧抓好。

当前，在一些民族地区还程度不同地存在着抓经济工作是硬指标、抓教育工作是软指标的相对忽视民族教育工作的倾向。诚然，教育活动作为人类社会的重要实践活动，它具有与其他社会实践活动不相一致的地方，如教育具有周期性长、投资回收慢、劳动者素质改善难度大等特点。但这些特点决不应作为轻视教育活动在民族地区经济和社会发展中作用的借口。

人类社会的政治发展、经济振兴和文化现代化都与教育活动密切相关。发展教育事业是民族地区永远摆脱贫困和落后，使之迈向现代化的关键环节。各级领导必须从这样的高度，充分认识民族教育在社会发展中的特殊作用，带头抓教育，带头尊重知识、尊重人才，为民族地区尊师重教风气的形成做出应有的贡献。

（二）加强有效监控必须在政策上给予倾斜

加强对民族教育工作的监控，还必须树立对民族教育重点扶持的思想。"帮助发展民族教育事业，是党的民族工作的重要内容。"① 我国的民族教育存在着起步晚、起点低、水平差异大等问题。这些问题还一时难以从根本上得到改观。中华人民共和国成立以来，在党的民族政策的指导下，由于国家的大力扶持和帮助，少数民族教育有了很大发展。这种发展不只表现在初等教育、中等教育方面，而且还表现在高等教育方面。民族高等教育培养了大批民族干部和各方面建设人才，初步满足了我国少数民族和民族地区对教育活动和各类人才的渴望。因此，"发展民族教育，仍然需要国家和地方继续采取特殊措施，在人力、财力、物力上给予重点扶持。"② 各级领导必须对此有充分的认识，对民族教育除在经费上给予扶持外，还应在政策上对民族教育给予倾斜。从民族教育战略地位的高度来充分认识发展民族教育工作的重要性，切实采取积极可行的措施，推动民族教育的发展。

从办学实体出发，加强对民族教育的监控，还必须注意解决好以下几个方面的关系。

一是必须有效发挥学校党团组织、工会组织、学生会组织的功能。要坚持做深入细致的思想政治工作，坚持说服疏导的工作方法，切实解决好教职工和学生中存在着的思想认识问题，这是坚持学校的社会主义性质、建设高度的社会主义精神文明的需要。因而，各级领导必须耐心

---

① 国家教育委员会民族地区教育司. 少数民族教育工作文件选编：1949—1988 ［M］. 呼和浩特：内蒙古教育出版社，1991：113.

② 国家教育委员会民族地区教育司. 少数民族教育工作文件选编：1949—1988 ［M］. 呼和浩特：内蒙古教育出版社，1991：114.

地做好正面教育，使上下形成一种合力，团结合作，共同开创民族教育发展的新局面。

二是必须坚持民族政策和民族团结的教育。坚持对教职工、学生以及社会各方开展民族政策和民族团结的教育，这是我们民族工作取得巨大成就的一个基本经验。我国是一个多民族的国家，民族问题将会长期存在。民族平等、民族团结和各民族共同繁荣是关系到国家前途命运的重大问题，不断地巩固和加强民族团结是进行现代化建设和深化改革开放的保障。因此，在新的形势下，继续坚持民族政策和民族团结教育就显得十分重要。它对于顺利完成现代化目标、完成祖国统一和使人民群众幸福具有重要意义。

三是坚持进行马克思主义理论的教育。马克思主义是人类科学知识的总结，是我们改造客观世界和主观世界的强大思想武器，是我们各项工作的行动指南。正是由于我们过去在民族教育实践中注意坚持用马克思主义理论武装广大教职工的思想，才使民族教育朝气蓬勃，不断迸发出勃勃生机，取得举世瞩目的成就。今天，我们仍然要继续坚持这一原则，特别是切实用当代马克思主义——中国特色社会主义理论来教育广大教职工、学生和民族地区的人民群众，引导广大人民群众开拓进取，锐意改革，不断前进，努力开创民族教育更加辉煌的局面，为我国民族教育事业的发展做出新贡献。

第四节　推动我国民族教育加速改革和发展

中华人民共和国成立以来，我国民族教育从整体发展水平上迈上了新的台阶。但是，民族教育也还面临着很多问题，尤其是在当前改革开放不断深入、社会主义市场经济体制由初步建立到不断完善过程中，民族教育正面临着新的前所未有的严峻挑战。这种状况，迫切要求民族教育加速发展，也迫切需要以新的理论指导新的实践。

一、我国社会主义民族教育实践的特殊性

我国社会主义民族教育实践的特殊性，既有旧中国旧式民族教育的遗存，也有作为民族教育这种特殊教育形态本身所固有的某些属性。①

（一）不平衡的发展水平

民族教育发展不平衡是我国民族教育的重要特点。这种不平衡分布特点，既体现在我国少数民族教育与教育发达地区教育水平上的差距，又体现在各少数民族之间教育水平上的差距，还体现在不同地区同一民族的教育水平上的差距等。从这种不平衡形成的特点看，既有历史上较大范围内存在着的差距，又有民族教育在当代实践中新产生的差距，还有因历史差距而造成的一时难以弥补的现实差距等。

中华人民共和国成立前，我国各少数民族经济和社会发展极不平衡，分别处于不同的社会发展阶段，与这种错综复杂的政治结构与经济结构相适应，民族教育显现为原始社会形态教育、奴隶社会形态教育、封建社会形态教育和近代学校教育四种教育类型。各类教育形态具有各自不同的特点，形成各具特色的教育层次。

如在鄂温克族集中居住的地区，主要是以家庭为主，传授生产技能和社会公德为主要内容的教育。在这些民族中，教育活动尚没有从生产生活中分离出来，没有专门的教育机构和专职教师，教育活动主要围绕家庭进行，通过长辈传授生产生活知识，全体社会成员都享有平等的受教育权利。

在延边朝鲜族居住的地区，则是以正规学校为主、以传授系统知识为主要内容的近代教育。中华人民共和国成立时已有小学 341 所，学生 96863 人；中学 18 所，学生 7199 人；中小学生占总人口数的 14%

---

① 孟立军. 民族教育超常规发展的理论和实践探索［J］. 中南民族学院学报，1996（6）.

左右。①

在部分少数民族地区还存在着以寺院为主，以传授宗教经典、民族语文等知识为主要内容的寺院教育。这些寺院不仅是研究宗教和从事宗教活动的场所，而且也是研究和传授文化知识的教育机构。

此外，在当时尚处于奴隶制社会形态的四川凉山地区，教育成为统治阶级的一种特权，彝文经书被"毕摩""枭苏"掌握，主要传授奴隶主的格言、谚语、家谱等。

这种同时存在的跨越四种社会发展阶段并在较大范围内存在的教育的不平衡现象，在世界范围内也是比较有代表性的。

民族教育不仅从整体来看存在着发展水平的高度不平衡现象，而且从生活在不同地区的同一民族的教育水平比较来看，也具有高度不平衡的特点。如彝族，虽然大部分聚居区已进入封建社会，甚至位于云南滇越铁路及箇碧石铁路沿线地区已出现了资本主义因素，滇东北还出现了龙、陇、卢、禄、陆、安六大家族为主体的封建地主、官僚、买办集团②；但在四川和云南的大小凉山地区却长期保存着比较完整的奴隶制度。这些地区仍然按父系血统划分等级，诺伙、曲诺、阿加、呷西地位决不能混淆。可以看出，同一民族内部也存在着教育发展水平差异的问题，这是与这种经济发展状况和社会关系相适应的。

（二）多元化的教育目的

与民族教育发展水平不平衡和多种教育形态并存现象相联系，民族教育还存在着教育目的的多样性特点。③

教育目的，是指将受教育者培养成为一定社会需要的人的总要求，是根据一定社会的政治、经济、生产、文化科学技术发展的要求和受教育者身心发展状况确定的，反映着一定社会对受教育者的客观

① 《中国教育年鉴》编辑部. 中国教育年鉴：1949—1981［M］. 北京：中国大百科全书出版社，1984：402.
② 国家民委民族问题五种丛书编辑委员会《中国少数民族》编写组. 中国少数民族［M］. 北京：人民出版社，1981：301.
③ 孟立军. 论民族教育的历史性［J］. 民族教育研究，1996（3）.

标准。

民族教育可按教育内容、教育对象、教育形式等方面的区别划分为汉民族文化教育、本民族文化教育、宗教文化教育和原始文化教育四种主要类型。

汉民族文化教育，曾在我国少数民族教育史上占有十分重要的地位，主要是指面向少数民族地区以传播汉民族文化为主要内容的教育类型，以培养少数民族出身的、受汉民族文化影响较深的、为中央集权统治者服务的上层代表人物。

本民族文化教育，是在民族地区传播本民族优秀文化精华的教育类型。教育的目的在于培养和选拔合乎本民族道德标准和行为规范的知识人才。

宗教文化教育，是以传播宗教文化为重点的教育类型。教育目的在于培养从事宗教活动的僧侣，有的兼有培养普通劳动者的性质。

原始文化教育，则是以传播原始宗教文化和原始氏族生产生活经验的教育类型。教育目的在于培养合格的原始公社成员。

（三）特有的信息传播方式

我国各民族在各自历史发展进程中，还形成了具有本民族特点的信息传播方式，语言和文字的使用极为复杂。绝大多数少数民族都有自己本民族的语言，分属汉藏、阿尔泰、南亚、南岛、印欧5个语系。由于我国少数民族历史上存在着同一民族使用两种或两种以上语言的现象，因而语言多达80种以上。

此外，少数民族文字的种类和使用也十分复杂，有的民族通用传统民族文字；有的民族通用汉字；还有的民族使用在汉字影响下创制的文字等。

民族教育活动中语言文字使用上的这种多元化特点，在一定程度上影响着教育活动的效果和语言交流的质量。

（四）独特的宗教信仰

我国部分少数民族有信奉宗教的历史，除有些民族信奉本民族固有的原始宗教和萨满教外，还信奉汉族的道教，世界性的佛教、伊斯兰教、基督教等。宗教在历史上曾对少数民族教育活动产生过深刻影响，其教育活动、教学内容和教育制度都深深地打着宗教的烙印，甚至有的民族的教育活动就是在学习和传授宗教文化过程中进行的。取消了宗教教育，便会割断某些民族教育的发展历史。

时至今日，宗教对我国部分少数民族教育活动仍有重大影响。寺院与学校争夺学生的现象在有些地区依然存在，宗教对教育的影响是民族教育发展中不可忽视的因素，特殊性表现得极为明显。

（五）各异的文化类型

由于我国各少数民族发展的历史以及经济和社会生活的不同特点，各民族在长期的发展演变过程中，都形成了相互区别的各种文化形态、教育内容和心理素质。它们共同构筑了我国各少数民族的精神世界，维系着各自民族内部的团结与秩序，成为区分不同民族的重要标志和衡量民族自身发展水平的重要尺度。

这些历史积淀在教育活动中不容置疑地发挥着特殊作用，既有积极影响的一面，也有严重阻碍民族教育发展的一面。

（六）多样性的地域特点

由于历史等因素的影响，我国少数民族一般都居住在边疆或山区，自然地理环境、人们的生存环境相对较差。此外，民族地区人口密度低，交通设施相对落后，自然地貌复杂多变等，也给民族教育带来许多特殊的困难。在一些边远贫困的民族地区，学生上学受到的不仅仅是来自经济条件不足而造成的不利影响。我国民族教育的特殊性是我国多民族国家社会生活的重要内容，是一定社区政治、经济等发展的要求所决定的，在相当大的程度上反映着不同社区对受教育者的特殊要求和互相区别的教育目标，因而都是各民族发展中精神产品生产的巨大成果。它们都曾对我国各民族进步起过积极的促进作用，是不容忽视的社会现象。

但民族教育的特殊性也向我们昭示了一个不容忽视的历史事实：民

族教育明显带有先天发展不足和相对后进的问题。消除这种不平衡状况，使原先教育发达民族的教育更加发达，使教育后进民族赶上和超过教育发达民族的教育水平，是历史留给中华人民共和国民族教育实践必须解决的问题。

二、民族教育发展滞后的原因分析

我国民族教育存在的主要问题是与我国教育整体水平相比较而言的。民族教育从整体发展水平来看，不仅明显低于发达地区汉族教育的实际水平，而且也低于全国教育平均水平，存在着基础教育基础薄弱，高等教育资源有限；人才培养质量不高，学生就业压力较大；教师队伍数量不足，综合素质有待提高；文化因素影响偏大，效率提升难度较高等等问题。此外，民族教育还存在着发展水平不平衡、管理制度不完善和运行机制不灵活等方面的问题。

造成民族教育存在上述主要问题的原因是多方面的，可以从历史原因、主观原因、客观原因和深层次原因四个方面去认识。

（一）历史原因

从历史角度来分析，我国民族地区由于社会发育程度偏低且差异较大，因而民族教育发展相对滞后，民族教育起点低、基础差的特征十分明显。

这种历史的差距决不会因社会制度的根本性变革而立刻发生根本性的变化。虽然已经有中华人民共和国成立后几十年的艰苦努力，但要从根本上消除少数民族在科学文化整体素质方面的差距，还有很长的一段路程要走。发展起点低，是造成民族教育后进状况的主要原因，这一点可以从中华人民共和国成立前少数民族聚居地区教育状况中看得十分清楚。

新疆近代教育萌芽于辛亥革命以后，初兴于 1934 年—1942 年间。1915 年后由一些开明商人和自国外归来的知识分子先后办起少数近代小学。1949 年全疆共有少数民族小学生 182427 人，中学生 1819 人，中专生 1266 人，大学生 185 人。全疆共有少数民族小学教师 6799 人，中学教师 94 人，中专教师 76 人，大学教师 14 人。①

内蒙古在 1947 年成立自治区时，除蒙古族、达斡尔族和朝鲜族有一定的教育基础外，其他民族的教育几乎空白。1949 年全区只有民族中学 3 所，在校生 785 人，占当时中学在校生总数的 11.2%；有民族小学 681 所，在校生 46821 人，占当时小学在校生总数的 13.3%。②

宁夏 1949 年只有小学 639 所，在校生 45105 人，专职教师 994 人；中等学校 16 所（含中等专业学校），在校生 1780 人，专职教师 132 人。中等学校中有私立的 1 所，教会办的 1 所。1949 年时宁夏 37 万回族人中仅有 10 余名大学生，200 余名在校中学生，1000 余名在校小学生。文盲占 90% 以上。③

西藏和平解放前夕，由西藏地方政府办的学校约 20 所，私塾约 95 所，在校生 3000 人左右，主要是学习经文的学校，也曾办过几所近代学校。1934 年，国民党中央政府在拉萨设立蒙藏委员会驻藏办事处，于 1938 年成立"国立拉萨小学"，每期有学生 50~100 人。另外，尼泊尔、英国、法国等外国人也曾相继在西藏的亚东、拉萨、江孜和昌都等地办过学校。④

广西在民国时期对少数民族实行"特种教育"政策。1937 年时特族 219 乡、1026 村设中心校 26 所，基础校 610 所。但由于交通闭塞，经济落后，人民生活贫困以及政局变化等原因，特种教育收效甚微。⑤

可见，由于历史因素的影响，我国民族地区普遍存在着生产力发展

---

① 《中国教育年鉴》编辑部. 中国教育年鉴·地方教育：1949—1984 ［M］. 湖南教育出版社，1986：1312.
② 教育大辞典编纂委员会. 教育大词典：第 4 卷 ［M］. 上海：上海教育出版社，1992：56.
③ 教育大辞典编纂委员会. 教育大词典：第 4 卷 ［M］. 上海：上海教育出版社，1992：75.
④ 《中国教育年鉴》编辑部. 中国教育年鉴·地方教育：1949—1984 ［M］. 湖南教育出版社，1986：1128.
⑤ 教育大辞典编纂委员会. 教育大词典：第 4 卷 ［M］. 上海：上海教育出版社，1992：63.

水平低的问题。此外，少数民族人口中文盲率也较高，许多民族没有本民族的大学生、中学生，甚至没有小学生。文化发展后进的问题也十分突出。

旧中国相对落后的民族教育状况，不可避免地对中华人民共和国民族教育发展产生极为不利的影响，尤其是在部分民族地区，近代学校教育几乎是从零开始，这就不能不对民族教育的发展造成阻碍，延缓民族教育发展的历史进程。这是当前我国民族教育仍然存在众多问题的历史性原因。

（二）主观原因

主观因素亦是影响民族教育发展的重要原因，主要表现在对发展民族教育重要性认识不足。

尽管我们长期以来一直十分强调发展教育事业，将教育列为经济和社会发展的战略重点，摆在优先发展的位置上。但我们民族地区的有些领导，或多或少地在认识上存在着忽视发展民族教育的问题。在过去的一段时期内，我们曾被"阶级斗争为纲"左右相当长的一段时期，优先考虑的并不是如何发展教育和科教兴国，教育的这种从属地位本身便限制了教育自身的发展。党的十一届三中全会以来，教育的地位空前提高，教育已经被摆在战略重点的位置上。尽管如此，在一些地区的实际工作中却存在着理论上重视教育而实践中轻视教育的问题。在一些民族地区，特别是一些贫困地区，各级领导将主要精力放在抓经济建设工作，抓人民群众的脱贫致富，认为抓经济是硬指标，不抓不行；而教育则是软指标，可以缓抓。况且教育还具有生产周期长、产出慢等特点，这在一定程度上对民族地区各级领导决策产生不利影响。

（三）客观原因

客观因素同样是造成当前民族教育仍然存在众多问题的重要原因。

这些客观因素主要表现在我国民族教育底子薄，需要有更大的教育投入。虽然党和政府采取大力扶持民族教育发展的政策，但与民族教育的实际需要仍有相当大的缺口。民族地区一般又是相对贫困地区，在这种情况下，相对薄弱的财政对教育的支持也只能是杯水车薪，十分有限。

因此，民族教育投资不足的问题相当突出。不少民族地区师资力量不足，教师的专业结构不合理。这种状况，不能不成为阻碍和制约民族教育进一步发展的因素。加大对教育的投入，是民族地区发展教育事业迫切需要解决的问题。

可见，要促进民族地区教育事业的进一步发展，必须解决主观上对发展民族教育认识不足和客观上对民族教育投入不足的问题，以弥补因历史等诸因素而造成的民族教育与教育发达地区业已形成的差距。

（四）深层次的原因

除对民族教育存在问题的原因做一般性分析，即从历史条件、主观条件和客观条件的角度进行分析外，还有必要对产生这些问题的深层次的原因进行分析。只有这样，才能更加深刻认识出现这些问题的根源，找到消除这些问题的办法，也才能够在众多制约因素中找到最本质的制约因素，并在此基础上制定切实可行的措施，有计划、分步骤地推动民族教育的发展，以实现民族教育在社会主义条件下的历史性跨越。

简言之，发展不足是我国当前民族教育实践中仍然存在众多症结的最本质的原因。可以从两个方面考察。

1. 民族教育理论发展不足

所谓民族教育理论发展不足，是指表现在民族教育理论与民族教育实践关系方面的、在发展速度上的迟滞和在指导性上不足的现象。

列宁和斯大林创造性且比较系统地提出了社会主义时期民族教育的理论，进行了有开创性的社会实践活动，并使之成为指导世界各国社会主义时期民族教育实践的指导思想。但是，列宁和斯大林的民族教育理论，在相当大的程度上仍然带有俄国十月革命后的本国特点，力图尽快解决的问题更多地集中在俄国苏维埃政权建设和少数民族干部极度缺乏的矛盾方面。至于其他方面的问题，要么只是简单提及，要么因历史局限而未能提出。

我国民族教育的理论在苏联民族教育理论基础上有了新的发展，不仅完全继承了列宁、斯大林关于社会主义民族教育的理论精华，而且在实践中进一步丰富，并形成了具有中国特色的民族教育理论。但通过前面的表述不难发现，我国民族教育现行理论体系的思想主要形成于"文革"前及"文革"结束时这段时期，其基本要点都不难在这一时期找到精辟的理论阐述和合乎这一理论要求的实践。换句话讲，即我国民族教育理论构成的时代条件是社会主义计划经济时期。说它是我国计划经济条件下的产物未免言过其实，但这一理论确实不可避免地带着那种体制下的某些特点。如何在社会主义市场经济条件下发展我国的民族教育，民族教育在当前面临着哪些不可避免的现实问题，怎样实现民族教育的进一步发展等问题，都需要做出新的回答。民族教育理论发展滞后已对民族教育产生不利影响。

2. 民族教育实践发展不足

所谓民族教育实践发展不足，是指教育活动在其内部规律和外部规律相互作用下，表现在发展总趋势上的各种因素在量的积累上的延缓现象和在质的飞跃上的滞后现象。

这种不足有两个方面：一方面表现在质上，指各种社会形态下教育本身的区别，封建教育形态与社会主义教育形态就构成本质上的差别；另一方面表现在量上，民族教育实践的总体水平和发展层次也存在着发展不足的问题，这可以从民族教育的各项发展指标上显而易见地得到证明。

我们说民族教育发展水平层次低，不仅仅指民族教育的某些个别方面或内容，它涉及教育活动因素构成的各个主要方面。我们在前面提到的诸如教育结构不合理、少数民族在校生比例偏低、民族地区人民群众文化素质有待进一步提高、师资队伍数量不足、质量不高等均反映出民族教育实践发展不足的问题。

民族教育作为社会生活中的一种现象，也具有与社会其他现象相一致的发展规律，也要不断地由低级阶段向高级阶段转化。民族教育的发展同样是民族地区发展这一时代永恒主旋律的重要组成部分。

民族教育的发展还需要借助与一般教育的比较来进行。在多民族国家的教育活动中，不仅存在着本民族教育活动的过去与现在的比较问题，更重要的还在于民族教育与其他民族，特别是与汉民族教育相比较的问题。

不难看出，对民族教育来讲，一般的发展程度和发展速度显然是不行的。因为它不具有使民族教育永久性地摆脱后进状态的动能。民族教育必须在发展程度上和发展速度上高于教育发达地区的平均发展程度和平均发展速度，才能够使民族教育摆脱后进状态成为可能。

但是，就目前条件而言，仅仅依靠民族教育自身的力量，是难以达到预期目标的。这不仅有来自中华人民共和国成立前历史因素的影响，也有中华人民共和国成立以后各种不利因素的影响，还包括各种自然条件的限制等。

因而，发展民族教育决不能循规蹈矩，机械地遵循一般的发展规律和模式来进行，而必须遵循民族教育特殊的发展规律，加快量的积累过程和积极促进质的飞跃过程才可能达到。我们将探讨社会主义条件下民族教育特殊规律的理论称为民族教育超常规发展理论，这将是本书需要集中精力去探讨的问题。

第二章

民族教育超常规发展的限域定位

"科学研究的区分，就是根据科学对象所具有的特殊的矛盾性。因此，对于某一现象的领域所特有的某一种矛盾的研究，就构成某一门科学的对象。"① 正像一切科学术语和概念都具有特定理论含义和在一定条件下适用特点一样，民族教育超常规发展概念也具有它特有的理论含义和特定的应用范围。要完成本书研究宗旨，有必要对民族教育超常规发展这一新概念进行理论界定，并对该概念的适用范围以及它在与其他社会现象相互发生作用时的运动状态进行阐述。

第一节　民族教育超常规发展概念诠释

民族教育超常规发展概念，是基于我国民族教育理论和实践发展的需要提出来的。相比较而言，它恰当地反映了民族教育的历史基础、现时状况和发展趋势，客观地揭示了现阶段我国民族教育的内在矛盾。以此规范民族教育的理论研究，指导和推动民族教育工作的开展，是适时和恰当的。

---

① 毛泽东. 毛泽东选集：一卷本［M］. 北京：人民出版社，1967：284.

一、发展的含义

随着世界范围内经济的振兴和社会的进步，"发展"一词已被人们愈来愈广泛地使用。在我们接触到的大量信息资料中，不仅在反映世界各国政治、经济、文化现象时会经常看到它，甚至在划分国家不同发展类型时也不时地用到它，如"发展中国家"这一概念就已被理论界和公众舆论所接受。

发展的观点也是马克思主义理论创立者构建社会主义理论大厦的重要思想。列宁就曾叙述过马克思基于发展观点创立共产主义两个发展阶段学说的过程。他指出，马克思"始终应用了唯物主义辩证法，即发展学说，把共产主义看成是从资本主义中发展出来的。……分析了可以表现共产主义在经济上成熟程度的两个阶段"①。

但是，对"发展"一词的解释在国际上却是有争议的。人们对"发展"一词的不同理解，既促进了对它的深入研究，也使频频出现的该词包含众多释义。

发展经济学提出了发展中国家的发展战略模式。大致经历三个重要阶段。

第一个阶段是传统的经济增长发展战略。其研究的主要特点是将发展与经济现象相联系，将发展归结为单纯的经济增长问题。其特点是以国民生产总值的增长（或国民收入的增长）作为经济增长的标志，发展即是增长。

第二个阶段是变通的经济发展战略。其研究的主要特点是将发展与社会现象相联系，认为应当区分增长与发展两个概念，增长并不一定意味着发展，发展不仅包括人均国民生产总值的增长，还应伴随经济结构、社会结构和政治结构变革状况，应当避免和克服"不发展的增长"现象。

第三个阶段是激进的经济自主发展战略。其研究的主要特点是将发

---

① 列宁. 列宁选集：第 3 卷［M］. 北京：人民出版社，1972：255 – 256.

展与人们生存环境的改善联系起来，认为不发达是一种自然现象，一个国家的不发达状态，是不发达国家自身经济、政治、社会、文化的产物。不发达国家要摆脱对发达国家的依附关系才有可能取得发展。要建立国际经济新秩序，以解决发达国家与不发达国家之间的结构性关系问题，并在不发达国家内部进行彻底的政治和经济变革。①

总之，人们已经习惯将发展一词运用于解释各种社会现象，正如列宁所概括的："现时，发展观念，进化观念，几乎完全深入社会的意识。"②

如果原则性地给"发展"一词下个定义，可以进行这样的表述：所谓发展，是指事物由小到大，由简到繁，由低级到高级，由旧质到新质的运动变化过程。它是世间一切事物存在的基础和运动变化的基本特性。可见，"发展"是一个描述事物动态变化的概念。

不仅如此，"发展"还是一个必须借助于比较来体现的概念。发展总是在相互比较中得到体现的，没有比较也就没有发展。从这个意义上讲，比较是发展的唯一特性。

比较，既可以是同一事物过去与现在的纵向比较，即继时性比较；亦可以是不同事物之间的横向比较，即同时性比较。而事物的继时性比较，只能反映同一事物过去与现在发生变化的矛盾状态，只具有认识单一事物的意义。因此，在我们现实生活中，大量使用的则是同时性比较，用以反映不同事物间不同变化程度的状态，从而达到对所要认识的事物以及它与其他事物之间的相互关系的认识。

对于人类社会，可以根据发展的不同特点进行划分和归类。简单地讲，可以将发展划分为政治发展、经济发展和文化发展等不同发展类型。研究发展，必须涵盖人类社会的政治生活、经济生活和文化生活的各个方面，必须研究它们之间的相互关系以及社会整体发展的诸问题。

---

① 魏宏森，等. 发展战略与区域规划：理论和方法［M］. 重庆：重庆出版社，1988：35－45.

② 列宁. 列宁选集：第2卷［M］. 北京：人民出版社，1972：584.

二、超常规发展的含义

常规是指过去沿袭下来经常实行的规矩，具有相对稳定性、继承性和变动滞后性等特点。

所谓超常规发展，亦可称为超常发展、跨越式发展、跳跃式发展等，则是指事物超出寻常发展程度的运动状态。具有突发性、剧变性和跳跃性的特点，超常规发展是事物发展过程中的一种特殊的运动状态。

超常规发展在事物发展过程中的表现形式是有所区别的。就表现的主体而言，既可以是单个物体或单个人，也可以是多个物体或社会群体；就表现发生的过程而言，既可以是自然规律发生作用的形式，即客观事物根据自身运动变化规律而发生的超常规变化，也可以是人类社会通过发挥主观能动性，有效地利用自然规律的形式，即在遵循事物客观发展规律基础上推动事物发生超常规变化的过程。从事物发展都是呈螺旋式而不是直线式发展的特性来看，超常规发展的趋势，既可以表现为事物上升的态势，又可以表现为事物在总趋势上升过程中暂时性下降态势。

超常规发展是有条件的。没有适当的条件，便不可能出现事物的超常规变化。"每个事物（现象等）的关系不仅是多种多样的，并且是一般的、普遍的。每个事物（现象、过程等）是和其他的每个事物联系着的。"[1] 一切以时间、地点、条件为转移。

超常规发展是事物量的不断积累过程的一种表现形式，是事物超常孕育并加速引发事物发生质变的量的积累过程。例如，改革开放以来，民族地区不断加大改革力度，使国民经济持续、快速发展，经济实力得到进一步增强。这可以表现在农业工业得到发展、固定资产投资持续增加、财政收入稳定增长、人民生活水平显著提高等方面。有资料显示：民族地区已经告别了一穷二白的面貌，民族八省区经济总量由 1978 年

---

① 列宁. 列宁选集：第 2 卷 ［M］. 北京：人民出版社，1972：607.

的 324 亿元增加到 2018 年的 90576 亿元。① 试想一下，如果没有改革开放的社会大环境，民族地区能有如此大的变化吗？

由此可对超常规发展进行如下归纳：

（1）超常规发展的实现，不过是在适当条件的影响下，加速事物可能产生质的飞跃的量变积累过程，事物量变积累的加快从而使质的飞跃提前到来的现象，便是事物的超常规发展。没有事物量变过程的加速积累，便没有事物的超常规变化。

（2）超常规发展必须在事物有可能产生质的飞跃的前提下才可以得以实现，事物本身缺乏这种突变的客观要求，即使其他条件适宜，也不能出现人们所期望的那种事物的超常规发展。

（3）超常规发展并不是某一单个事物或事物某一方面孤立的表现过程。从事物发展相互联系和作用的观点来看，某一事物或事物某一方面的超常规发生，会引起该事物或他事物的发展，甚至是超常规的发展。

（4）事物超常规变化是可以转化的。因为世间事物在相互作用和相互影响的过程中，某一事物或事物的某一方面的超常规变化，有可能成为促使他事物或该事物加速量的积累的条件，其结果有时甚至会造成与人们认识和期望相反的超常规变化。

（5）超常规发展是可以通过人的主观能动性加以控制的过程。人们既可以对事物超常规变化的有利方面进行强化，也可以对这种变化的不利方面进行有效的抑制，这将取决于人们对客观事物的认识程度。

超常规发展现象存在于物质世界、精神世界和人类社会中。

就人类社会而言，超常规发展现象包括政治超常规发展、经济超常规发展和文化超常规发展等多种表现形式。社会制度影响着人类社会各种现象超常规发展的程度和质量。在社会主义制度下，超常规发展可以得到更加充分的展示。

---

① 高春春.［壮丽 70 年］我国民族团结进步事业发展成就综述［EB/OL］. 贵阳网，2019 - 09 - 17.

(一) 政治超常规发展

政治超常规发展是指政治理论、政治制度、政治关系等方面超出一般发展程度的运动状态。最为典型的表现形式是社会制度的更替和生产关系的重大调整。

政治超常规发展有多种表现形式，一是可以表现在不同的社会制度中，封建社会、资本主义制度下同样存在着政治超常规发展的表现形式；二是可以表现在一定社会制度的不同发展阶段，如我国对生产资料的社会主义改造、三中全会后对生产关系的重大调整等；三是可以表现在一定国家制度下不同区域的内部，如我国四川凉山彝族地区奴隶社会一直延续2000多年，中华人民共和国成立使这一地区由奴隶社会跨越社会发展阶段进入社会主义社会，使新的政治制度、政治关系、民族关系得以确立，这是人类社会实现政治超常规发展的有力说明。

20世纪50年代，我国各民族仍然保留着前资本主义的各种生产关系和各种生活经济形态：占全国人口6%的少数民族中，有30多个民族（包括蒙古、回、满、苗、朝鲜、壮、白、侗、水、布依等民族的一部分）共3000多万人（约占全国人口的5%），处于与汉族大致相同的封建地主经济阶段，其中有些民族不同程度上产生了一些资本主义因素；在大部分藏族地区及部分傣、维吾尔、哈尼等民族地区（有400万人，约占全国人口的0.67%），存在着封建农奴制；居住在四川和云南大小凉山地区的部分彝族（近100万人，约占全国人口的0.17%），保留着奴隶制度；居住在云南边疆山区的独龙、怒、傈僳、基诺、布朗、景颇、佤和拉祜等民族，以及西藏高原的珞巴族、内蒙古高原的鄂温克族、黑龙江的鄂伦春族、海南的部分黎族等（共70多万人，占全国人口的0.12%），不同程度地保存着原始公社制或正向阶级社会过渡的特征。[①] 不难看出，在民族地区进行社会改革，使我国民族地区过渡到社会主义制度，是中华人民共和国面临的一项重要任务。

---

① 肖方. 一步跨千年：中国少数民族实行社会制度改革 [J]. 民族团结，1999 (1).

我国民族地区从 1951 年起先后进行了社会制度的改革。这种改革根据地区和民族的不同，采取了四种过渡类型：在封建地主制地区，采取和汉族地区土地改革大体相同的办法；在奴隶制度和封建农奴制地区，采取和平协商的方式进行民主改革；在处于原始公社制末期的地区，采取向社会主义直接过渡的办法，不搞没收分配土地和生产资料，不搞斗争，大力帮助和支持群众发展生产，建立集体经济；在少数民族牧业区，进行和平改革，不分不斗，不划分阶级成分，牧场公有，自由放牧。

这一改革，使我国少数民族分别从各种社会制度过渡到社会主义制度，实现了一步跨百年乃至一步跨千年的历史性飞跃[①]；不仅使少数民族人民群众在经济上获得了解放，而且使他们在政治上获得新生。

这种从前资本主义过渡到社会主义的社会实践，一方面使少数民族地区的农牧业生产迅速得以恢复和发展。另一方面，民主改革也提高了广大人民群众的思想觉悟，消除了各民族间及各民族内部历史上残留的隔阂和不团结因素，从而大大促进了各民族间及各民族内部的团结，为新型民族关系的建立创造了社会条件。

需要指出的是，民族地区以消灭剥削制度和剥削阶级为目的的民主改革在实践中主要还是经济和政治上的赎买过程。恩格斯在《法德农民问题》一文中曾指出："这一剥夺是否要用赎买来实行，这大半不是取决于我们，而是取决于我们取得政权时的情况，尤其是取决于大土地占有者老爷们自己的行为。"[②] 我国通过和平赎买方式，实现了民族地区的民主改革，彻底消灭了前资本主义的剥削制度，主要指奴隶剥削制度和封建剥削制度；彻底消灭了前资本主义的剥削阶级，主要指奴隶主阶级和封建主阶级。这无疑是对马克思主义关于和平赎买思想的创造性运用，是本书提出的政治超常规发展在我国民族地区社会主义革命与建

---

① 肖方. 一步跨千年：中国少数民族实行社会制度改革 [J]. 民族团结, 1999 (1).
② 马克思, 恩格斯. 马克思恩格斯选集：第 4 卷 [M]. 北京：人民出版社, 1972：314.

设中的一种特殊实践形式，是政治超常规发展理论的极好证明。

（二）经济超常规发展

经济超常规发展是指经济理论、经济制度、经济关系等方面超出一般发展程度的运动状态。最为典型的表现形式是经济的振兴和各项经济指标超乎寻常的变化。

经济超常规发展是人类社会的一种普遍现象，是社会制度更迭和生产关系调整的重要因素。社会制度同样对经济超常规发展具有巨大的反作用，在一定意义上讲，人类社会历史上所经历了的三次社会大分工以及私有制的产生等都是经济超常规发展的必然结果。在社会主义制度下，由于社会主义生产关系对生产力的高度适应性，经济超常规发展可以得到更加充分的表现。

从我国经济发展看，党的十一届三中全会后，在改革开放总方针总政策的指引下，我国实行了全方位的对外开放，形成了经济特区—沿海开放城市—沿海经济开发区—内地多层次的对外开放格局。这种发展战略在我国经济工作中发挥了不可取代的重要作用，进一步使我国的经济发展置于世界经济体系中，这方面取得的经济成就得到了世界公认。我国实施的全方位对外开放的经济发展战略及我国经济所取得的巨大成就，在实质上具有经济超常规发展的特征。

我国民族地区的迅速崛起，也是经济超常规发展最有说服力的证明。

截至 1983 年，全国民族自治地方工农业总产值达 620.7 亿元（按 1980 年不变价格计算），比 1949 年增长 11 倍半，从 1950 年到 1983 年平均每年增长 7.6%。工农业生产结构也起了很大变化，在工农业总产值中，工业产值比重已由 1949 年的 14.75% 上升到 1983 年的 51%。2018 年民族八省区地区生产总值总量为 90676.42 亿元，扣除物价上涨因素，比 1952 年 57.89 亿元增长了 250 多倍，年均增长 8.72%。从分省区看，1952—2018 年，地区生产总值年均增长率分别为：内蒙古 9.31%，广西 8.61%，贵州 8.06%，云南 8.42%，西藏 8.74%，青海

8.75%，宁夏9.42%，新疆8.45%。① 这是国民经济向现代化发展的重要标志。②

当前民族地区已经步入经济增长动能更足、发展质量效益更高、群众得到实惠更多的重要时期，民族八省区城镇居民人均可支配收入由1980年的414元增加到2018年的33983元，农村居民人均可支配收入由1980年的168元增加到2018年的11426元。③

我国民族地区已大大缩小了与全国的差距。

（三）文化超常规发展

文化超常规发展是指文化理论、文化内容以及人们科学文化素质方面超出一般发展程度的运动状态。最为典型的表现形式是新的文化精神、新的文化体系的确立和人们文明程度的提高。

文化超常规发展同样是人类各种社会制度共有的社会现象，受社会制度发展程度的制约，并为新的社会制度的建立和发展开辟道路。在社会主义制度下，文化超常规发展的程度会更高。

我国社会主义制度的建立，为我国少数民族文化事业的发展，特别是少数民族文化的超常规发展提供了条件，可以表现在少数民族体育、少数民族卫生、少数民族语言文字、少数民族文学艺术、少数民族古籍整理与出版、少数民族图书出版与新闻宣传、少数民族文化研究等事业的发展以及民族地区各种文化设施的建设方面。

中华人民共和国民族文化超常规发展表现得最为明显的是少数民族教育事业的飞速发展，这可以从少数民族人口科学文化素质的提高方面得到证实。据第四次全国人口普查资料统计，20世纪80年代我国少数民族人口文化教育水平大幅度提高，文盲率下降。1990年我国少数民

① 郑长德. 伟大的跨越：中国少数民族地区经济发展70年［J］. 民族学刊，2019（6）.
② 国家民委财经司. 少数民族地区国民经济建设和社会发展事业的辉煌成就［J］. 中国民族，1984（7）.
③ 高春春. ［壮丽70年］我国民族团结进步事业发展成就综述［EB/OL］. 贵阳网，2019 - 09 - 17.

族具有大专以上文化程度的人口占小学及小学以上文化程度人口的比重为 1.53%，与 1982 年相比提高了 0.74 个百分点；文盲半文盲人口占 15 岁及 15 岁以上人口的比重为 30.83%，比 1982 年下降了 13.62 个百分点；6 岁及 6 岁以上人口平均受教育年限为 5.29 年，比 1982 年上升了 1.15 个百分点。从总体上看，少数民族人口文化教育水平的提高速度快于全国平均水平。① "另据 2010 年第六次全国人口普查数据显示：有 19 个少数民族 6 岁及 6 岁以上人口中未上过学的比例比较低。其中蒙古族 3.31%，维吾尔族 3.51%，壮族 4.75%，朝鲜族 1.29%，满族 2.14%，哈萨克族 1.59%，高山族 2.59%，柯尔克孜族 3.15%，达斡尔族 1.16%，仫佬族 4.19%，毛南族 4.21%，锡伯族 1.12%，塔吉克族 3.50%，乌孜别克族 2.04%，俄罗斯族 1.26%，鄂温克族 1.24%，塔塔尔族 1.42%，鄂伦春族 1.38%，赫哲族 1.90%，低于 6 岁及 6 岁以上人口中未上过学全国平均 5.00% 的比例水平"②，从而缩小了与我国汉族群众在文化水平上的差距。

三、教育超常规发展的含义

教育可以划分为狭义教育和广义教育。

所谓狭义教育就是学校教育，指学校根据一定社会或一定阶级的要求，对受教育者施以有目的、有计划、有组织的影响，使受教育者掌握一定的知识与技能，形成一定的思想品德和思维能力，发展体力和智力，从而成为一定社会所需要的人的社会活动。

所谓广义教育，泛指有目的地增进人的知识技能，影响人的思想品德和思维能力，增强人的体质的社会实践活动。教育随人类社会的产生而产生，它在传递生产经验和社会生活经验方面起重要作用，可以促进

---

① 我国少数民族文化水平大幅度提高 [J]. 民族，1994 (6).
② 国务院人口普查办公室、国家统计局人口和就业统计司. 中国 2010 年人口普查资料 [EB/OL]. http：//www. stats. gov. cn/tjsj/pcsj/rkpc/6rp/indexch. htm.

劳动力素质的提高，发展人们的"体力和智力"，① 提高人们的认识客观世界的能力和参与社会实践的水平。

教育活动是人类社会实践的产物。一定的社会生产力以及该社会政治、经济状况决定着教育活动的方式和水平；而一定社会的教育活动也具有反作用，对一定社会的生产力以及该社会的政治、经济的发展起促进作用。本书研究的内容限定在教育对生产力及对社会政治、经济反作用方面。

具体地讲，教育超常规发展是超常规发展在文化发展方面的一种表现形式，反映的是在一定社会条件下，各种相关因素相互影响和作用，促进教育事业超常规变化，使教育更好地为一定社会的经济和社会发展服务的问题。

可见，教育超常规发展，是指在异文化或异水平文化背景下，教育活动相互作用而造成的后进地区教育超出一般发展变化水平的一种特殊运动状态。

从本书给教育超常规发展所下的定义可以看出：

（1）教育超常规发展是在不同文化背景这种客观条件下实现的，这种不同的文化背景包括一定社会的政治背景、经济背景和文化背景等相互联系的方面，是社会多种因素综合影响下教育超常规变化的一种运动状态。

（2）引起教育超常规发展的直接因素是处于相对先进水平的教育活动，是相对先进教育活动对相对后进教育活动发生影响、相对后进教育活动对相对先进教育活动主动吸收的过程。

（3）教育超常规发展不是指教育要素的一般发展程度的变化，而是特指加速教育向更深层次的演变，并表现为超越一般发展程度的变化过程。

（4）教育超常规发展的实现也包含相对先进教育活动对相对后进

---

① 马克思，恩格斯. 马克思恩格斯全集：第 23 卷［M］. 北京：人民出版社，1972：190.

教育活动某些合理因素的主动吸纳和承认。

教育超常规发展是教育发展的特殊表现形式，从一定意义上讲，教育这种社会现象在历史上出现的本身，就是教育实现超常规发展的最早例证。

教育超常规发展还伴随着迄今为止人类社会教育活动的整个过程，在人类社会的不同发展时期，如原始社会、奴隶社会、封建社会、资本主义社会以及社会主义社会都有其表现。教育超常规发展是人类自有教育活动时便已产生，并伴随人类社会发展各个阶段的一种社会共生现象。

教育超常规发展既可以表现在某种教育类型的整体水平方面，如教育质量的大幅度提高；也可以表现在某种教育类型内部的某些教育要素方面，如教育思想、教学方法、教育制度、教育手段等各个方面超水平的变化。教育超常规发展的表现方面是多向性的。

研究教育超常规发展，对于我们深刻地认识教育发展的特殊规律，促进教育事业健康发展，其意义是十分巨大的。其研究的重要性不仅仅在于揭示后进水平的教育活动是如何吸收先进教育要素从而实现由后进到先进转化的；更重要的还在于研究处于先进水平的教育活动，如何更为有效地对后进教育施加影响，以便更好地实现后进教育向先进教育的转化。

四、民族教育超常规发展的含义

民族教育超常规发展是教育超常规发展的一种特殊表现形式。

所谓民族教育超常规发展，是指在相对先进教育活动影响下，民族教育出现的在一定程度上有别于一般教育活动常规变化的超出寻常变化程度的符合教育发展趋势的发展进程。

从本书对民族教育超常规发展概念所下的定义可以看出：

（1）民族教育超常规发展不仅指民族教育的发展速度和发展数量，它是一个综合性的概念，有着极为深刻、丰富的理论内涵，是一个在社会多种现象相互作用下实现民族教育质和量超常规变化的过程。不能仅仅理解为民族教育在速度上的加快和在数量上的增加。

（2）民族教育超常规发展，既有与一般教育超常规发展的共同规律，又有其独具特色的内容，具有鲜明的时代特色和民族特色。这种特殊性的形成根源于民族教育与一般教育诸方面的区别上。

（3）民族教育超常规发展是有条件的，这种非寻常变化是在一定条件影响下教育活动运动变化的产物。这些条件从根本上讲取决于一定社会的政治、经济和文化诸方面的影响，其直接原因在于有较之民族教育更为先进的教育形式的直接作用。缺少这些条件，民族教育超常规发展是难以实现的。

（4）民族教育超常规发展与教育超常规发展既相互联系又相互区别。其联系的方面在于它们所遵循的特殊发展规律以及发展原则基本上是一致的，发展进程在质的分析上具有其共同性；其相互区别的方面不仅在于活动的范围上，还在于民族教育所具有的民族特色上，即各种民族因素对于民族教育的影响等。正是由于民族因素对于民族教育的这种影响，才使民族教育本身带有一般教育所不具有的某些特征。

民族教育超常规发展也像教育超常规发展一样，是民族教育活动产生后就一直存在的现象。

与人类社会发展的不同历史阶段相适应，民族教育超常规发展也存在原始社会教育形式、奴隶社会教育形式、封建社会教育形式、资本主义教育形式和社会主义教育形式等。各个历史发展阶段的民族教育超常规发展的内容及表现形式相互区别，并以此构成区分不同教育类型的重要标志。

在我国，民族教育超常规发展在民族地区社会发展的各个历史阶段都曾有表现。它与我国汉族地区教育超常规发展表现的不同点在于，由于我国同一时期存在着多种社会形态的民族教育，因而，我国历史上民族教育超常规发展的表现形式更为多样，甚至会出现在相同影响因素作用下的多种社会形态的民族教育超常规发展的状况。

　　社会主义社会形态的民族教育超常规发展，是民族教育超常规发展的特殊形态。由于社会主义制度的建立有其历史的特殊性，因而社会主义时期民族教育超常规发展也必然带有这种社会的某些特点。

　　一般而言，社会主义制度的建立面临着两大实践难题。第一，由于"经济政治发展的不平衡是资本主义的绝对规律"，"社会主义可能首先在少数或者甚至在单独一个资本主义国家内获得胜利"。① 既然社会主义国家是在不发达的国家基础上建立的，因而它面临着尽快发展政治、经济、文化的历史任务。第二，社会主义制度的建立使那些处于相对后进的少数民族，甚至是处于原始社会末期的民族一同进入了社会主义社会。因而，它还面临着促进民族地区经济和社会发展这一更为艰巨的历史任务。

　　不难看出，社会主义国家在实践中面临着消除两种差距的问题，一是社会主义国家与世界上发达资本主义国家之间的表现在经济发展程度上的差距；二是社会主义国家内部，主体民族与非主体民族在事实上存在的不平等现象，在民族地区实现民主改革后主要是在经济和文化方面的差距。社会主义制度必须缩短这两大差距，以实现社会主义事业的发展。

　　要消除社会主义国家内部存在的发展不平衡的现象，其根本性的途径就是通过发展民族地区教育事业，改善民族地区劳动力素质，提高少数民族群众整体科学文化水平，这是多民族的社会主义国家首先面临的重大课题。

　　可见，社会主义民族教育超常规发展的基本内涵就是：在社会主义制度优越性充分得到发挥的情况下，通过促进少数民族教育超常规发展，迅速提高少数民族群众的科学文化素质，促进民族地区社会生产力的提高，推动民族地区经济和社会发展，尽快缩小民族地区与国内发达地区的历史差距。

――――――――――

　　① 列宁. 列宁选集：第 2 卷［M］. 北京：人民出版社，1972：709.

不难看出，民族教育超常规发展就是使民族教育发展程度赶上或超过教育发达地区的发展程度。

如果将民族教育整体发展水平作为一个参照系，而将教育发达地区教育整体发展水平作为另一个参照系的话，至少有以下几种情况需要加以说明。第一，在两个参照系发展程度都有所增加的情况下，如不进行横向比较，对反映民族教育发展状况并不具有实质性实践意义。第二，在两个参照系发展起点不同而发展程度相同的情况下，即使进行两者的横向比较，对反映民族教育实际发展状况仍不具有实质性实践意义。第三，只有在民族教育发展程度超过教育发达地区的发展程度时，才具有实质性的实践意义。

也就是说，只有在第三种情况下，民族教育才能逐步通过量的积累而发生质的飞跃，逐步赶上和超过教育发达地区的教育水平。

我国民族教育事业的超常规发展，至少体现了以下精神：

第一，超常规发展体现了优先发展民族教育的思想。

中华人民共和国成立以来，党和政府把发展我国的教育事业看作重中之重，特别强调发展教育的战略地位，采取积极措施，优先发展教育事业，使我国的教育事业取得了举世瞩目的巨大成就。

相比较而言，我国民族地区所面临的发展任务却十分艰巨，不仅面临着发展教育文化事业的任务，还面临着发展民族地区经济的任务。

进入新世纪第 2 个 10 年，国家调整了扶贫战略的工作重点，将集中连片特殊困难地区作为新阶段扶贫攻坚的主战场，着手部署六盘山区、秦巴山区、武陵山区、乌蒙山区、滇桂黔石漠化区、滇西边境山区、大兴安岭南麓山区、燕山—太行山区、吕梁山区、大别山区、罗霄山区 11 个连片特困地区和中央已明确实施特殊政策的西藏、四省（四川、云南、甘肃、青海）藏区、新疆南疆三地州的扶贫攻坚工作。国家此轮扶贫战略重点地区的 680 个县中，多是集革命老区、民族地区、边远山区、贫困地区于一体，跨省交界面大、少数民族聚集多、贫困人口分布广的连片特困地区。

这种状况所造成的后果就是各级领导不能切实将发展的重点放在优先发展教育事业方面。这与一般发达地区有很大不同，有必要强调优先发展民族教育的思想，并切实处理好发展教育事业与发展经济事业的辩证关系，这也是本书着力研究和加以阐述的问题。

超常规发展我国的民族教育事业，还必须具体体现在加快发展民族教育工作方面。加快民族教育的发展，包括数量增加和质量提高两个方面，这是根据我国目前民族教育的现状而提出来的。我国民族教育虽然得到巨大发展，但从整体水平来看仍然落后于教育发达地区。尤其是我国实行改革开放以来，很多原有基础较好的地区更是加快了发展的速度，使民族教育与教育发达地区相比，差距正在扩大。此外，民族教育的质量也相对低于教育发达地区，这可以从少数民族地区学生参加全国统一考试的成绩普遍偏低的现象中看出。民族教育数量和质量上存在的差距以及日益扩大的趋势，客观地要求民族教育必须加快发展。

第二，超常规发展体现着改革开放的时代精神。

如前所述，实现民族教育超常规发展，必须有客观条件，必须有教育先进地区多种教育因素的引导和被吸收，这无疑体现着"开放"精神。列宁曾经指出："只有用人类创造的全部知识财富来丰富自己的头脑，才能成为共产主义者。"① 如果没有吸收先进教育形式一切有益因素的精神，甚至是有意地排斥先进的异文化或异水平文化的输入，便不能实现本书所提出的民族教育超常规发展。这一理论也无疑体现着"改革"精神，"改革是社会主义社会发展的直接动力"，② 实现民族教育超常规发展的本身就意味着改革。超常规就是对寻常发展状态的一种否定，也就是改革的过程。没有改革，是无法实现民族教育超常规发展的。这正如列宁所指出的那样，共产党人的责任，"就是要掌握一切形式，学会以最快的速度，用一种形式去补充另一种形式，用一种形式去

① 列宁. 列宁选集：第 4 卷 [M]. 北京：人民出版社，1972：348.
② 中共中央宣传部. 邓小平同志建设有中国特色社会主义理论学习纲要 [M]. 北京：学习出版社，1995：41.

代替另一种形式，使我们的策略适应不是由于我们的阶级或我们的努力所引起的任何形式的变更"①。

民族教育超常规发展理论的提出，正是基于我国民族教育在改革开放社会大环境中的实际情况提出来的，是党的实事求是的思想路线在民族教育理论研究中的贯彻，是我国民族教育理论和实践发展的客观需要。当然，我们还将在深入研究中不断地充实其理论内容。

我国社会主义民族教育超常规发展是社会主义民族教育超常规发展理论在中国特定环境中的应用，因而它不仅具有民族性、社会主义性，还具有中国的特色。在我国历史上，由于统治阶级曾不同程度地推行民族压迫和民族歧视的政策，我国少数民族经济社会发展一般远远落后于发达地区，表现在教育方面就更为明显。实现民族地区教育事业的超常规发展，是我国面临的十分重要的政治问题。

第二节　民族教育超常规发展的必备条件

超常规发展虽然表现为政治、经济和文化发展过程中的突变现象，但要真正实现超常规发展，必不可少的条件是要有外部环境的影响、支撑和内部因素的积极配合。

一、外部环境的强力影响

要促进社会主义国家内部不同发展水平的地区协调发展，其根本实现方式在于营造与后进地区相比较而存在的高度发展的社会文化背景，并通过一定的方式实现向后进地区转移，从而使后进地区得到超常规发展。

列宁曾对自由竞争资本主义阶段和垄断资本主义阶段不同的发展特

---

① 列宁. 列宁选集：第4卷［M］. 北京：人民出版社，1972：257.

点进行过分析，认为在自由竞争阶段，各主要资本主义国家的发展是渐进的，不是跳跃的。由于彼此缺少生产力相互影响的文化背景，各国在技术水平上相差甚远。相对后进国家要赶上相对先进国家，超过先进国家的技术水平，往往需要很长时间，这样就使先发展起来的资本主义国家在工业技术水平上遥遥领先于其他资本主义国家。

而在垄断资本主义阶段，主要资本主义国家之间的各种联系不断增强，可以使处于后进的资本主义国家能够在很短时间内获得生产力飞跃发展和技术水平的迅速提高。其发展不是渐进的，而是跳跃的。这正是一些新兴的资本主义国家经济迅速增长并超过老牌资本主义国家的主要原因。

如德国，在19世纪中叶前还远远落后于英法等国，但经过资产阶级革命，德国工业出现发展高潮，在20年内工业生产翻了两番，以40年的时间走完英国近80年的路程。到1913年，其工业产量已列欧洲第一。① 这正如恩格斯1885年指出的："英国享有了将近一百年的工业垄断，现在无可挽回地失去了。"②

从资本主义在两个发展阶段表现方式的不同可以看出，引起生产力超常规发展的一个必要条件是必须具备有相对先进的生产力文化背景以及相互之间的联系和影响。

社会主义国家同样面临着相类似的情况。社会主义初级阶段的国家面临着大力发展社会生产力的迫切任务，要使生产力超常规得到发展，必须具备先进生产力的文化背景；没有这种文化背景，或称国际联系，社会主义国家生产力的超常规发展是难以实现的。

如何寻求先进生产力的文化背景呢？马克思、恩格斯认为：一是

---

① 魏宏森，等. 发展战略与区域规划：理论和方法［M］. 重庆：重庆出版社，1988：62.

② 马克思，恩格斯. 马克思恩格斯全集：第22卷［M］. 北京：人民出版社，1965：322.

"吸取资本主义制度所取得的一切肯定成果"①，笔者认为这里所指的"一切肯定成果"，主要应当指先进的生产力以及经济制度等，即主要借助资本主义国家先进生产力的文化背景。二是有待于世界无产阶级的支持，主要指西欧完成无产阶级革命。② 即主要从世界无产阶级国家借助先进生产力的文化背景。只有在这种条件下，社会主义生产力的超常规发展才是有可能实现的。

列宁更是将这一理论系统化并具体运用于社会主义实践，他认为："人类的整个经济、政治和精神生活，在资本主义制度下已经越来越国际化了。社会主义会把它完全国际化。"③ "必须利用资本主义为反对我们而在文化方面创造的一切。"④ 这是因为，"除了以庞大的资本主义文化所获得的一切经验为基础的社会主义以外，还有别的什么社会主义"⑤。

马克思、恩格斯虽然对不发达社会主义国家发展问题进行了阐述，但由于社会主义实践条件的不足，未能对社会主义国家内部发展问题进行研究，即未能有效地解决国内政治发展相对平衡而经济文化发展不平衡的问题。

这种不平衡，一方面表现在国内发达地区与不发达地区的差距方面；另一方面则表现在国内主体民族与非主体民族、民族地区与非民族地区在发展程度上的差距方面。而这一问题恰恰是不发达国家在建立社会主义过程中面临的主要问题，是社会主义国家实现现代化的关键性问题。俄国十月革命后是这样，中华人民共和国成立后也同样面对这类问题。

为此，列宁和斯大林特别强调社会主义国家必须帮助后进地区和后

---

① 马克思，恩格斯. 马克思恩格斯全集：第19卷 [M]. 北京：人民出版社，1963：451.
② 马克思，恩格斯. 马克思恩格斯选集：第1卷 [M]. 北京：人民出版社，1972：231.
③ 列宁. 列宁全集：第19卷 [M]. 北京：人民出版社，1959：239.
④ 列宁. 列宁全集：第28卷 [M]. 北京：人民出版社，1956：380-381.
⑤ 列宁. 列宁全集：第27卷 [M]. 北京：人民出版社，1958：285.

进民族实现发展的问题。社会主义国家要实行民族平等，"不仅要帮助以前受压迫的民族的劳动群众达到事实上的平等，而且要帮助他们发展语言和文学，以便清除资本主义时代遗留下来的不信任和隔阂的一切痕迹"。① "必须加紧帮助落后的弱小民族。"② 斯大林也曾认为："使各民族在事实上（不只是在法律上）平等的因素（帮助和协助落后民族提高到走在它们前面的民族的文化水平和经济水平），这是建立各民族劳动群众之间兄弟合作的条件之一。"③

以毛泽东为代表的中国共产党人对这一问题的探讨，使这一理论达到了一个新的高度。毛泽东曾经特别强调帮助少数民族发展经济文化事业，他认为：帮助各少数民族，让各少数民族得到发展和进步，是整个国家的利益。周恩来1957年8月在青岛民族工作座谈会上也特别强调"民族合作""民族互助"，要大力帮助少数民族发展经济、文化，使各民族走上共同繁荣的现代化道路。中共十一届三中全会以来的理论与实践，对这一理论做出进一步阐述，强调建立"国内各民族之间平等、团结、互助的社会主义民族关系"，实现"各民族的共同繁荣"。特别是中央将"九五"工作重点转移到我国西部地区，力图下大力气彻底解决贫困地区人口脱贫与发展问题，以及最近提出的"社会主义道路上一个也不能少"等，这些都是对这一理论的进一步发展。

需要指出的是，马克思、恩格斯关于不发达国家建设社会主义的理论，虽然在解决不发达社会主义国家与世界无产阶级国家间政治、经济、文化发展不平衡方面不乏预想性质，但这些理论在处理社会主义国家内部政治相对平衡而经济文化相对不平衡时恰恰是完全适用的。这些理论主要包括：一国建成社会主义必须得到国际社会主义国家的相互支持的思想；要解决社会主义国家之间发展不平衡问题的思想；要吸收人类一切优秀文明成果的思想；通过政治变革生产关系进而通过政治优势

---

① 列宁. 列宁选集：第3卷 [M]. 北京：人民出版社，1972：760.

② 列宁. 列宁选集：第3卷 [M]. 北京：人民出版社，1972：746.

③ 斯大林. 斯大林全集：第5卷 [M]. 北京：人民出版社，1957：46.

来发展生产力的思想；要加速实现经济和文化发展的思想等。这些理论要点只需变换一下社会环境，具体运用到解决不发达国家内部不平衡发展的环境中，是完全适用和符合客观实际的。

我国的社会主义实践也充分证明了这一点。在社会主义国家的积极扶持和帮助下，我国贫困地区，特别是少数民族地区发生了翻天覆地的变化，很多民族从原始社会末期及奴隶制社会一跃进入社会主义社会，使这些地区政治得到发展，经济得到增长，文化得到进步，社会生产力得到极大提高，民族关系得到改善，人民生活日益富裕，民族地区在社会主义制度下跨越几百年或数千年。对此加以总结，充分认识其特殊性和发展规律，从而更有效地促进民族地区各项事业的健康发展，对于我国的社会主义建设和促进民族教育的超常规发展将是十分重要的。

二、内部因素的积极配合

我们这里强调超常规发展的条件，决不是表示这种影响的单向性，而是相互影响的过程。因为"古往今来每个民族都在某些方面优越于其他民族"。[1]

当然，要真正实现超常规发展，还必须有实现这一发展的内在动力，即各民族发展政治、经济、文化事业的主观要求，这也是超常规发展的必备条件。

近几年来，全国各地根据自身的实际情况和条件，在实践中努力探索加快本地区发展的途径和方法，走出了加快发展的新路子，充分地显示出民族地区自身寻求超常规发展的迫切愿望和要求。

以经济工作为例，我们曾经采取了行之有效的发展经济的形式。一是科技推广型。通过推广电脑农业专家系统，有效解决民族地区劳动者科技文化素质偏低的问题，实现科技与技术的跨越，使农业作物得到增产。二是定点扶贫型。国家有关部委通过定点挂钩帮扶，在实践中摸索

---

① 马克思，恩格斯. 马克思恩格斯全集：第 2 卷 [M]. 北京：人民出版社，1957：194.

出一条尽快改变落后地区面貌的有效途径，使部分民族地区走上了快速发展的道路。三是异地开发型。为从根本上解决部分群众居住生存条件极差的问题，国家启动异地开发脱贫致富工作，使迁出群众工作生活条件发生了巨大变化，经济收入成倍增加，生活水平得到提高，住房条件从根本上得到改善。这些内部因素相配合的经济开发模式为我们展示了实现超常规发展的美好前景。

不难看出，实现超常规发展决不是单一因素影响的结果。确切地讲，实现超常规发展是外部先进因素的积极影响和内部迫切要求发展因素共同发生作用的结果。

第三节　教育超常规发展与实现地区发展

在对发展、超常规发展、教育超常规发展、民族教育超常规发展的概念与实现超常规发展的条件进行阐述后，我们有必要重点地对社会主义超常规发展的运动状态及运作形式进行分析，揭示教育超常规发展在社会发展中的重要作用，这是我们认识社会主义超常规发展规律和制订相应政策和措施的重要理论依据。

一、社会主义制度下的政治启动、经济启动和文化启动

由以上分析可以看出：社会主义作为一种运动，可以实现超常规发展，并跨越社会发展阶段建立社会主义制度。不仅如此，社会主义制度建立后，仍可以在某个领域或某些方面实现超常规发展，从而加快社会主义各项事业的发展与进步。本书所要探讨的正是这后一种情况，即在社会主义制度条件下实现社会主义在某个领域或某些方面的超常规发展，从而带动社会主义事业整体发展水平得到提高的过程。探讨如何实现这种最终将使社会得到发展的运动状态和运作形式。

尽管社会主义超常规发展可以表现在不同领域或众多方面，但归纳

起来，可以从政治、经济、文化等3个主要方面进行分析。

由于社会主义条件下某个领域或某些方面的超常规发展将最终影响到其他领域或其他方面，表现为先超常规重点突破，继而牵动其他领域或其他方面协调发展的过程，因而，本书将政治、经济、文化3个方面分别实现超常规发展，进而相继带动其他领域和其他方面超常规发展，最终使整个社会得到协调发展的形式称为政治启动、经济启动和文化启动。

（一）社会主义制度下的政治启动

社会主义制度下的政治启动，是指在社会主义条件下，由于政治超常规发展而带动整个社会协调发展的过程。

政治启动是社会发展的一种特殊现象，是人类社会得以进步的模式之一。其基本运动状态是通过社会革命或特定条件下的生产关系的调整来促进社会发展。

政治发展可以促进经济事业的发展，按照马克思主义唯物史观的基本观点，一种新的生产关系的变革，是一定生产力发展的必然结果，又是适应新的生产力发展所必需的。新的生产关系代表着新的社会生产力，并为之提供更加广泛的发展空间。因此，国家政权性质的变革必然成为新社会经济发展的强大促进力量。如中华人民共和国只用了短短3年时间就胜利地完成了国民经济恢复工作的事实就是极好证明。据资料反映，1952年底，全国工农业总产值为810亿元，比1949年增长77.5%，比中华人民共和国成立前最高水平的1936年增长20%，平均递增率为21.1%；其中工业总产值比1949年增长145.1%，年递增率为34.8%，农业总产值比1949年增长53.5%，年递增率为15.3%。①

政治启动也可以促进文化事业的发展。新的政治制度的建立，要求新的文化系统与之相适应，摒弃与新生产方式不相协调的旧文化内容，在原有文化基础上通过扬弃过程创造出新的文化。政治启动具有摧毁旧

---

① 宋毅军，等. 毛泽东与邓小平——中国现代化建设的理论与实践 [M]. 长春：时代文艺出版社，1993：49.

文化体系而建立新的文化体系的促进功能，社会主义文化即是这种扬弃过程的产物。我国少数民族群众在社会主义条件下科学文化素质得到迅速提高和民族地区文化事业得到快速发展的事实，都可以证明这一点。

社会主义制度建立的本身，为政治启动提供了最好的证明。正因为社会主义制度是由无剥削社会制度取代有剥削社会制度的过程，因而政治启动对于社会主义运动的作用就更为明显。不仅社会主义革命首先是从政治革命开始的，而且政治变革也必然成为促进社会主义事业发展的先导。正是政治启动的作用，才使生产资料所有制形式得以变革，新的经济关系得以确立，新的文化系统开始运作。列宁在论述不发达国家缺乏建设社会主义的文化条件时就曾这样指出："既然建设社会主义需要有一定的文化水平……我们为什么不能首先用革命手段取得达到这个一定水平的前提，然后在工农政权和苏维埃制度的基础上追上别国的人民呢？"① 可见，政治超常规发展，是社会主义其他领域或其他方面得以发展的重要条件。

政治启动虽然对于社会主义事业发展来讲其作用是巨大的，但这种启动是有一定限度的，并非可以无限度地发生作用。政治制度的变革虽然可以带来经济上的发展和文化上的繁荣，但它的作用决不能替代经济发展和文化发展，不能幻想仅仅通过政治关系的不断变革来使社会主义事业得到持续发展。我国1958年"大跃进"期间，曾过高地估计了生产关系变革的作用，希图用生产关系的不断提高来赢得生产力持续发展，并不切实际地提出"15年赶超英国，'跑步进入共产主义'"的口号，其教训是沉痛的。列宁就曾这样指出：在现有情况下，"提前实现将来共产主义充分发展、完全巩固和形成、完全展开和成熟的时候才能实现的东西"，② 是绝不可能达到的。

（二）社会主义制度下的经济启动

社会主义制度下的经济启动，是指在社会主义条件下，由于经济超

---

① 列宁. 列宁选集：第4卷［M］. 北京：人民出版社，1972：691.
② 列宁. 列宁选集：第4卷［M］. 北京：人民出版社，1972：205.

常规发展而带动政治关系的调整以及文化事业发展的过程。

经济发展从总发展趋势来看是一个持续不间断的运动过程，特指一定社会制度或生产关系下生产力的发展以及与之相适应的经济体制及经济结构的完善等。生产力的发展是人类社会发展与进步的最基本的动因，决定着生产关系的最终变革。生产力在一定条件影响下实现超常规发展，必然会引起生产关系的变革，从而使社会制度的更替得以完成。经济的发展同样会对文化建设产生巨大影响，一定社会的经济形态决定着一定社会的文化形态，经济的超常规发展，必然会引起社会文化事业的发展。经济启动也是任何社会形态所具有的共同特征。

经济超常规发展与经济振兴既有联系又相互区别，它们不属于同一社会现象。经济振兴是人类社会的一种综合现象，它可以由经济超常规发展来获得，又可以由其他发展因素来获得。而经济超常规发展的结果可以带来经济增长，是经济振兴的重要因素。

社会主义制度的建立为经济发展提供了良好的政治条件，能够更有效地实现经济超常规发展。

由于社会主义是在不发达国家中建立的，因而社会主义时期发展经济的任务就显得更加艰巨和迫切。没有社会主义经济的大幅度发展，没有社会主义的大工业基础，要想使社会主义事业得以巩固和发展是不可能的。社会主义就是要不断地解放生产力和发展生产力，创造比资本主义制度更高的劳动生产率。经济超常规发展，能够更为有效地促进社会主义政治与文化事业的发展，更有利于社会主义政权的巩固和发展社会主义的其他事业。

经济发展对政治发展的影响可以从两个方面来认识。

一是由于经济的发展对政治制度的稳定和发展起保障作用，经济发展是实现国家或地区政治稳定和社会稳定的基础。中华人民共和国成立以来，我国对民族地区工业所采取的促进发展的政策，使民族地区改变了单一农业的经济结构，工业得到迅速发展。民族地区工业基础的建立，为我国民族地区实现长期健康发展奠定了基础，同时也成为国家政治稳定、民族团结最重要的因素，具有经济启动的意义。

二是经济的发展，要求形成新的政治观念、新的政治关系，这对于社会长期的稳定和发展，建立地区间经济互利互惠关系和长期战略协作伙伴关系等意义重大。改革开放使我国民族地区的边境贸易全面恢复并得到发展，其发展程度具有经济启动的某些特点。这种新型的国家、地区关系的建立，无疑是对我们过去传统的国与国、地区与地区关系观念的反思与修正。

经济发展对文化事业的发展同样有重大影响。这种影响主要可以从两个方面来认识。

一是经济发展要求与之相适应的文化类型。应当说，文化类型取决于经济发展的特点，文化类型不仅包括有形的物质文化内容，同时也包括无形的精神文化内容。上述举例同样可以说明，改革开放以来民族地区经济发生的巨大变化，必然会引起社会文化形态的变化，有时这种变化还具有变革的性质。

二是经济发展要求人的素质与之相适应。经济的发展，既是人类社会文化素质提高的结果，又为人类社会文化素质的再提高提出了新的要求。从某种意义上讲，经济的发展与人的文化发展是相辅相成的。没有经济发展，人的文化素质的发展便失掉了存在的客观基础和充分发挥其效能的有效空间；而没有人的文化素质的发展，也很难说能够实现经济的真正发展。经济发展是人类社会文化发展的原动力。

经济超常规发展也不是社会主义发展中单一的社会现象，它必须以社会主义其他方面为依托，即要有与它相应的生产关系和意识形态，不可能脱离社会主义其他方面而过度超前。因为经济的发达并不是社会主义制度所固有的基本特征，它必须以社会主义精神文明和国家政权的社会主义性质为基本标志。社会主义经济的超常规发展可以启动其他领域或其他方面的发展，使社会主义制度更加完善，为过渡到社会主义高级形态准备条件。

（三）社会主义制度下的文化启动

社会主义制度下的文化启动，是指在社会主义条件下，由于文化超常规发展而带动社会主义国家整个社会协调发展的过程。

　　文化事业是社会主义事业的重要组成部分，它的超常规发展同样可以带动社会主义国家其他方面的协调发展。

　　文化发展可以促进社会主义政治制度的不断完善和国家民主政治的发展，改善社会主义的政治关系，推动人际关系的和谐发展，为社会主义政治服务。如我国社会主义精神文明建设，无疑对我国新的政治关系的和谐发展起积极的促进作用。又比如，中央提出的使宗教与社会主义相适应的思想及其这方面的文化建设，也无疑对我国民族关系的良好发展起积极作用。

　　文化发展也可以发挥上层建筑对经济基础的反作用来促进经济工作的开展，提高人民群众的经济意识和科学技术水平，改善劳动者素质，提高劳动生产率，促进经济事业的振兴。文化发展对经济发展产生影响、发生作用的最典型的方式是从改善劳动者素质入手，进而对劳动者的劳动过程产生影响，直接促进劳动生产率的提高。这种效果是其他形式难以比拟的，可以起到事半功倍的作用。

　　从文化启动与政治启动、经济启动的不同特点来看：政治启动是以政治关系的调整为超常规发展的直接因素；经济启动是以经济增长为超常规发展的直接因素；而文化启动则是以科学技术与人的素质为基础，以实现人的、社会的发展与自然环境的充分利用和保护相互协调为超常规发展的直接因素。因此，文化启动从层次上讲，应当高于前两种启动形式。

　　社会主义制度下的文化，无论是在形式上还是在内容上都带有社会主义的特点，是社会主义精神文明建设的重要内容。社会主义制度为社会主义文化的充分发展和完善提供了良好的政治社会环境，社会主义文化事业在一定条件下的超常规发展，能够启动社会主义政治的发展和经济的振兴。

　　社会主义文化事业的超常规发展也是有一定限度的。这要与社会其他领域或其他方面相互协调，它必须植根于社会主义经济发展水平的基础，不能无根而生；同时，它还必须与社会主义政治条件相联系，受社会主义国家政治环境的制约，并为社会主义政治利益服务，绝非无限制地发展。社会主义文化事业的超常规发展是促进社会主义政治和经济事业发展的重要条件。这正如斯大林所指出的："只有在发展民族文化的条件下才能真正使各落后民族参加社会主义建设事业。"①

文化启动在我国民族地区同样受到高度重视，我国不少民族地区通过开办不同层次的农民技术培训班、到省外学习或委托大专院校代培等形式，大规模地开展人才培训活动，使这些地区发生了跨时代的转变。劳动者素质普遍提高，实用技术得到推广，使贫困山村迅速脱贫走上富裕之路。如果不从改善劳动者素质入手来对劳动过程施加影响，要取得经济事业的快速发展是难以想象的。

二、政治启动、经济启动和文化启动的有效性

本书在阐述社会主义政治启动、经济启动和文化启动三种运作状态之后，还要对这三种运作状态的变化规律及运作的有效性问题进行讨论。

所谓有效性，是指在客观环境相对稳定、平衡的状态下，在多种相互发生影响的因素中起主要作用的因素所发挥效能的状况。一般而言，这种主要效能的充分释放和发挥，主导着事物发生变化的方向，影响着事物量变积累的程度与速度。

笔者认为：政治启动、经济启动和文化启动这三种运作状态在社会主义发展的不同阶段其有效性是不同的，可以表现为依次交替运动的三个过程。具体分析如下。

第一阶段：政治启动在社会主义不同发展阶段的初期有效性最高。

从社会主义社会整个发展过程来看，社会主义生产关系的调整是一个不间断的发展过程。从社会主义社会某个发展过程来看，生产关系的

---

① 斯大林. 斯大林全集：第 12 卷［M］. 北京：人民出版社，1955：320.

变革和调整，往往又具有相对滞后性，在这种状态下，生产关系的变革和重大调整便成为人类社会实现新的发展的起点和动因。

新社会制度的建立以及新发展阶段的初始，新的生产关系可以为社会主义经济和文化的发展提供充分发展的空间，能够极大地、有效地促进社会主义经济制度和文化体系的建立和发展，其有效性最高。这一点可以从中华人民共和国成立初期以及新时期开始以来经济和文化事业所取得的巨大成就中得到证实。

政治的超常规发展，使社会主义国家政权得到巩固，人民政治权力得到确认，国内新型民族关系得到建立，在客观上要求社会主义经济和文化与之相适应。这样，便形成了以政治启动为特征的整个社会协调发展的现象。

政治启动的作用为经济启动创造了条件。

第二阶段：经济启动在社会主义不同发展阶段的中期有效性最高。

当政治启动作用得到一定程度的发挥，政治启动的作用会发生变化，通过这种主要效能发挥来推动其他领域事业发展的程度会降低，速度会减缓，社会发展进入相对平稳发展期。在这种状态下，经济启动的有效性便突显出来。

要形成社会新一轮的发展，必须依靠经济的超常规发展，并以此为契机，推动新一轮的政治和文化的发展。这是因为，政治和文化事业要获得新的发展，其直接和最基本的动因只能来自经济因素的新的发展。

经济的超常规发展，客观上要求政治和文化的发展与之相适应，这样，便形成了以经济启动为特征的整个社会协调发展的现象。

经济振兴使国家经济基础更加巩固，人民生活更加富足，综合国力更为增强，为政治的发展创造条件，并促进了新的文化体系的变革，其有效性最高。

经济启动的作用为文化启动创造了条件。

第三阶段：文化启动在社会主义不同发展阶段的后期有效性最高。

当经济启动作用得到充分发挥后，文化启动的作用便成了必然。在这一阶段，经济启动的作用同样会发生变化，通过这种主要效能发挥来推动其他领域事业发展的程度会降低，速度会减缓，社会发展又会进入一个相对平稳发展期。在这种状态下，文化启动的有效性便突显出来。

同经济启动具有其发展的必然性一样，要形成社会新一轮的发展，必须依靠文化的超常规发展，并以此为契机，推动新一轮的政治和经济的发展。

这是因为，从理论上讲，文化启动涉及的范围明显多于前面两种启动形式，文化启动应当属于较高层次的启动形式。从社会主义的某一发展阶段看，政治启动主要是通过解决生产关系更为先进等政治关系的调整问题来推动社会的整体发展，经济启动主要是通过解决经济发展相对滞后问题来推动社会的整体发展，而文化启动，则是以较高科技水平和人的较高素质为基础的启动形式，它既要解决社会精神建设方面的问题，同时也要解决社会物质建设方面的问题，是一种层次更高的启动形式。

文化的超常规发展，客观上要求政治和经济的发展与之相适应，这样，便形成了以文化启动为特征的整个社会得到协调发展的现象。

社会主义绝不只是建立高度社会化的经济体系和相应的政治系统，经济发展和政治民主也不能全部概括社会主义基本特征，建设社会主义还必须建设社会主义的文化体系。没有社会主义的文化体系，便不可能真正建成社会主义。文化的超常规发展，能为生产关系的调整创造条件，为经济振兴提供科学技术和人的素质的支持，能够有效地推动社会主义政治建设与经济建设，其有效性最高。

文化启动的作用为新的政治启动创造了条件。

不难看出，政治启动、经济启动和文化启动在社会主义发展的不同阶段其作用是不同的。它们将随着社会主义不同时期社会发展的不同重点和不同需要而依次交替，实现着超常规发展，发挥着最大的有效作用，并依次来推动其他领域或其他方面事业的发展。从某种意义上讲，社会主义的发展，就是从政治启动到经济启动再到文化启动的不断转化过程。

也就是说，从社会主义整个历史阶段考察，可以表现为政治启动、经济启动和文化启动三种运作状态的依次更替过程；但从社会主义某一时期或某一发展阶段来看，则表现为三种运作状态的不间断的循环过程。

需要指出的是，上述分析，绝不意味着社会主义发展是一种十分机械的运动过程，而只是说明社会主义发展中有着相互区别的超常规发展状态以及有着不同时期的侧重点，表现出相互区别的各自不同的发展阶段。

当然，这种表述是就社会主义发展的一般规律和一般过程而言的。由于不同国家或不同地区客观环境存在着较大差异，引起政治、经济和文化三方面超常规发展的内在因素也有所不同。因此，政治启动、经济启动和文化启动在其表现形式上也具有特殊性，会展示出更加多样化的相关性。具体表现是上述三种运作状态的顺序性被打破，发展阶段呈现跨越性特点，这种现象是事物发展特殊性和多样性的体现。

例如，社会主义一般是从不发达国家建立的，面临着实现经济发展的艰巨任务。贫穷不是社会主义，发展和巩固社会主义必须将落脚点放在发展经济方面。要求尽快消除贫穷落后，缩小与世界上先进国家差距和国内不同地区差距，提高人民群众的生活质量。经济发展的滞后性同时又使发展经济的迫切性变得十分明显。这种状况，客观上要求政治超常规发展与经济超常规发展的联动性。在这一时期，政治启动和经济启动的任务会同时集中地反映出来，既要尽快解决政权巩固、政治民主化的问题，又要尽快解决经济发展的问题。

国外学者也曾对未来社会进行过探讨，尽管他们出于本阶级的利益，不可能更加科学地提出符合历史发展规律的理论，但仍然给我们以重要启示。在这些理论中，最具代表性的是丹尼尔·贝尔的"后工业社会"理论、阿尔温·托夫勒的"超工业社会"理论、约翰·奈斯比特的"信息社会"理论以及知识经济时代理论等。

值得一提的是日本未来学家堺屋太一对人类历史的预测。他认为，人类历史是在不断地追求不同价值观念的基础上实现的。"不同的社会有不同的信念和社会规范，它的基础是不同的美学意识和不同的伦理观念。"① "古代社会的思想基础是追求物质财富"②，中世纪的人则把"过剩"的时间用于精神生活和艺术创造，③ 而近现代社会人们又重新回到追求社会生产力发展和物质财富增加上来。未来社会是"知识价值社会"，这种社会"不是目前工业社会的延续；换言之，它不是'工业高度发达的社会'，而是区别于工业社会的'新社会'"。④

西方学者对未来社会的设想以及堺屋太一对人类社会不同阶段物质文明与精神文明交替追求的思想，对了解社会主义发展的运动变化规律也有其借鉴意义。虽然他们在阐述自己的理论时没有使用社会主义的概念，但有一点是十分明显的：他们都承认这样一个事实，即人类社会将会发展到一个新的时代，这种社会绝不同于工业高度发达的社会，而是人类社会发展的一个新阶段、新时期。

笔者认为：可以沿着这条思路进行以下阐述：社会主义制度是继资本主义制度后的又一新型社会制度，人们的价值追求又从对物质价值的追求回到对精神价值的追求。这种社会从大的历史阶段来看，即本书提出的文化启动阶段。而社会主义精神文明是社会主义制度最高的价值实现，因为资本主义制度已经完成了工业高度发达社会的建设任务，社会主义将在此基础上进一步推进人类社会的精神文明进程。

当前，正是社会主义的暂时不发达性，才使社会主义初级阶段具有双重任务，即对物质文明和精神文明的同时追求。

---

① ［日］堺屋太一. 知识价值革命：工业社会的终结和知识价值社会的开始［M］. 金泰相，译. 北京：东方出版社，1986：132.
② ［日］堺屋太一. 知识价值革命：工业社会的终结和知识价值社会的开始［M］. 金泰相，译. 北京：东方出版社，1986：138.
③ ［日］堺屋太一. 知识价值革命：工业社会的终结和知识价值社会的开始［M］. 金泰相，译. 北京：东方出版社，1986：151.
④ ［日］堺屋太一. 知识价值革命：工业社会的终结和知识价值社会的开始［M］. 金泰相，译. 北京：东方出版社，1986：216.

三、教育超常规发展在文化启动中的作用

教育超常规发展对文化启动具有特殊作用。这种作用的发挥是通过教育活动对文化的选择和创造功能来实现的。

实现文化启动虽然包括多种形式，但最为有效、最为经济、发展潜力最大的当属教育启动。即由教育超常规发展而带来的文化超常规发展及整个社会协调发展的现象。

教育活动是人类有意识地培养人的社会实践活动，是传递生产经验和社会生活经验的必要手段。在阶级社会里，教育活动在一定程度上要为统治阶级的利益服务。在社会主义时期，教育现代化是文化现代化的重要前提。

文化的原意是指人在改造外部自然界使之适应于满足食住等需要的过程中，对土壤、土地的耕耘、加工和改良。① 用现在的解释，文化可以从广义和狭义两个方面进行定义：广义文化是指人类社会历史实践过程中所创造的物质财富和精神财富的总和。狭义文化则是指社会的意识形态以及与之相适应的制度和组织机构。主要包括教育、科学、文学、艺术、哲学、道德以及精神生活的其他领域所获得的成果。

从教育与文化的关系来看，一方面，教育是文化的子系统，文化的发展水平决定着教育的发展水平，教育不能脱离文化的背景而独立存在。另一方面，教育是人们有目的的社会实践活动，不仅承担着将文化精华代代相递的历史任务，还在其教育活动中不断为文化增添崭新内容。从这个意义上讲，教育的发展水平也决定着文化的发展水平。

教育超常规发展与文化启动密切相关，是实现文化启动的决定性力量。这种影响主要来自教育这种社会实践活动的性质本身。

从教育本身性质而言，教育活动具有有目的地选择文化传统和积极创造新文化的社会功能，这是任何政体制度的建立和巩固甚至是任何社

---

① 覃光广，等. 文化学辞典［M］. 北京：中央民族学院出版社，1988：108.

会得以发展所必需的条件。从一定意义上讲，如果没有教育活动对文化传统进行有目的的选择，便无法按一定社会制度的特殊要求来构建社会意识形态，也就无法使符合一定社会制度的社会意识成为在这种社会生产关系下每一个社会成员的共识。换句话说，如果没有教育活动的积极创造新文化作用的发挥，社会意识便只能停留在原有水平上。在这种情况下，新的社会意识形态便难以形成，社会文化便不能得到发展，人类精神产品的生产便无法完成。

因此，教育活动的本质特征便决定了它在文化建设中的无法取代的重要作用。既然教育活动对文化事业具有这种无法代替的作用，也就决定了教育超常规发展对文化启动的特殊意义。没有教育活动的超常规发展，便不可能产生真正意义上的文化启动。

第四节　民族教育超常规发展与民族地区超常规发展

民族教育超常规发展是促进民族地区经济和社会超常规发展的重要因素，可以从民族教育超常规发展与民族政治启动、民族经济启动和民族文化启动三个方面的关系中得到体现。本部分将讨论民族教育对民族政治、民族经济和民族文化的影响，以及民族教育超常规发展在民族政治启动、民族经济启动和民族文化启动中的运作状态与运作过程。

一、民族教育超常规发展与民族政治启动

民族政治的发展实现了民族地区政治结构、政治制度、政治关系的历史性变革。这其中，民族教育起着十分重要的作用，民族教育是民族地区政治发展的重要保证。

（一）民族教育对民族政治的影响

中华人民共和国成立以来，我国民族政治的发展无论是在性质上还是在时限上都经历了一个历史性的跨越过程，这不仅因中华人民共和国

成立前民族政治结构的多层次性而使其复杂性显得异常突出，还因民族政治生活的多样化而使这项工作过程的艰巨性表现得十分明显。

中华人民共和国成立前，我国民族地区保留着前资本主义的各种生产关系和各种社会经济形态，与之相适应的政治制度也十分复杂。如在内蒙古部分地区保留的世袭封建王公统治的盟旗制度；在西藏地区保留的政教合一的僧侣贵族专政制度；在大小凉山彝族地区，一直持续着以黑彝父系血缘为纽带的家支制度；在四川、云南、贵州、广西和青海等民族地区在一定范围内不同程度地存在着山官制度、千百户制度、头人制度、土司制度等。此外，在一些保持着浓厚的原始公社残余的民族内部，一定程度上还实行着原始民主制度。①

宗教在少数民族中也有广泛而深刻的影响。藏、蒙古、土、裕固等民族信仰藏传佛教；傣、德昂、布朗等民族及部分佤族信仰小乘佛教；回、维吾尔、哈萨克、柯尔克孜、塔塔尔、乌孜别克、塔吉克、东乡、撒拉、保安 10 个民族信仰伊斯兰教；彝、苗等民族的一部分以及云南西部的一些民族信仰基督教；俄罗斯族和鄂温克族的部分群众信仰东正教。此外，在独龙、怒、佤、景颇、高山、鄂伦春及其他部分民族中还保持着原始的自然崇拜和多神信仰，主要包括祖先崇拜、图腾崇拜、巫教和萨满教等。② 在信仰伊斯兰教和藏传佛教的民族中，宗教影响和势力都很大，宗教领袖、上层僧侣和教主等，不仅是人们精神世界的统治者，而且是政治上和经济上的统治者，对民族政治关系具有较大影响。

民族政治结构的这种多层次性以及民族政治生活的多样化等特点，无疑给中华人民共和国民族政治的变革和新型民族政治的建立增加了难度。然而，正是在政治关系上表现出来的这种特点，才使中华人民共和国民族政治和新型民族关系建立的意义显得更为深远。

为了彻底改变旧中国民族政治的性质和政治关系，中华人民共和国

---

① 国家民委民族问题五种丛书编辑委员会《中国少数民族》编写组. 中国少数民族[M]. 北京：人民出版社，1981：5.

② 国家民委民族问题五种丛书编辑委员会《中国少数民族》编写组. 中国少数民族[M]. 北京：人民出版社，1981：5.

成立初期党和政府就采取了十分积极稳妥的措施，可以概括为：以确立民族政策为基础，从改善民族关系入手，实现民族政治的变革与重构。

这期间采取的一些积极措施对于我国民族政治建设起到了十分积极的作用。如通过立法形式保障少数民族享有的平等权利；派中央访问团到各民族地区访问；组织边疆少数民族各阶层人士到内地参观；采取积极措施大力培养少数民族干部；消除历史上遗留的民族歧视的一切有形痕迹；进行民族识别，确立民族成分；推动民族地区社会改革；在全国范围开展民族政策执行情况的大检查；少数民族地区宗教制度的改革等。

特别是我国的宪法以及 1984 年经全国人大六届二次会议通过的《中华人民共和国民族区域自治法》、1993 年经国务院批准的《民族乡行政工作条例》《城市民族工作条例》、2004 年国务院令公布、2017 年国务院常务会议修订的《宗教事务条例》等，更使我国民族政治发展被纳入法制化的轨道，我国新型的民族政治已经建立，已经并继续对我国民族地区的发展起到积极的促进作用。

所有这一切，都离不开民族教育活动教育性功能的发挥。民族教育的教育功能对于民族政治建设的作用是十分明显的。它既可以直接服务于民族政治，即通过教育活动为新的政治关系建立制造舆论，论证其政治制度的合理性，为新政治制度建立创造与之相应的意识形态，以争得广大群众的理解与支持；又可以间接地服务于民族政治，即通过教育人培养人的活动来为新的政治制度服务，为一定的政治制度提供适应这种政治制度运作的智力资源。

在一定的意义上讲，教育活动对于民族政治的发展意义十分重大，民族教育是民族地区政治发展的有力保障。对于这一点，列宁和斯大林在苏联社会主义建设中曾特别强调其重要性，他们认为民族地区广大群众的文化水平以及民族干部的素质与政权建设之间存在着彼此相连的关系。群众文化水平和觉悟高，民族干部的思想素质好，这无疑对民族地区苏维埃政权建设有着积极作用，它有利于民族政治的发展。

民族教育还是调整民族内部政治关系的重要手段。我国凉山彝族地区中华人民共和国成立前仍保留着奴隶制度，且已经延续了 2000 年之久，创造了人类世界史上绝无仅有的历史奇迹。恩格斯曾指出："奴隶制是古代世界所固有的第一个剥削形式；继之而来的是中世纪的农奴制和近代的雇佣劳动制。这就是文明时代的三大时期所特有的三大奴役形式。"① 而凉山彝族奴隶制没有向前发展，这种制度以顽强的生命力得以保留下来，不能不说有其特殊的理由。究其原因，尽管有着多种因素的影响，但其本民族自有的以黑彝父系血缘为纽带的家支制度是这种社会政治制度得以延续的基本原因。

家支是依据父系姓氏分为若干家族，家族又分为若干支族，每一个家支都有固定的地域范围，不同的家支之间不相统属，彼此地位平等，家支之上没有统一的政权组织。"一个是等级、阶级制度，另一个是家支制度，二者结合起来，构成凉山彝族奴隶制的统治基础的核心。"② 时至今日，这种家支观念在这些地区仍然浓厚，家支组织活动出现再度活跃现象。可见，家支是凉山彝族旧有制度得以延续的重要原因。

需要指出的是，这种家支观念的形成和长期保持与教育活动的不断强化有着直接关系。在凉山彝族地区，中华人民共和国成立前没有正规的专门的教育职能机构，起教育职能作用的组织是家支组织，家支教育是这一特殊地域范围内教育活动的重要内容。统治者贵族从青少年起就要背诵家支祖先的谱系，一般都能熟记数十代家谱；有的甚至还能熟记家族的分支，一气背出数百个名字。贵族之间相互证明其身份和博得众人尊敬都靠背诵家支谱系。③ 不难看出，民族教育在调整民族内部政治关系方面具有重要作用。

当前，民族教育仍然具有调整民族内部政治关系的作用，当然，这种调整是在教育内容的正面影响下通过教育活动来得以发挥的。教育活

---

① 马克思，恩格斯. 马克思恩格斯选集：第 4 卷 [M]. 北京：人民出版社，1972：172.

② 林耀华. 凉山彝家的巨变 [M]. 北京：商务印书馆，1995：138 – 139.

③ 孙若穷. 中国少数民族教育学概论 [M]. 北京：中国劳动出版社，1990：37.

动与民族政治发展密切相关。

（二）民族教育超常规发展与民族政治启动

民族教育既然对民族政治的发展有积极影响，那么，民族教育超常规发展也就必然能对民族政治的发展起积极促进作用。所不同的只是在民族教育超常规发展的影响下，能够使民族政治在程度上得到更大的发展和在速度上得到更快的发展。民族教育超常规发展是民族政治超常规发展的重要条件。

民族教育超常规发展对民族政治发展的影响可以表现为两种主要形式。

一是直接的作用形式。即通过教育内容的导向作用对民族政治产生影响，直接促进政治结构的优化或政治关系的调整等。教育活动在阶级社会中是为其统治阶级利益服务的，有着极强的阶级性，它服务于一定的政权形式，为一定政权的巩固与发展服务。教育的导向体现了统治阶级的根本利益，是一定统治阶级政治形态的最集中的表现。因此，教育超常规发展存在着直接作用于政治发展的形式。

二是间接地发生作用的形式。即通过文化启动间接地发挥作用的过程。民族教育超常规发展可以引起民族文化的超常规发展，使民族文化内容和民族地区人民群众科学文化素质得到超越一般发展程度的变化，并形成新的文化精神、新的文化体系和促进人们文明程度的提高，引发民族文化的超常规发展。

在这种相互作用中，民族文化超常规发展不可能是一种孤立的现象，它的超常规发展会对其他社会现象产生正面积极影响，从而带动其他社会现象的发展。如果这种发挥对民族政治产生正面影响，形成从民族教育超常规发展始，通过文化超常规发展而最终影响民族政治发展过程的话，那么，民族教育超常规发展便成为最终促进民族政治发展的一个契机或称一个发展因素。

民族教育超常规发展对民族政治这种促进作用的方式和力度也是不同的。直接作用形式具有发生影响快、影响效率高和影响周期短等特点。间接作用形式则具有影响速度慢、影响周期长和影响力度强等特点。

民族教育超常规发展通过文化启动对民族政治发展的影响可以表现在两个方面。

一是通过对社会个体的影响，使社会个体在自己的政治实践和政治体验中形成正确的政治观念，树立牢固的政治信仰，并使每一个人都能更为有效地为一定的政治制度服务。

二是通过对上层建筑重构功能对社会群体施加影响。在社会群体的不间断的社会实践中，形成一定政治制度需要的社会政治观念体系，使之成为构建和发展民族政治的指导。

从我国民族地区现实来看，大部分地区已经完成了本书提出的第一阶段的政治启动过程，其基本的标志是结束了我国民族地区过去那种与社会主义生产力相差甚远的旧的生产关系存在的历史。从整体上看，已经建立起与社会主义制度相适应的社会生产关系体系。

当然，由于民族地区个性差异较大，社会发展状况不平衡，民族政治建设的差异也十分明显，在一部分地区仍然存在着民族政治发展不平衡的问题。因此，当前民族地区应当更为有效地推行本书提出的经济启动的过程，采取积极稳妥措施来蓄积力量，在条件相对充裕的情况下，促进民族教育超常规发展，并以此来对民族文化启动进行发动，促进新一轮的政治启动周期的形成。

需要说明的是，从大的发展阶段看，我国大部分较发达地区已经实现了两次政治启动，即中华人民共和国成立初期和十一届三中全会以来政治生活的巨大变化而带来的社会发展。

具体到民族地区，较明显地存在着双向发展的状态：一些地区由于当前新一轮的政治启动，对社会发展的促进作用十分明显，甚至其影响程度超过部分发达地区；但从另一些地区来看，新一轮政治启动的促进作用显得不十分明显，其影响程度低于我国大部分发达地区。因此，由教育超常规发展发动，并通过文化启动来实现第二轮政治启动，对部分民族地区而言，其任务还未完成。新一轮政治启动必将对我国民族地区的发展起到十分积极的促进作用。

二、民族教育超常规发展与民族经济启动

民族经济的振兴是民族地区发展的重要内容，也是中华人民共和国成立以来党和政府一直为之奋斗的重要目标。民族经济取得的任何成就，都与民族教育密切联系，民族教育是民族地区经济发展的重要促进因素。

（一）民族教育对民族经济的影响

中华人民共和国成立前，我国少数民族经济发展很不平衡，差异之大不仅表现在量的方面，而且体现在质的差别上。

从全国范围看，我国部分少数民族的社会经济结构与汉族地区相同或大致相当，封建地主经济占据统治地位；部分少数民族的社会经济结构则与汉族地区大不相同，有的是封建农奴制经济，有的是奴隶制经济，还有的甚至是保留有浓厚原始公社制残余的经济。

从社会分工的特点来看，在少数民族地区与汉族地区相连或相交的民族地区，由于生产技术和生产工具的相互交流和影响，其特点也与汉族地区大致相当，而在比较边远的少数民族聚居地区，其特点明显有别于汉族地区。如赫哲族、鄂伦春族、鄂温克族、京族等长期从事渔猎经济；哈萨克族、柯尔克孜族、塔吉克族、裕固族及部分藏族、蒙古族长期从事畜牧经济；而独龙族、珞巴族、怒族、傈僳族、佤族和部分苗族、瑶族等则仍沿用刀耕火种、广种薄收的原始农业耕作方法，有的还兼事渔猎或采集。在一些少数民族中，尚没有完成畜牧业和农业、农业和手工业的分工，经济的分工和交换不是在民族内部而是在民族之间进行的。① 这种经济发展状况对中华人民共和国民族经济发展有着负面

---

① 国家民委民族问题五种丛书编辑委员会《中国少数民族》编写组. 中国少数民族[M]. 北京：人民出版社，1981：3.

影响。

尽管中华人民共和国成立前我国民族地区存在着多层次的经济结构和多类型的经济活动，但从教育与经济关系来看，教育对经济活动的巨大作用并不因社会发展层次低而有所减弱。无论是处于哪个社会发展阶段的少数民族，都离不开教育活动的影响，教育活动是每一个民族赖以生存和得以发展的重要力量。

民族教育对民族经济的影响无疑是巨大的，它通过对劳动者素质的改善来提高劳动生产率，提高人们社会经济活动的质量，促进经济增长因素的发展。在一定意义上讲，经济发展的状态在很大程度上要取决于劳动者的素质水平。劳动者的素质好和科学技术掌握的程度高是民族经济振兴的重要条件。历史上是这样，现实中也是如此，这已被历史和现实的经济发展过程所证实。

民族教育对民族经济的促进作用，可以从劳动者文化程度及所产生的劳动生产率的不同比值上得到相应反映。据国外经济学家研究，在当代，小学毕业生能够提高劳动生产率48%，中学毕业生能够提高劳动生产率108%，而大学毕业生则可提高劳动生产率300%。[①] 另有资料显示：从一个个体劳动者来看，大专毕业的劳动者所创造的价值是中级文化程度劳动者所创造价值的1.5～2倍。劳动者的文化程度与他们可能创造价值的多少相关性十分明显。

民族教育对民族经济的这种促进作用在民族地区举办的农民初级学校的实践中也得到了证实。不少学校仅仅是进行一般文化知识的学习和推广1～2项实用技术，便使这些民族地区经济发生了十分可喜的变化，使人穷地贫的落后地区脱贫致富。

我国民族地区的特殊条件使发展经济和发展教育工作的重要性更为突出。

民族地区有着丰富的自然资源和物产资源，是我国现代化建设事业

---

① 黄万纶，李文潮. 中国少数民族经济教程 [M]. 太原：山西教育出版社，1998：186.

重要的物质基础,也是民族地区经济振兴的物质条件。自然资源和物产资源只有在得到充分开发和利用时才具有优势。而将自然优势转化为商品优势的重要条件则是大力发展民族教育。只有着眼于发展教育事业,才能使先进的科学技术与民族地区劳动者实现有机结合,也才能真正促进民族地区经济振兴和社会发展,实现各民族的共同繁荣。民族教育的发展,已经对我国民族地区经济事业的振兴起到重要的作用;民族教育的进一步发展,必将促进民族地区经济事业的进一步腾越。

(二)民族教育超常规发展与民族经济启动

前面我们已经论及民族教育能够促进民族经济发展的问题,既然如此,民族教育超常规发展对民族经济发展的意义也就显而易见了。民族教育超常规发展是民族经济超常规发展的重要条件。

民族教育超常规发展对民族经济发展的影响也可以做两个方面的考察。

一是民族教育超常规发展直接作用于经济结构中的发展因素。能够促进民族经济发展的因素很多,至少可以包括人和物两个方面。

民族教育超常规发展,其直接被作用方是人本身,即民族地区的劳动者是教育超常规发展的受益者。通过超一般发展水平的教育活动,能够更有效地对劳动者素质施加有目的的影响,使他们的科学文化水平、生产技能和管理能力得到提高。这种状态的改善最终将影响到经济发展的方向和程度上,从而对民族经济产生正面影响。

民族教育超常规发展还可以对经济发展中的物的因素产生影响,能够更加有效地对生产工具和劳动对象发生作用,提高生产工具的科技含量和控制改变劳动对象的应用价值,从而对民族经济产生正面影响,并使教育活动在促进经济发展中作用的发挥更为合理和高效。

我们前面在讲到民族教育超常规发展概念时曾反复强调实现这种发展时的必不可少的条件,这就是要有发展层次相对较高的文化背景。事实上,这种经济发展因素的转移如果是在自觉的基础上得以完成的话,其发展水平和发展程度的飞跃将是不可避免的。

　　二是民族教育超常规发展间接作用于经济结构中的发展因素，即通过文化启动这种运动形式对经济发展起间接的促进作用。

　　正像前面我们所说到的，民族教育超常规发展是民族文化超常规发展的一个诱因，随之而来的是民族文化系统地超过一般发展程度的变化，可以在时代新文化精神、新文化思想以及劳动群众科学技术水平大幅度提高等方面得到表现。文化系统的这种变化，必然因其所具有的反作用性而对一定经济基础产生影响。既然文化系统的这种变化是积极的正效应变化，其对经济发展的影响也就必然是积极的，从而促进民族经济健康发展。

　　以上的过程，使民族教育超常规发展成为最终引发经济发展的积极因素。其运作过程特点与民族教育超常规发展和民族政治的促进作用相类似。当它处于直接作用的形态时，其作用速度缓慢，力度有限；而当它处于间接作用的形态时，其作用速度加快，且力度增强。这种特点的形成，源于文化启动这种综合因素发挥作用过程的特点。它从本质上讲，优于单一因素发挥作用的过程。

　　民族教育超常规发展通过文化启动对民族经济发展的影响，同样可以体现在社会个体和社会群体两个方面。

　　对社会个体的影响，主要反映在个体加速科学文化素质的改善、劳动技能的提高和实施对劳动过程管理能力的提高等方面。其结果能够促进劳动者在经济运作方式上更符合社会经济发展的模式和水平的要求，成为整个社会劳动结构中的合格劳动者。

　　对社会群体的影响，主要反映在社会群体加速实现整体素质的提高、劳动生产率的大幅度增长和劳动管理的科学化水平提高等方面。其结果是能够使社会经济运作模式和方法更符合经济现代化的要求，切实推动社会的发展与进步。

　　我国民族地区目前在实现经济发展和经济增长方面已经迈出了非常重要的一步，经济工作取得了前所未有的巨大成就，初步建立起了与社会主义政治制度相适应的社会生产力体系。

但是，由于民族地区地域广大，地形地貌差异大，自然条件差异也十分明显，致使一些少数民族地区生产力发展水平偏低，社会发展缓慢，本书中提出的经济启动过程尚没有完成。

因此，有必要立足于教育活动，真正发挥教育活动在经济发展中的积极作用，特别是通过教育超常规发展来触发文化启动继而带动民族经济超常规发展，尽快尽早地促使新一轮经济启动周期的形成，促使民族经济上台阶，打好民族经济的翻身仗，真正使各民族共同繁荣落到实处。

三、民族教育超常规发展与民族地区文化启动

民族教育超常规发展与民族文化启动有着密切关系。民族教育超常规发展的结果必然会加速民族文化启动的进程和提高民族文化启动的质量，直接地为民族文化的现代化服务。

（一）民族教育对民族文化的影响

民族教育与少数民族文化传统是相互影响并相互发生作用的，两者之间存在着既相互适应又相互矛盾的关系。

1. 民族文化传统具有积极和消极影响民族教育的功能

民族教育是民族文化传统的一个子系统，民族文化传统的发展水平决定着民族教育的发展水平，民族教育不可能脱离民族文化传统背景而孤立存在。从这个意义上讲，民族文化传统决定着民族教育。

民族文化传统会对民族教育产生积极的影响，其影响面可以涉及教育思想、教学内容、教育实践等各个方面。如：民族文化传统会影响学生思想道德水平。我国各民族都有传统的民族节日，其主题一般都包含有弘扬民族精神、增强民族意识的内容，能够直接或间接地对教育活动产生影响。如傣族的"泼水节"、贵州苗族的"四月八"等，都是以庆祝正义战胜邪恶为主题的传统活动。这无疑有利于增进民族学生的自尊心和自信心，增强他们努力学习的进取意识。民族文化传统也能对教育过程产生影响，如水族的"端节"、壮族的"歌圩"等文艺体育活动，

对全面贯彻党的教育方针，培养全面发展的人意义重大。又如有些信教地区，充分发挥宗教上层人士兴办教育的积极性，聘请他们担任中小学名誉校长或成人教育的扫盲教师，协助地方政府和学校动员适龄儿童入学或做好扫盲工作等，使这些地区学龄入学率、巩固率和合格率有所提高，人民群众科学文化素质得到改善。

民族文化传统还会对民族教育产生消极影响，影响民族群众对教育的认识。如有的地区由于历史上遭受不平等的政治待遇以及反动统治阶级推行的愚民政策，使有的民族出于防止同化的防备心理，在感情上拒绝外来民族文化的影响。如在广西就曾流传着"狗不穿衣、瑶不读书"① 的说法，有的地区在"男孩读书，女孩养猪"重男轻女传统影响下，女孩受教育权利得不到保障。民族文化传统还会影响学生知识结构和认知能力。有的民族地区还存在着婚俗影响民族教育的问题。如广西苗族"不落夫家"等习俗，造成青年恋爱结婚时间提前，影响正常的接受教育的过程。苗族姑娘在"不会绣花难出嫁"习俗影响下，将大量时间耗费在挑花刺绣上，也对教育活动有不利影响。有人曾做过计算，裁缝和刺绣苗族妇女一套衣服要花 3 个月零 8 天，② 民族文化传统对民族教育的消极影响也十分明显。

2. 民族教育具有选择和创造民族文化传统内容的功能

一方面，民族教育对民族文化具有定向选择功能，它既能够对民族文化传统中积极因子进行肯定性的选择，又可以对民族文化传统中的劣质因子进行否定性的选择，从而达到发扬民族文化传统中优秀部分而抑制糟粕部分的目的。

另一方面，民族教育对民族文化还具有定向创造功能，在保持民族文化传统积极因子的基础上，吸收外来文化的一切合理内容，创造出有

---

① 黎国轴. 试论广西民族教育落后的原因及其补救办法［C］//广西壮族自治区民族研究所. 广西民族问题理论论文集：（二）. 南宁：广西壮族自治区民族研究所，1985：323.

② 韦仕元. 关于发展民族地区教育的几个问题［C］//广西壮族自治区民族研究所. 广西民族问题理论论文集：（二）. 南宁：广西壮族自治区民族研究所，1985：338.

别于本民族原有文化传统的新文化内容和新文化精神。

正是这种批判的继承和创造性的发展过程，才保持和发扬了民族文化传统中的文化精华，促进了不同文化特质丛的涵化和融合，从而完成了民族教育对民族文化传统的再创造过程。

（二）民族教育超常规发展与民族文化启动

我国民族地区同样要经历一个从政治启动到经济启动再到文化启动的过程。

从我国目前民族地区的现状来讲，各民族地区经过几十年社会主义建设，已经相继实现了从政治启动到经济启动的转化过程，正处于实现经济超常规发展的极好时期，有的民族地区已率先开始进入经济启动的良性循环阶段。可以预见，民族地区在全国经济事业振兴的带动下，在国家大力支持的外部条件影响下，一定可以相继完成由经济启动向文化启动的再次转化。文化启动过程的实施，必将实现民族地区各项事业的大跨度发展。

那么，民族教育超常规发展究竟如何对文化启动施加影响，这种影响的运作过程是怎样的呢？

林耀华在对我国凉山彝族今昔变化状况研究后认为：就一般规律而言，"文化变迁往往自物质层次开始，或是先在物质层次上得到体现，然后逐级透过制度和风俗习惯层次，最后影响到价值观念"。此外，还有特殊的规律，即在特定时期的民族交往中，因"上层建筑的某个层次首先改变而带动物质文化发展"[1] 的情况。当前，在民族地区面临现代化挑战的时期，有必要"大幅度地调整自身的文化系统以适应时代要求"，"并且借助现代技术的力量加速其经济文化繁荣"，[2] 民族地区至少要经历两次社会文化调整，第一次基本上解决了社会主义制度在民族地区建立的问题，第二次将不仅涉及民族地区的生产关系，而且将改

---

① 林耀华. 凉山彝家的巨变 [M]. 北京：商务印书馆，1995：183.
② 林耀华. 凉山彝家的巨变 [M]. 北京：商务印书馆，1995：149.

变少数民族的"生活方式和价值观念"。①

　　林耀华的上述观点给我们以重要启示。笔者认为：这里所阐述的第一次社会文化调整相当于本书提出的政治启动状态。而第二次社会文化调整则相当于本书所提出的文化启动状态。要实现我国民族地区经济和社会发展，解决社会主义国家内部发展不平衡的问题，在具备一定的外部条件下，必须遵循特殊发展规律，即可以从上层建筑某一层面首先变革开始。

　　那么，究竟怎样调整后进民族地区社会文化系统，如何实现本书提出的文化启动呢？通过前面的论证，本书实际上已经解决了我国民族地区经过政治启动、经济启动和文化启动相互交替运动从而达到民族地区政治、经济和文化协调发展的问题；也已经解决了我国民族地区在经济启动之后应当及时转移到文化启动方面的理论与实践问题（不排除有些地区因特殊条件的影响而形成的跨阶段的特殊发展状况，况且本课题研究的大部分内容正是在阐述跨阶段的问题）。那么，文化启动究竟怎样进行？关键点在哪里？文化启动将会在哪个层面上首先开始呢？

　　笔者认为，最有效的、效益最高的方式是教育启动。关键在于发挥民族教育在文化发展中的选择和创造功能，实现民族文化的现代化。其过程可以做这样的描述：通过增大对民族教育的物力、财力和人力的投入，在相对先进教育活动的直接示范和影响下，促进民族教育内部的改革、调整、完善，培育教育活动的新的增长点，实现民族教育的超常规发展。教育的发展，一方面对民族地区劳动群众施加影响，提高他们的科学文化素质，并对他们施以社会主义的教育；另一方面，通过民族教育对民族文化的选择和创造功能，继承民族文化中的优秀因素，抛弃其相对落后因素，实现民族文化的现代化，并凭借上层建筑的反作用，对民族地区经济及其他事业产生影响，最终达到实现民族地区经济和社会发展的目的。

---

① 林耀华. 凉山彝家的巨变 ［M］. 北京：商务印书馆，1995：189.

第三章

民族教育超常规发展的理论基础

社会主义制度是人类历史上一个崭新的富有无限生命力的社会制度。社会主义的发展问题，是科学社会主义理论中不可回避的关键性问题。正因为如此，从马克思和恩格斯开始，社会主义理论的创建者们就为此付出了艰辛的努力，进行了卓有创造性的探索。

笔者认为：马克思主义的社会主义发展理论包括一般发展理论和特殊发展理论两大组成部分。社会主义发展的特殊规律和特殊模式理论是本书提出的社会主义民族教育超常规发展思想的理论基石。

第一节　社会主义发展的一般规律和一般模式

一、对一般规律和一般模式的探索

大家知道，马克思、恩格斯在对人类社会发展状况进行全面考察后，在批判地继承历史上一切优秀思维成果的基础上，提出了人类社会形态演进的一般规律和一般模式，为人们了解人类社会发展的历史，认识社会主义产生和社会主义制度建立的历史规律提供了强有力的思想武器。他们认为：人类社会具有从低级到高级的发展性，具有几种社会形态的阶段性和社会形态更替的顺序性。

马克思、恩格斯在《德意志意识形态》等文章中，曾将从事实际活动的人作为研究问题的出发点，深刻地阐述了物质生产活动在人类社会生活中起决定性作用的思想。他们指出："人们为了能够'创造历史'，必须能够生活。但是为了生活，首先就需要衣、食、住以及其他东西。因此第一个历史活动就是生产满足这些需要的资料，即生产物质生活本身。"①

在此基础上，马克思、恩格斯进一步分析了人类社会生存基础的物质资料生产方式的两个不可缺少的方面。一是人与自然的关系，表现为人们制造和使用生产工具改造自然，以满足人们自身对物质生活资料需要的活动。二是人们之间的相互关系，即人们在生产过程中共同活动的物质交往和物质联系。两者相互制约、相互影响，其中起决定性作用的因素是生产力。"人们所达到的生产力的总和决定着社会状况。"② 而生产关系的总和构成社会的经济基础，决定着有法律、政治的和一定社会意识形态等全部观念形式的上层建筑，生产力的发展决定着生产关系的发展，也决定着竖立其上的全部上层建筑的发展，这种运动过程被马克思、恩格斯描述为：随生产力的发展，"已成为桎梏的旧的交往形式被适应于比较发达的生产力，因而也适应于更进步的个人自主活动类型的新的交往形式所代替；新的交往形式又会变成桎梏并为别的交往形式所代替"③。人类社会就是生产关系、上层建筑与生产力之间由适应到不适应再到重新适应的有规律的矛盾运动过程，从而形成人类社会从低级到高级的不断演进。

马克思、恩格斯在阐述社会形态演进规律思想时，还把整个人类社

---

① 马克思，恩格斯. 马克思恩格斯选集：第 1 卷［M］. 北京：人民出版社，1972：32.

② 马克思，恩格斯. 马克思恩格斯选集：第 1 卷［M］. 北京：人民出版社，1972：34.

③ 马克思，恩格斯. 马克思恩格斯选集：第 1 卷［M］. 北京：人民出版社，1972：79.

会历史的发展划分为"部落所有制""古代公社所有制和国家所有制"
"封建的或等级的所有制""资本主义所有制""未来共产主义所有制"
等几种形态。在这里，由于史前材料的缺乏，马克思、恩格斯虽未对原
始公有制和奴隶制加以区分，但已十分清晰地对人类社会历史发展过程
中所表现出来的阶段性和发展的顺序性进行了理论概括。即"一切历
史冲突都根源于生产力和交往形式之间的矛盾"①。正是在这种生产力
与生产关系矛盾运动中，五种社会形态依次实现着过渡，从而深刻地揭
示了社会主义是资本主义制度下生产力和生产关系矛盾运动的必然结果
的结论，"现代的个人必须去消灭私有制，因为生产力和交往形式已经
发展到这样的程度，以致它们在私有制的统治下竟成了破坏力量，同时
还因为阶级对立达到了极点"②。

对此，列宁曾进行过精辟的论述，他指出：世界各国所有一切人类
社会数千年来的发展，是这样向我们表明这种发展的一般规律性、常规
和次序的：起初是无阶级的社会……；然后是以奴隶制为基础的社
会……。继这种形式之后的是另一种形式，即农奴制……。农奴制被资
本主义所代替。③ 人类社会还要发展到共产主义社会。这里要特别注意
的是列宁提到的"一般规律性""常规和次序"。

二、一般规律和一般模式的理论要点及前提

不难看出：马克思、恩格斯阐述的社会主义发展的一般规律和一般
模式的要点包括以下内容。

（1）人类社会发展呈现阶段性特点，可以将其划分为五种社会形
态，社会主义是继资本主义制度之后的高度文明的社会制度。

---

① 马克思，恩格斯. 马克思恩格斯选集：第 1 卷 [M]. 北京：人民出版社，1972：
81.

② 马克思，恩格斯. 马克思恩格斯全集：第 3 卷 [M]. 北京：人民出版社，1960：
516.

③ 列宁. 列宁选集：第 4 卷 [M]. 北京：人民出版社，1972：45 - 46.

（2）五种社会形态演变呈现顺序性，它们依次展开，具有一定的规律性和相继性。

（3）实现社会形态交替的内在原因是生产力和生产关系的矛盾运动，社会主义的建立是历史发展的必然结果。

（4）社会主义制度必须建立在打碎旧的国家机器基础之上，社会主义是适应较资本主义更新的生产力发展的新型的社会形态。

（5）五种社会形态依次演进，不能"取消"其自然发展过程，但人的能动作用可以"缩短和减轻分娩的痛苦"①。这里也要特别注意马克思提到的"缩短"和"减轻"的提法。

需要指出的是，马克思和恩格斯论述人类社会发展性、阶段性和顺序性的理论，是在他们所创立的社会主义同时胜利理论指导下完成的，即社会主义社会应当是在形式和内容上都比较完善的社会主义制度，是建立在大工业基础之上有着高度发展的社会生产力和经济制度的社会主义社会。"共产主义只有作为占统治地位的各民族'立即'同时发生的行动才可能是经验的，而这是以生产力的普遍发展和与此有关的世界交往的普遍发展为前提的。"②"大工业使所有文明国家的社会发展得不相上下，以致无论在什么地方，资产阶级和无产阶级都成了社会上两个起决定作用的阶级，它们之间的斗争成了我们这一时代的主要斗争。因此，共产主义革命将不仅是一个国家的革命，而将在一切文明国家里，即至少在英国、美国、法国、德国同时发生。"③ 这是马克思、恩格斯社会主义发展的一般规律和一般模式实现的理论前提。

---

① 马克思，恩格斯. 马克思恩格斯选集：第 2 卷［M］. 北京：人民出版社，1972：207.

② 马克思，恩格斯. 马克思恩格斯选集：第 1 卷［M］. 北京：人民出版社，1972：40.

③ 马克思，恩格斯. 马克思恩格斯选集：第 1 卷［M］. 北京：人民出版社，1972：221.

第二节　社会主义发展的特殊规律和特殊模式

一、马克思和恩格斯对社会主义特殊发展规律理论的贡献

马克思、恩格斯不仅对社会主义发展的一般规律和一般模式进行了探讨，而且根据对社会主义发展的研究，以及可能遇到的问题，对社会主义发展的特殊规律和特殊模式进行了探讨。并提出了社会主义建立过程中超常规发展的两种实践模式。

19世纪50年代开始，马克思、恩格斯将研究的视野转向东方社会，重点考察了在这些不发达国家实现社会主义发展的问题。

（一）社会主义建立过程中超常规发展的第一种实践模式

马克思、恩格斯通过资本主义对东方社会产生影响的分析，阐述了资本主义加速东方世界社会结构的变化，并为社会主义建立创造条件的思想。

马克思在《不列颠在印度统治的未来结果》等文章中，对资本主义入侵东方社会的历史作用做了客观的分析。

从侵略一方来看，资本主义给这些东方社会带来巨大灾难，"当我们把自己的目光从资产阶级文明的故乡转向殖民地的时候，资产阶级文明的极端伪善和它的野蛮本性就赤裸裸地呈现在我们面前"[1]，资产阶级文明在它的殖民地国家中扮演的是"强盗"的角色。

但从被侵略一方来看，正是由于这些古老的东方帝国社会结构的僵死和社会发展的滞后，才使这些国家在资本主义进攻下土崩瓦解。资本主义文明促使这些国家旧有体制的解体，破坏了东方落后国家的社会结

---

① 马克思，恩格斯. 马克思恩格斯选集：第2卷［M］. 北京：人民出版社，1972：74.

构，使这些国家出现了"社会革命"①。

这样，资产阶级文明完成了它的双重的使命：一是破坏性的使命，即消灭旧的亚洲式的社会；二是建设性的使命，即在亚洲为西方式的社会奠定物质基础。② 他指出："英国不管是干出了多大的罪行，它在造成这个革命的时候毕竟是充当了历史的不自觉的工具。"③

资本主义在东方落后国家之所以可以起到这种作用，从根本上讲是资本主义代表着较东方落后国家更为先进的生产力和科学技术，落后国家之所以出现上述变化，"与其说是由于不列颠的收税官和不列颠的兵士粗暴干涉，还不如说是英国的蒸汽和英国的自由贸易造成的结果"。它破坏了这种小小的半野蛮半文明的公社，破坏了它们的经济基础。④ 这在如马克思所指出的："由铁路产生的现代工业，必然会瓦解印度种姓制度所凭借的传统的分工方式，而种姓制度则是印度进步和强盛道路上的基本障碍。"⑤ "蒸汽使印度能够同欧洲经常地、迅速地来往，把印度的主要海港同东南海洋上的港口联系了起来，使印度摆脱了孤立状态，而孤立状态是它过去处于停滞状态的主要原因。在不远的将来，铁路加上轮船，将使英国和印度之间的距离以时间计算缩短成八天，而这个一度是神话中的国度就将同西方世界实际地联结在一起了。"⑥

西方资本主义国家在起着一种示范作用，"工业较发达的国家向工业较不发达的国家所显示的，只是后者未来的景象"⑦。

① 马克思，恩格斯. 马克思恩格斯选集：第 2 卷 ［M］. 北京：人民出版社，1972：67.
② 马克思，恩格斯. 马克思恩格斯选集：第 2 卷 ［M］. 北京：人民出版社，1972：70.
③ 马克思，恩格斯. 马克思恩格斯选集：第 2 卷 ［M］. 北京：人民出版社，1972：68.
④ 马克思，恩格斯. 马克思恩格斯选集：第 2 卷 ［M］. 北京：人民出版社，1972：67.
⑤ 马克思，恩格斯. 马克思恩格斯选集：第 2 卷 ［M］. 北京：人民出版社，1972：73.
⑥ 马克思，恩格斯. 马克思恩格斯选集：第 2 卷 ［M］. 北京：人民出版社，1972：70－71.
⑦ 马克思，恩格斯. 马克思恩格斯全集：第 23 卷 ［M］. 北京：人民出版社，1972：8.

不难看出，马克思、恩格斯探讨的社会主义发展的特殊规律以及第一种实践模式的理论包括以下要点。

（1）资本主义国家对不发达国家的入侵，加速了这些国家原有社会结构的解体，促进了资本主义因素的增长。

（2）在外来资本主义因素影响下，不发达国家发展前途是资本主义国家制度。

（3）处在封闭落后状态的不发达国家，由于资本主义因素的介入和诱发，可以加速实现从旧的所有制形式向资本主义生产方式的过渡，并为社会主义革命创造着不可缺少的条件。

（二）社会主义建立过程中超常规发展的第二种实践模式

马克思和恩格斯还通过对俄国农村公社土地公有制这种颇具代表性的历史现象的分析，探讨了社会主义发展的另一种特殊规律和实践模式，并设想过在这些不发达国家跨越社会发展阶段来建设社会主义的问题。阐述了像俄国这样的不发达国家并非注定要经历西欧式的"原始积累过程"，在不破坏这些国家旧有传统的基础上，有可以跨越资本主义"卡夫丁峡谷"而直接过渡到社会主义的思想。

1877 年到 1882 年的五年中，马克思曾多次谈及在俄国发展社会主义的问题。

1877 年 10 月，民粹主义思想家米海洛夫斯基在《祖国纪事》上发表文章，毫无根据地断言马克思本人不同意农村公社可以过渡到新社会的看法。为此，马克思于 11 月在《给〈祖国纪事〉杂志编辑部的信》中提出："如果俄国继续走它在 1861 年所开始走的道路，那它将会失去当时历史所能提供给一个民族的最好的机会，而遭受资本主义制度所带来的一切极端不幸的灾难。"①

1881 年 3 月 8 日，马克思在《给维·伊·查苏利奇的信》中指出：《资本论》中概述的资本主义"原始积累过程"的历史必然性，讲的是

---

① 马克思，恩格斯. 马克思恩格斯全集：第 19 卷 [M]. 北京：人民出版社，1963：129.

西欧国家的资本主义从封建主义制度内部产生的途径，并不涉及东方国家。俄国"这种农村公社是俄国社会新生的支点；可是要使它能发挥这种作用，首先必须肃清从各方面向它袭来的破坏性影响，然后保证它具备自由发展所必需的正常条件"①。

马克思在给查苏利奇复信的三份草稿中，更加详细地对这个问题进行了论述。他认为，历史上曾经存在的土地公有制被私有制所取代的历史事实，不能用来断定俄国公社的命运。因为俄国农村公社已具有了不同于古代公社的许多特征，它已不再以血缘关系为基础；房屋及园地已不再是公有而成为农民私有；公共耕地虽为公社所有，但已定期在公社成员中重新分配；其产品已不再集体分配等。因此，历史环境将决定公社发展的前途。

"农业公社制度所固有的这种二重性能够成为它的巨大生命力的源泉"，这种"情况非常特殊"的状况，为它实现大规模地组织合作劳动提供了"现成的物质条件，"因此，"它可以不通过资本主义制度的卡夫丁峡谷，而吸取资本主义制度所取得的一切肯定成果"②。

当然，马克思也看到了俄国农村公社正在开始解体，他指出："要挽救俄国公社，就必须有俄国革命……如果革命在适当的时刻发生，如果它能把自己的一切力量集中起来以保证农村公社的自由发展，那末，农村公社就会很快地变为俄国社会复兴的因素，变为使俄国比其他还处在资本主义制度压迫下的国家优越的因素。"③

1882 年 1 月 21 日，马克思、恩格斯在《共产党宣言》俄文版序言中又明确指出："《共产主义宣言》的任务，是宣告现代资产阶级所有制必然灭亡。但是在俄国，我们看见，除了迅速盛行起来的资本主义狂

① 马克思，恩格斯. 马克思恩格斯全集：第 19 卷［M］. 北京：人民出版社，1963：269.

② 马克思，恩格斯. 马克思恩格斯全集：第 19 卷［M］. 北京：人民出版社，1963：450 - 451.

③ 马克思，恩格斯. 马克思恩格斯全集：第 19 卷［M］. 北京：人民出版社，1963：441.

热和刚开始发展的资产阶级土地所有制外，大半土地仍归农民公共占有。那末试问：俄国公社，这一固然已经大遭破坏的原始土地公共所有制形式，是能够直接过渡到高级的共产主义的公共所有制形式呢？或者相反，它还须先经历西方的历史发展所经历的那个瓦解过程呢？"目前唯一可能的答复是：假如俄国革命将成为西方无产阶级革命的信号而双方互相补充的话，那末现今的俄国土地公共所有制便能成为共产主义发展的起点。"①

特别应当指出的是，恩格斯在马克思提出上述思想的前后也曾阐述过他的看法。

1875 年，恩格斯在《论俄国的社会问题》一文中，曾经客观分析过俄国农村公社问题。恩格斯针对特卡乔夫提出的俄国农村公社中的农民较资本主义国家中的无产阶级更接近社会主义，俄国可直接过渡到社会主义的观点指出：俄国农村公社只能证明农业生产以及与之相适应的农村社会关系还处于不发达状态，而社会主义革命只能在生产力发展到一定阶段时才有可能。俄国公社所有制已经度过了它的繁荣时期，不能根据俄国农民有联合的愿望便断言可以过渡到社会主义社会。不过，"这种过渡只有在下述情况下才会发生，即西欧在这种公社所有制彻底解体以前就胜利地完成无产阶级革命"。②

1894 年，恩格斯在给重印《论俄国的社会问题》而写的跋中认为：俄国农村公社虽已存在几百年，但它内部从未出现过使它发展成较高的公有制形式的促进因素。原始共产主义公社虽与社会主义社会在生产资料公有等方面存在一致性，但仅此并不会使一个较低的社会形态从自身中产生出社会主义社会。每一种特定的经济形态都应当解决它本身产生的任务，"要处在较低的经济发展阶段的社会来解决只是处在高得多的发展阶段的社会才产生了的和才能产生的问题和冲突，这在历史上是不

---

① 马克思，恩格斯. 马克思恩格斯选集：第 1 卷 [M]. 北京：人民出版社，1972：231.

② 马克思，恩格斯. 马克思恩格斯全集：第 18 卷 [M]. 北京：人民出版社，1964：620.

可能的"。如果说俄国农村公社存在另一种发展可能的话，那么需要有特定的历史环境。只有在西欧国家无产阶级取得胜利并实现生产资料公有的情况下，那些刚刚踏上资本主义生产道路而仍然保全了氏族制度或氏族制度残余的国家，才有可能利用这些公社所有制的残余以及与之相应的人民风尚来大大缩短自己向社会主义社会发展的过程。"这不仅仅适用于俄国，而且适用于处在资本主义以前的发展阶段的一切国家。"①

恩格斯与马克思论述的基本精神是一致的，其理论要点包括以下几个方面。

（1）处于资本主义以前发展阶段的国家具有与资本主义国家相比实现向社会主义过渡的某些优越因素。

（2）公社所有制的残余及其与之相应的社会风尚可以大大缩短向社会主义过渡的历史进程。

（3）在一定的"历史环境"下，可以促使不发达国家向社会主义的过渡，即在排除资本主义因素对公社所有制所造成的解体进程的情况下。

（4）能否实现不发达国家向社会主义的过渡，将取决于西方资本主义国家中的无产阶级是否取得胜利这一先决条件，即这一理论的根本立足点在于东西方革命同时胜利。

特别应当指出的是，马克思、恩格斯指出的公社所有制残余可以缩短这些民族向社会主义过渡的思想，在中华人民共和国成立前保留有原始社会残余的民族中得到证实。例如基诺族，中华人民共和国成立时处于农村公社时代，土地共有，共同劳动，集体消费。过去曾一度实行的"合作化""公社化"，他们普遍感到比较适应。而现在实行联产承包却使他们感到茫然。农村基层干部反映，这些民族实行家庭承包后，经济发展缓慢，赶不上包产到户前②，这种现象在部分民族地区具有普

---

① 马克思，恩格斯. 马克思恩格斯全集：第 22 卷 [M]. 北京：人民出版社，1965：502.

② 王文广. 云南"直过区"土地经营制度改革初探 [J]. 民族工作，1996 (8).

遍性。

从以上分析可以看出，马克思、恩格斯不仅创立了社会主义一般发展学说和特殊发展学说，而且在对社会主义发展模式的探讨中穷尽了当时各种社会形态，为生活在不同社会形态下的被压迫阶级指明了进行社会变革的方向。

可以进行以下归纳：社会主义发展的一般规律和模式理论具有普遍意义，是国家制度从资本主义过渡到社会主义的基本模式，或称基本发展规律；社会主义发展的特殊规律以及两种特殊实践模式理论，具有本书所概括的超常规发展的某些特点，分别适应于不同社会状况的国家，是国家制度从前资本主义社会制度向社会主义制度过渡的特殊模式，或称特殊规律。在一定的历史条件下，社会主义可以实现超常规的历史过渡。

马克思和恩格斯对社会主义发展一般规律和特殊规律的论述具有十分重要的意义，它打破了社会主义固定模式的思想束缚，使社会主义理论更具科学性和实践性，使之真正成为世界各国被压迫民族和人民获得解放的指导思想。

由于社会主义是在不发达国家通过社会革命而建立的，因而与其说马克思、恩格斯所创立的社会主义发展的一般规律和一般模式学说更具实践指导意义，倒不如说他们所创立的社会主义发展的特殊规律和特殊模式学说更贴近社会主义实践的现实。正是马克思、恩格斯所阐述的社会主义发展的特殊规律和特殊模式理论，才解放了人们的思想，才会产生继马克思、恩格斯之后以列宁和毛泽东为代表的社会主义模式的实践过程。马克思、恩格斯对社会主义发展特殊规律和特殊模式的阐发，使社会主义由理论变为现实。

二、列宁对社会主义特殊发展规律理论的贡献

列宁继马克思、恩格斯之后，也对社会主义发展的特殊规律和模式理论进行了探讨，并将这一理论具体运用于苏联的社会主义实践。

列宁面对自由资本主义上升为垄断资本主义进而进入帝国主义阶段的历史现实，通过对帝国主义本质和社会主义革命客观条件的分析，提出了"一国胜利论"的新思想。他认为：东方不发达国家可以先于西方发达资本主义国家取得社会主义革命的胜利并开始进行社会主义建设。但其社会主义的最终建成则有待于全世界共产主义的胜利。从而对马克思、恩格斯所创立的"共同胜利论"，以及他们跨越资本主义"卡夫丁峡谷"设想理论进行了有开创性的发展。

列宁关于帝国主义的理论是列宁"一国胜利论"的理论基础。他在《论欧洲联邦口号》一文中指出："经济政治发展的不平衡是资本主义的绝对规律。""社会主义可能首先在少数或者甚至在单独一个资本主义国家内获得胜利。"[①] 这之后，列宁在《无产阶级革命的军事纲领》一文中又进一步指出："资本主义的发展在各个国家是极不平衡的。而且在商品生产的条件下也只能是这样。由此可以得出一个确定不移的结论：社会主义不能在所有国家内同时获得胜利。它将首先在一个或者几个国家中获得胜利，而其余的国家在一段时期内将仍然是资产阶级的或者资产阶级以前时期的国家。"[②] 这就十分明确地揭示了社会主义革命将在一国首先胜利的历史必然性。

列宁在创立"一国胜利论"的时候，十分清楚以这种模式建立的社会主义有其特殊性，不能等同于马克思、恩格斯设想的在主要资本主义国家建立的社会主义社会，尽管俄国已经具备了向共产主义直接过渡的政治条件。

虽然不发达国家可以先于西方主要发达资本主义国家取得社会革命的胜利并开始进行社会主义建设，但社会主义建成不能在一国内完成，它将有待于世界共产主义的最后胜利。他在十月革命后的第二年就曾指出："没有一个共产主义者否认过'社会主义苏维埃共和国'这个名称是表明苏维埃政权有决心实现向社会主义的过渡，而决不是表明承认现

---

① 列宁. 列宁选集：第2卷 [M]. 北京：人民出版社，1972：709.
② 列宁. 列宁选集：第2卷 [M]. 北京：人民出版社，1972：873.

在的经济制度是社会主义的制度。"① 在《政治家的短评》中他曾指出："要取得社会主义的胜利，就必须有几个先进国家的工人的共同努力。"② 他在 1921 年共产国际第三次大会上也曾经指出："没有国际的世界革命的支持，无产阶级革命是不可能取得胜利的。"③ "我们从来没有幻想过，不靠国际无产阶级的帮助就能结束这个过渡时期。"④

列宁对资本主义的发展进行了研究，揭示了资本主义由自由竞争阶段向垄断阶段转变的过程，客观地分析了帝国主义的基本经济特征和历史地位，对马克思主义历史观做出重大贡献。

十月社会主义革命后，列宁对俄国五种经济成分和三个基本阶级进行了分析，认为这期间"既有资本主义的也有社会主义的成分、部分和因素"⑤，是"衰亡着的资本主义与生长着的共产主义彼此斗争的时期"⑥，是一个相当长的过渡阶段。为此，必须大力发展社会生产力，"最主要最根本的利益就是增加产品数量"⑦，加强社会主义民主和完善政治体制，为过渡到社会主义而创造条件。

列宁还提出了社会主义发展阶段的理论。列宁从俄国小农经济占优势、生产力相对落后、资本主义不发达的实际出发，认为社会主义社会的发展有一个由低级到高级、由不完备到比较完备的发展过程。只有经过漫长而复杂的过渡时期才能进入社会主义，共产主义社会将经历"低级阶段""中级阶段""高级阶段"，还明确提出了"初级形式的社会主义""发达的社会主义""完全的社会主义"等，他认为在经济发展相对落后的俄国只能建成"初级形式的社会主义"，而不能立即建成"发达的社会主义"。

列宁"一国胜利论""社会主义发展阶段论""新经济政策论"等

① 列宁. 列宁选集：第 4 卷 [M]. 北京：人民出版社，1972：504.
② 列宁. 列宁选集：第 4 卷 [M]. 北京：人民出版社，1972：597.
③ 列宁. 列宁全集：第 32 卷 [M]. 北京：人民出版社，1958：424.
④ 列宁. 列宁选集：第 3 卷 [M]. 北京：人民出版社，1972：427.
⑤ 列宁. 列宁选集：第 4 卷 [M]. 北京：人民出版社，1972：505.
⑥ 列宁. 列宁选集：第 4 卷 [M]. 北京：人民出版社，1972：84.
⑦ 列宁. 列宁选集：第 4 卷 [M]. 北京：人民出版社，1972：586.

理论是对马克思主义关于社会主义发展学说的重大发展。列宁这一理论最伟大的意义在于，它使马克思、恩格斯关于社会主义发展的特殊规律和模式学说具体化和系统化，并付诸苏联的社会主义实践。

三、毛泽东等对社会主义特殊发展规律理论的贡献

中华人民共和国的成立，实现了在不发达国家跨越资本主义历史阶段的理论设想，使一个贫穷落后的半殖民地半封建国家开始了迈向社会主义的伟大历程。以中国共产党老一辈无产阶级革命家为代表的中华人民共和国缔造者们，又开始了社会主义发展理论和实践的新的探索。

以毛泽东为首的中国共产党对社会主义发展规律和模式理论探讨方面最重要的贡献之一是新民主主义向社会主义的过渡理论。毛泽东认为："我们的将来纲领或最高纲领，是要将中国推进到社会主义社会和共产主义社会"[1]，"只有经过民主主义，才能到达社会主义"。新民主主义是中国跨入社会主义的中间环节，是我们这样一个不发达国家必经的历史阶段。"没有一个新民主主义的联合统一的国家，没有新民主主义的国家经济的发展，没有私人资本主义经济和合作社经济的发展，没有民族的科学的大众的文化即新民主主义文化的发展，没有几万万人民的个性的解放和个性的发展，一句话，没有一个由共产党领导的新式的资产阶级性质的彻底的民主革命，要想在殖民地半殖民地半封建的废墟上建立起社会主义社会来，那只是完全的空想。"[2] 因此，只有经过新民主主义这一阶段，才能使"国家经济事业和文化事业大为兴盛"[3]，并建立社会主义需要的高度发达的大工业。新民主主义阶段历史任务的艰巨性，决定着新民主主义将是一个相当长的历史阶段，这正像毛泽东所指出的那样，在中国，为民主主义奋斗的时间还是长期的。

毛泽东后来将新民主主义阶段与社会主义改造阶段相衔接，提出了

---

① 毛泽东. 毛泽东选集：一卷本 [M]. 北京：人民出版社, 1967：960.
② 毛泽东. 毛泽东选集：一卷本 [M]. 北京：人民出版社, 1967：961.
③ 毛泽东. 毛泽东选集：第5卷 [M]. 北京：人民出版社, 1977：27.

过渡时期的理论。他认为："从中华人民共和国成立，到社会主义改造基本完成，这是一个过渡时期。党在这个过渡时期的总路线和总任务，是要在一个相当长的时期内，基本上实现国家工业化和对农业、手工业、资本主义工商业的社会主义改造。"① 据毛泽东估计，过渡时期大约需要经过三个五年计划②或几个五年计划③的时间。虽然中国历史的发展因种种因素的影响，没能像毛泽东最初设计的那样实现平稳发展和过渡，但以毛泽东为首的中国共产党关于过渡时期的理论是正确的。

"文化大革命"正反两个方面经验教训使我们对社会主义发展问题有了新的认识，建设有中国特色的社会主义理论就是这种思想不断深化最集中的体现，它成功地解决了在社会主义条件下如何建设和发展社会主义的问题，具有鲜明的时代特征和中国特色，它包括中国特色社会主义道路、理论、制度、文化四个方面。

中国仍然处于社会主义初级阶段，这个阶段从 1956 年社会主义改造基本完成开始到 21 世纪中叶社会主义现代化基本实现为止。社会主义初级阶段的论断包括两层含义：一是我国已经进入社会主义社会；二是我国的社会主义社会正处于并将长期处于初级阶段。我们必须正视这个阶段而不能去超越这个阶段。这个时期最根本任务就是发展生产力，"就是搞现代化建设"。④ 而要实现这一点，必须从中国的国情出发，走有中国特色的现代化发展道路。要贯彻改革开放的发展方针，推动我国经济体制、政治体制等方面的改革进程，使中国走向富强、民主和文明。我们要实现的现代化，就是"要在经济上赶上发达的资本主义国家，在政治上创造比资本主义国家的民主更高更切实的民主"。⑤ "不但

---

① 毛泽东. 毛泽东选集：第 5 卷 [M]. 北京：人民出版社，1977：89.
② 毛泽东. 毛泽东选集：第 5 卷 [M]. 北京：人民出版社，1977：130.
③ 毛泽东. 毛泽东选集：第 5 卷 [M]. 北京：人民出版社，1977：133.
④ 邓小平. 邓小平文选：1975—1982 [M]. 北京：人民出版社，1983：148.
⑤ 邓小平. 邓小平文选：第 2 卷 [M]. 北京：人民出版社，1994：322.

要有高度的物质文明，而且要有高度的精神文明。"① 要构建社会主义和谐社会，全面建设小康社会，实现中华民族的伟大复兴。

总之，对社会主义发展的特殊规律和特殊模式问题的探讨，经历了一个长期不断创新的过程，这是与社会主义在各个历史时期的不同历史条件和发展状况相一致的。

马克思、恩格斯根据他们所创立的社会发展学说，设计了社会主义发展的一般规律和一般模式以及特殊规律和特殊模式的理论，从而解决了社会主义是继资本主义制度后又一新型制度的一系列理论问题。

列宁在马克思、恩格斯社会主义发展学说的基础上，创造性地提出社会主义首先可以在资本主义薄弱环节的一个国家取得胜利并开始建设社会主义的理论，主要解决了社会主义在不发达国家的发展模式和如何开始进行社会主义建设的一系列理论问题。

以毛泽东为代表的中国共产党的创立者、中华人民共和国缔造者和建设者，在继承马克思主义关于社会主义发展学说基本精神的基础上，将马克思主义基本原理同中国社会具体实际相结合，开创性地提出了新民主主义、社会主义过渡阶段、社会主义初级阶段、中国特色社会主义等理论，富有创造性地进行了在不发达国家实现社会主义发展的理论创新和实践创新，使马克思主义关于社会主义发展的特殊规律和特殊模式理论达到了新的发展高度。

当然，由于受历史条件的局限，社会主义发展理论的创立者们所表述的观点不一定完全相同，其理论创新点也各有侧重，但无疑向我们揭示了这样一个真理：社会主义的理论和实践具有无限生命力。社会主义发展理论还将在不断的实践探索中完成其理论系统化和实践创新性的过程。

---

① 邓小平. 邓小平文选：1975—1982 [M]. 北京：人民出版社，1983：326.

第四章

民族教育超常规发展的运作趋向

在对民族教育超常规发展模态和运作过程阐述后，有必要进一步分析民族教育超常规发展的必要性、必然性以及可行性等问题。民族教育超常规发展不仅是社会主义制度建立之必然，而且能够在社会主义条件下得到更加充分的发展。民族教育超常规发展是社会主义制度自我发展和自我完善的重要内容。

第一节　民族教育超常规发展的必要性分析

民族教育超常规发展思想绝非主观臆想的结果，它是社会主义事业发展的必然要求。主要由以下几个方面所决定。

一、体现社会主义基本特征的需要

社会主义理论创立者曾对社会主义社会形态的基本问题进行过探索，揭示了社会主义社会主要的和基本的特征，从而使我们对社会主义制度有了更加深刻的认识。

马克思、恩格斯关于社会主义特征的理论，是科学社会主义理论创立中十分重要的问题。

他们首先对社会主义发展阶段进行了理论限定。认为可以将从资本主义到共产主义整个历史时期划分为三个大的阶段，即过渡时期、共产主义第一阶段和共产主义高级阶段。鉴于本书研究重点，本书只对前两个阶段进行论述。马克思和恩格斯认为：在过渡时期，必须"以自由的联合的劳动条件去代替劳动受奴役的经济条件"，"不仅需要改变分配方法，而且需要一种新的生产组织"①。取得政权的工人阶级"将以政府的身份采取措施……一开始就应当促进土地私有制向集体所有制的过渡，让农民自己通过经济的道路来实现这种过渡"②。

在共产主义社会的第一阶段，"在经济、道德和精神方面都还带着它脱胎出来的那个旧社会的痕迹"③。这个时期在生产资料所有制形式上是公共所有，个人消费品的分配方式是按劳分配。这正像列宁后来概括指出的："人类从资本主义只能直接过渡到社会主义，即过渡到生产资料公有和按劳分配。"④

虽然列宁指明了向社会主义过渡的道路，但人们对社会主义基本特征的认识在相当长的时间里仍然停留在对两个基本特征的理解上。究竟什么是社会主义，"并没有完全搞清楚"⑤。1992年，邓小平在总结社会主义实践历史经验的基础上对此进行了新的概括："社会主义的本质，是解放生产力，发展生产力，消灭剥削，消除两极分化，最终达到共同富裕。"⑥ 这一概括，既包括社会主义社会的生产力问题，又包括以社会主义生产关系为基础的社会关系问题，是对马克思主义科学社会主义理论的重大发展。

通过对社会主义基本特征理论发展的简要回顾，可以看出：社会主义作为人类社会一种新的社会形态，至少应当体现这样的原则。

---

① 马克思，恩格斯. 马克思恩格斯选集：第2卷［M］. 北京：人民出版社，1972：416.

② 马克思，恩格斯. 马克思恩格斯选集：第2卷［M］. 北京：人民出版社，1972：635.

③ 马克思，恩格斯. 马克思恩格斯选集：第3卷［M］. 北京：人民出版社，1972：10.

④ 列宁. 列宁全集：第24卷［M］. 北京：人民出版社，1957：63.

⑤ 邓小平. 邓小平文选：第3卷［M］. 北京：人民出版社，1993：137.

⑥ 邓小平. 邓小平文选：第3卷［M］. 北京：人民出版社，1993：373.

一是发展生产的原则。社会主义制度之所以被称为是一种新的社会制度，其根本就在于社会主义制度为新的生产力提供了充分发展的条件。根据马克思主义历史唯物主义的观点，生产力是最活跃、最革命的因素。生产力的发展使资本主义生产关系得以确立；生产力的进一步发展，又为社会主义生产关系的产生创造着条件。正是社会主义适应生产力发展的这一特征，使社会主义制度的建立和在全世界的胜利成为历史必然。社会主义的根本任务是发展生产力，党和国家的工作重点是经济建设。这就决定了社会主义在其实践中，必须始终将促进和解放生产力作为头等大事来抓，必须创造出高于资本主义制度的劳动生产率。如果失掉了这一根本，社会主义的发展便无从谈起。

二是共同致富的原则。社会主义革命的根本任务就是消灭剥削，"推翻那些使人成为受屈辱、被奴役、被遗弃和被蔑视的东西的一切关系"①。"共产党人可以用一句话把自己的理论概括起来：消灭私有制。"② 这就决定着社会主义时期必须贯彻共同致富的原则。贫穷不是社会主义，两极分化同样不是社会主义。社会主义必须使广大劳动人民共同迈向现代化和共同富裕，这正是社会主义国家必须坚持的一个根本性原则。正如周恩来曾指出的："我们不能使落后的地方永远落后下去，如果让落后的地方永远落后下去，这就是不平等，就是错误。"③ 笔者理解，社会主义就是建立在现代化大工业基础之上的并体现社会主义精神的平等制度。即能够体现社会主义劳动者在政治上平等、经济上平等以及与之相应的其他方面平等权利的社会制度。

将社会主义基本特征理论贯彻到处理国内民族事务中，则是要保证各民族平等权利。社会主义事业的发展，不仅要消灭阶级压迫、民族压迫，还要为民族特征和民族差别的消亡创造条件。

应当指出的是，目前世界上已很少有我们过去习惯地称之为国家的

---

① 马克思，恩格斯. 马克思恩格斯选集：第 1 卷 [M]. 北京：人民出版社，1972：9.

② 马克思，恩格斯. 马克思恩格斯选集：第 1 卷 [M]. 北京：人民出版社，1972：265.

③ 周恩来. 周恩来选集：下卷 [M]. 北京：人民出版社，1984：266.

那种单一民族的国家，而一般都是多民族国家。民族问题已成为不同社会制度的国家，特别是社会主义国家不可回避的现实问题。正确处理民族关系，强调民族间的相互合作，建立平等、和谐的民族关系，促进各民族各项事业的共同发展，已成为社会主义事业的一项重要内容，民族平等是坚持社会主义制度的一个重要原则。

我国民族地区幅员辽阔，占我国国土面积的60%以上，民族教育在我国教育体系中占有十分重要的位置，没有民族教育事业的发展，就没有我国教育事业的发展。迅速发展民族教育，努力缩小民族地区教育与发达地区教育的差距，是坚持社会主义民族平等的重要内容。

斯大林在《马克思主义和民族问题》一文中曾指出：少数民族特别关心的不是民族联盟，而是没有使用本族语言的权利，是没有本族的学校和没有信仰（信教）、迁徙等方面的自由。应当"在一切方面（语言、学校等）实行民族平等"，只有这样，"才能实际地而不是纸上空谈地保障少数民族的权利"。

可见，政治平等绝非空洞的和没有实际内容的，它是通过使用本民族语言平等、受教育权利平等、宗教信仰平等等多方面具体平等权利来体现的，没有诸方面具体形式的平等，便不能真正体现少数民族在政治上享有的平等权利，受教育平等是民族间政治平等的重要内容。如果说中华人民共和国成立前民族间在文化教育上的差距是民族不平等的一种表现的话，那么社会主义时期就必须力争尽快缩小这种差距，而不允许继续扩大这种差距。

因此，使少数民族群众充分享有在受教育方面的平等权利，尽快缩小表现在诸多方面具体平等，特别是受教育平等等方面差距的实际步骤和实际进程，都是实现社会主义时期政治上平等的重要标志，是中国共产党人的历史责任，是社会主义基本特征所决定的。

二、提高少数民族群众科学文化素质的需要

旧中国民族教育整体发展水平十分落后，绝大多数少数民族群众文

盲率在95%以上，社会发展相对滞后。经过几十年的发展，我国少数民族文化水平有了大幅度的提高。

据1990年第四次全国人口普查资料显示：8年中我国少数民族大专以上的文化程度的人口比重上升了0.74个百分点，文盲率下降了13.62个百分点，人均受教育年限上升了1.15年，文化教育的总体水平有明显上升。①

但从整体水平来看，少数民族文化程度还明显低于全国平均水平。

在少数民族各类文化程度人口中，大学、大专、高中（含中专）、初中、小学文化程度的人的比重依次为0.61%、0.92%、9.68%、26.81%和61.98%，除小学比全国构成高出8.74个百分点外，其他依次分别比全国构成低0.17、0.30、1.71和6.56个百分点。

全国每十万人中拥有大学文化程度的为1422人，广西、贵州、云南、西藏分别为791人、777人、807人和574人，② 明显低于全国平均水平。

少数民族人口中文盲率也较高。

据1990年统计，从地区情况看，除内蒙古、广西、新疆三地的文盲、半文盲率略低于全国平均水平外，其余省区均高于全国平均水平。从各民族具体情况看，除朝鲜族、满族等十余个民族低于全国平均水平外，有41个民族均高于汉族31.2%的平均水平。其中有15个民族高达60%以上，最高为86.8%。③

在全国总人口中文盲率为15.88%，而多民族的8个省区文盲率为22.83%，其中青海、云南、甘肃、贵州、宁夏、西藏分别为28%、25%、28%、24%、22%和44%。④ 在这些民族地区的少数民族人口

① 我国少数民族文化水平大幅度提高［J］. 民族，1994（6）.
② 张晓琼，等. 民族地区与发达地区发展差距成因及对策探析［J］. 民族工作，1996（5）.
③ 黄万纶，李文潮. 中国少数民族经济教程［M］. 太原：山西教育出版社，1998：186－187.
④ 张晓琼，等. 民族地区与发达地区发展差距成因及对策探析［J］. 民族工作，1996（5）.

中，男性的 1/3 和女性的 1/2 以上的是文盲或半文盲。在≥6 岁的人口中，文、半文盲人口为 2336.82 万，其中男性 840.18 万，女性 1496.64 万，各占 36% 和 64%。

少数民族文化程度还存在着十分不平衡现象。民族与民族之间存在较大差距。

据以往数据显示，朝鲜族成人识字率高达 93%，而藏族和哈尼族则分别只有 30.7% 和 39.5%。我国东乡族每千人口中有文盲和半文盲 689.3 人，而锡伯族只有 59.9 人，相差 629.4 人。东乡族每千人口中有各类文化程度人口 161.7 人，而朝鲜族则高达 822.5 人，相差 660.8 人。①

从 2010 年第六次全国人口普查的结果看，大陆 31 个省、自治区、直辖市和现役军人的人口中，文盲人口（15 岁及以上不识字的人）同 2000 年第五次全国人口普查相比减少 3041 多万人，文盲率由 6.72% 下降为 4.08%，下降 2.64 个百分点。

但从少数民族文化程度来看仍然存在着相对较低的问题。

统计数据显示：6 岁及 6 岁以上少数民族人口中未上过学的比例仍然比较高。其中珞巴族占 27.45%，门巴族占 37.43%，独龙族占 16.37%，怒族占 15.05%，普米族占 14.55%，布朗族占 14.27%，藏族占 30.56%，苗族 10.25%，彝族 14.30%，布依族 12.23%，哈尼族 14.52%，傣族 11.29%，傈僳族 18.43%，佤族 13.76%，拉祜族 15.78%，水族 13.11%，东乡族 17.65%，土族 10.81%，撒拉族 21.18%，德昂族 19.34%，保安族 11.02%，高于 6 岁及 6 岁以上人口中未上过学全国平均 5.00% 的比例水平。

据国家统计局 2010 年全国人口普查资料显示：6 岁及 6 岁以上少数民族人口中大学专科及大学专科以上的比例仍然比较低。其中珞巴族占 5.58%，独龙族占 6.45%，怒族占 6.18%，布朗族占 3.57%，藏族

---

① 原华荣，等. 中国少数民族人口文化分布的地域性研究 [J]. 民族研究，1994（2）.

占 5.47%，苗族 4.40%，彝族 3.78%，布依族 4.55%，哈尼族 3.03%，傣族 4.03%，傈僳族 2.62%，佤族 2.54%，拉祜族 2.74%，水族 3.90%，东乡族 2.01，撒拉族 5.10%，德昂族 2.13%，保安族 5.15%，黎族 3.95%，景颇族 3.72%，阿昌族 4.94%，基诺族 6.43%，低于 6 岁及 6 岁以上人口中大学专科及大学专科以上全国平均 9.53% 的比例水平。①

我国少数民族文化程度状况表明，提高少数民族群众的科学文化素质是亟待解决的大问题。社会主义制度的建立，虽然为生产力的充分发展、各民族的共同繁荣提供了制度保障，但是，进行社会主义建设是有条件的，首要的条件就是要提高劳动者的科学文化素质，"在一个文盲的国家内是不能建成共产主义社会的"。② 列宁 1918 年曾指出：十分之九的劳动群众已经懂得，知识是他们争取解放的武器，他们受到挫折就是因为缺少教育。

掌握知识的重要意义对一般群众是这样，对少数民族群众更是如此，而且更因少数民族接受教育机会相对较少而更为重要。为此，斯大林曾经深刻指出：低文化水平是造成少数民族地区经济和社会发展缓慢的重要原因，是使他们"终身受压迫的主要祸害"③ 和影响实现苏维埃自治道路上的严重障碍。他在有各民族共和国和各民族地区负责工作人员参加的俄共（布）中央第四次会议讲话中指出：在党的机关，特别是国家机关接近人民语言和生活习惯方面，格鲁吉亚和亚美尼亚是最先进的共和国，其原因就在于这些共和国的"文化水平很高"④。在他看来，"愚昧无知是苏维埃政权最危险的敌人"⑤，"要想使自己的国家成为先进国家，即想使自己的国家制度发达，就必须提高居民的识字能

---

① 国务院人口普查办公室，国家统计局人口和就业统计司. 中国 2010 年人口普查资料 ［EB/OL］. 中国统计网.
② 列宁. 列宁选集：第 4 卷 ［M］. 北京：人民出版社，1972：357.
③ 斯大林. 斯大林全集：第 4 卷 ［M］. 北京：人民出版社，1956：358.
④ 斯大林. 斯大林全集：第 5 卷 ［M］. 北京：人民出版社，1957：268.
⑤ 斯大林. 斯大林全集：第 4 卷 ［M］. 北京：人民出版社，1956：317.

力，提高本国的文化水平"①，以达到巩固苏维埃政权和促进民族地区发展的目的。

可见，民族文化素质与民族地区社会发展和民族自身的发展直接相关，要想跻身先进国家和先进民族，就必须大力发展民族教育，提高民族地区人民群众的科学文化素质水平。

提高民族教育质量，改善民族地区人民群众的整体素质，虽是发展民族教育的主要目标，但并不是发展民族教育的全部。发展民族教育的真正目的或根本任务是要使教育真正为民族地区经济和社会发展服务，为民族地区人民群众文明富裕服务。因而，民族教育必须与民族地区的这种社会需求相结合，要根据民族地区的特点和实际，走出一条符合民族特点和地区实际的办学路子。科技的发展，经济的振兴，乃至整个社会的进步，都取决于劳动者素质的提高和大量合格人才的培养。

民族教育与一般教育相比，由于面对的是少数民族和民族地区，其发展的迫切性就愈加强烈。民族地区一般发展缓慢，科技水平相对落后，自给自足的自然经济仍占较大比例，要想从根本上改变这种状况，必须从改善劳动者素质入手，做扎实的基础工作。民族教育是努力提高民族地区劳动者素质，促进民族地区经济和社会发展的决定性因素。

三、发展少数民族经济事业的需要

民族教育无疑对民族经济的发展具有举足轻重的作用，这种作用的发挥更因民族经济发展的现状显得更为重要。

中华人民共和国成立以来，我国民族地区经济发生了翻天覆地的变化，各项经济指标都客观地反映出民族地区的这种变化程度。据《中国民族统计年鉴》提供的数据显示：1949 年，全国民族地区工农业总产值为 36.6 亿元，其中工业总产值为 5.4 亿元，农业总产值为 31.2 亿元。到 1978 年增至 367.7 亿元，其中工业总产值为 212.1 亿元，农业

---

① 斯大林. 斯大林全集：第 5 卷 [M]. 北京：人民出版社，1957：268.

总产值为 155.6 亿元，分别比 1949 年增长 10 倍、39 倍和 4.9 倍。1995 年，全国民族自治地方工农业总产值又达到 4504.00 亿元，其中工业总产值为 3024.30 亿元，农业总产值为 1479.70 亿元，又分别比 1978 年增长 12 倍、14 倍和 9.5 倍。① 民族地区经济事业的发展是民族地区国民经济建设迈向现代化的重要标志。

尽管如此，我国民族地区经济就其整体发展水平而言仍然相对滞后。不但在发展层次上与发达地区有较大差距，而且在发展速度上也落后于发达地区，这使已有的差距有不断扩大的趋势。

民族地区经济除了存在上述显性差距外，还存在着隐性差距，主要表现为经济体系尚不健全、工业制度发展滞后、生产经营方式比较落后、消费市场相对狭窄、财政调节经济能力偏弱、自我发展能力不足等问题。

造成民族地区经济发展缓慢滞后的原因不外乎有以下几个方面。

一是历史因素的影响，指因社会发育程度低而对民族经济造成的不利影响；二是社会原因，指旧中国因民族压迫、民族歧视、民族掠夺以及中华人民共和国成立后某些脱离民族地区实际的做法给民族经济发展带来的不利影响；三是政策原因，指因政策制定、执行等方面的某些因素而给民族经济造成的不利影响；四是自身原因，指那些因民族地区所固有的一些落后因素而给民族经济造成的不利影响等。此外，还有因产业结构不合理、经济运行不健全、开发层次低、资源优势不能转化为经济优势、交通运输业相对落后等给经济造成的不利影响等。

民族地区目前存在的问题尽管有许多是因为旧有体制等原因造成的，但从根本上讲，民族地区生产力发展程度不高，劳动生产率低等，则是造成民族地区经济发展滞后和发展缓慢的主要原因。

民族教育是改善民族地区劳动力素质的决定性因素。民族教育担负着劳动力再生产的任务。通过教育活动，可以促进人们体力和智力的充

① 国家民族事务委员会经济司. 中国民族统计年鉴［M］. 北京：民族出版社 1996：178.

分发展，改善劳动者文化素质结构和实际操作技能。民族教育在先进的科技和少数民族劳动者之间起媒介作用。通过教育活动，能使劳动者掌握先进的科学技术并运用于生产实践，能将知识形态的科学技术由潜在的形式转化为现实的生产力，提高劳动生产率。民族教育还发挥着传递社会信息的功能，通过教育活动，不仅将前辈积累的生产经验传给下一代，而且将一定社会所需要的社会生活规范传给下一代，以适应现存生产力和生产关系的需要。

因此，要发展民族经济就不能循规蹈矩，必须选择合乎民族地区实际的异乎寻常的发展模式，必须通过发展民族教育，从改善劳动者素质、提高民族地区人民群众整体科学文化水平入手，来发展民族地区现代化的因素，提高科学技术在社会经济生活中所占的比重。加快民族地区经济发展，对于加强民族团结、巩固边防和促进全国经济发展具有重要意义。尽快实现民族经济现代化的需要决定着民族教育必须实施超常规发展。

四、实现民族文化传统现代化的需要

社会主义时期是民族文化充分发展的重要时期，弘扬民族文化，继承和发扬我国各少数民族文化传统中的积极因素，为当前我国社会主义初级阶段的物质文明和精神文明建设服务，是社会主义整个历史阶段的一项重要任务。

首先，实现民族自身发展必须弘扬民族文化。

所谓民族发展，是指我国各少数民族在政治、经济和文化各个方面，在内部条件和外部条件相互作用下表现在民族发展总趋势上的各种因素在量上的积累和在质上的变化。社会主义革命和建设的实践已在相当程度上促进了我国各民族各项事业的发展，实现了初步的发展和繁荣；随着我国改革开放事业的进一步深入，我国少数民族和民族地区还将得到更加充分的发展。

民族发展不仅涉及少数民族物质型文化发展问题，即我国少数民

在长期历史实践过程中所创造出来的物质财富总和方面；还体现在那些非物质文化的发展上，即体现在语言、文学、科学、艺术、哲学、风俗、宗教等诸多方面。

文化现象通常被称为文化传统，是指那些在历史上发生、发展，并在长期历史演变中多次变形，体现往古社会传统，在现代社会文化生活中仍然发生着影响的社会文化形态。

这种现象如果发生在我国少数民族社会生活中，就被称为少数民族文化传统，是指我国各少数民族在各自发展进化过程中，由历史沿袭下来的在思想、制度、道德、风俗、艺术以及生产方式等物质和精神现象的集合体，是少数民族从古至今社会最佳经验的文化形态，它集中着一个民族物质文化、精神文化和制度文化最杰出的成就，反映和代表着一个民族的社会整体意识和总的倾向。少数民族文化传统更集中体现在民族主体精神方面和民族凝聚意识方面。

我国民族文化传统具有多层性、新旧交融性和多种文化圈并存性的特点。① 既然是历史积淀，就必然带有已经逝去的那个时代的历史"痕迹"，既然是社会积累的最佳经验，也就必然具有适用于当前的现实价值。我国少数民族至今仍不可避免地保留着代表各自民族传统的文化形态，也不可避免地对各民族发展，对当今社会主体文化以及现代化事业产生影响。

这种影响可以表现为方向相反的两种过程，既有促进民族发展和进步的正面影响方面，又有阻碍民族发展进步的负面影响方面。

民族地区某些传统落后观念往往成为阻碍民族进步和社会发展的重要因素，比如表现明显的是少数民族群众商品意识薄弱，这是与他们生活的经济条件相适应的。

中华人民共和国成立前，我国大部分民族地区没能得到充分发展，自给自足的自然经济占据主要地位。在一些少数民族中，商品价值尚未

---

① 孟立军. 民族教育对民族文化传统创弃机制初探 [J]. 贵州民族研究，1990（4）.

实现从商品体向金体的"惊险的跳跃"。在他们那里，财富都是非常具体的东西，如佤族将粮食和牛作为富有的标志，傈僳族则将牛作为一般等价物。他们轻视商人，瞧不起生意人。

进入社会主义时期，虽然情况发生了很大变化，但不少地区仍相对滞后，商品观念淡薄问题较为普遍。怒、独龙、傈僳、阿昌、景颇、德昂、布朗、基诺族，在改革开放前没有本民族的第一代商人，没有本民族的初级市场。基诺族于 1989 年才在位于思茅到勐腊的公路旁设立了该民族历史上第一个农贸市场。

据云南省调查资料显示：20 世纪 90 年代时该省少数民族群众处于商品经济发展阶段的有 91 万人，处于商品经济过渡阶段的有 140 万人，120 万人处于商品经济补充阶段，228 万人处于自给自足阶段，分别占全省民族地区总人口的 12% 和 21%。①

不难看出，民族文化与民族发展息息相关。民族文化在民族发展中形成，凝结成具有本民族特色的精神文化内容；民族文化的形成，虽然是一个不稳态的过程，处于不断变化和完善过程中，但仍不容置疑地对民族发展产生巨大推动作用，影响着民族发展的目标和方向，弘扬民族文化是实现民族自身发展所必须的。

其次，弘扬民族文化的基本目标是建立民族社区文化。②

所谓社区文化，是指特定社会区域内人们各种行为所构成的文化生态环境，包括与人们生活直接相关的自然环境、社会心理环境、组织环境以及与周边文化进行交流的边缘文化环境等。各社区文化都有各自相对独立的系统，包括历史、地域、政治、经济、民族和心理等多种要素。

社区文化是相对于社会文化大系统而言的，它是组成社会整体文化的基本单元形式，并以其特有的生存意义为整个社会发展提供多方面的

---

① 韩明，林木. 与少数民族有关的数据［J］. 民族团结，1996（4）.
② 孟立军. 对加强我国少数民族社区文化建设的思考［J］. 贵州民族研究，1996（4）.

和多功能的服务。社区文化是我国文化多元性的具体体现，建立少数民族文化为主导文化的社区文化模式，是我国社会主义初级阶段精神文明建设的重要内容。

民族社区文化为民族文化的维持和发展提供良好的文化社会环境。因为民族文化的生长是有条件的，必须植根于民族生态环境中。没有这种适应特有文化生存和发展的文化生态环境，那些体现少数民族固有文化的各种文化形态就难以继续存活，蕴藏着民族文化传统中优秀因素的少数民族当代文化也就难以形成。适宜的民族生态环境是弘扬少数民族文化的基本条件之一。

党和政府十分重视我国民族文化的发展工作，特别是通过拨乱反正，党的民族文化政策得到进一步落实，民族文化抢救工作在有条不紊地进行。但是，由于多种因素的影响，特别是民族文化生存环境建设相对不足，民族文化就整体而言存在着逐步衰退趋势。表现为：过去那些丰富多彩的民族文化形式逐渐消失，有利于培养人类共同美德的传统礼仪和习俗濒临灭绝，民族语言使用范围日益缩小等。这种状况，与党和国家大力弘扬优秀民族传统文化的方针不相适应，与我国民族地区社会发展的需要不相适应，与少数民族文化在促进民族自身发展、建设社会主义精神文明中的特殊作用的地位不相适应。也在一定程度上暴露出国家赋予民族地区自治机关的自治权利没能得到很好落实的问题。

弘扬民族文化必须解决好它与现代化进程协调发展的问题。不可否认，现代化事业的发展和外来强大文化的冲击，确实会对民族文化的生存与发展造成不可抗拒的历史压力，文化的裂变和文化的重构会十分剧烈。但是，社会主义现代化进程与保持和弘扬民族传统文化绝不是对立的，现代化进程不仅可以使民族传统文化得到保持和弘扬，民族地区还可以在民族文化的充分发展中实现本地区的现代化。因为，现代化进程所要摒弃的是民族文化传统中那些与现代精神不相适应的消极内容和形式，而绝不是民族文化的全部。问题绝不在于使两者对立起来，而在于使两者相互协调。

要实现现代化与民族文化的协调发展，首要之策在于建设好民族文化社区。缺少这一条件，民族文化不仅会因此而失掉现实存在的基础，而且也会因此而失掉现代文化因素与民族文化传统中的积极因素相结合的社会条件。其结果只能是民族传统文化的最终丧失。因此，建立具有中国特色的民族文化社区是民族文化得以保持和继承并弘扬繁荣的一个必不可少的条件。

最后，建立民族社区文化必须发展民族教育。

要继承我国民族文化传统的优秀因素，抛弃那些与社会主义原则和精神不相适应的因素，使我国少数民族文化现代化，从完成这一过程的基本因素上分析，主要依赖于民族教育。民族教育是我国各少数民族实现传统观念变革，实现民族进步和社会发展的最主要的因素。

每个民族的文化传统，既代表民族发展的过去，又预示着民族发展的未来。要弘扬民族文化，必须正确处理好改革、继承和发展的关系。

对民族文化而言，改革是一个持续地由低级向高级阶段发展的过程，不改革，民族文化便不能得到健康发展。改革的目的在于继承民族文化传统中的积极因素，抛弃与我国现代化历史进程相异的内容；改革和继承的目的在于实现发展，没有发展，改革和继承便失掉了现实意义。而这一切的实现，都离不开民族教育。

民族教育对民族文化发展和民族社区建设的特殊影响在于民族教育选择和创造功能的发挥。民族教育选择功能的发挥，不仅可以定向保留民族文化传统的积极因子，还可以定向抑制民族文化传统的劣质因子，这是民族文化现代化的重要条件。民族教育创造功能的发挥，可以在保持民族文化传统积极因子的基础上吸收一切有利于本民族发展的异民族文化因素，创造出新的民族文化内容，从而构成民族文化社区建设的主体文化内容，完成民族文化的再创造和达到民族文化社区建设的目的。

可见，只有发展民族教育，才能使民族文化自我扬弃和吸收借鉴人类社会一切优秀文明成果的过程得以完成。人们正是通过民族教育这种有目的的社会实践活动将本民族文化精华代代相传，并不断地为民族文化增添新的内容。

　　民族教育在发展民族文化传统中的这种特殊作用，决定着社会主义时期必须着力发展民族教育事业，切实缩小民族教育与教育发达地区在教育水平上的差距。在提高民族教育发展层次中实现民族文化的再创造过程，努力使民族教育与民族文化协调发展。民族教育超常规发展是弘扬民族文化的迫切性所决定的。

五、加强和巩固国内民族团结的需要

　　实现社会主义国家各民族的团结，是社会主义国家一项十分重要的国策，是实现国家长治久安，实现社会稳定的根本性大计。民族教育与加强民族团结紧密相关，主要体现在教育在解决民族问题和发展民族关系方面所具有的特殊作用。

　　民族教育与解决社会主义时期的民族问题紧密联系。

　　所谓民族问题，是指民族关系中出现的矛盾问题。民族关系"取决于每一个民族的生产力、分工和内部交往的发展程度"①。各民族间的经济关系、社会生产力发展水平决定着不同民族享受现代文明发展成果的程度，是民族问题产生的最本质的根源。

　　我国民族地区仍然存在着不安定因素，主要表现为经济利益的冲突、文化冲突和宗教冲突等②，主要是由经济文化的差异所引起的。

　　经济文化上发展的不平衡是造成现阶段民族问题的最根本的原因。虽然其外显形式是民族间的各种摩擦和纠纷，但其内隐形式仍然是客观存在着的民族间事实上的不平等。更由于民族问题与宗教问题相混淆、宗教问题与经济问题相混淆、文化问题与政治问题相混淆，本来不是民族问题的而以民族形式出现，本来不是宗教问题的而以宗教形式出现，本来不是政治问题的却带有极大的政治倾向性。如果不能对此加以正确

---

　　① 马克思，恩格斯. 马克思恩格斯选集：第 1 卷［M］. 北京：人民出版社，1972：25.

　　② 孟立军. 我国现阶段的民族问题和政治稳定［J］. 民族论坛，1995（4）.

引导，往往会因民族、宗教因素的掺入而影响到民族地区的安定团结和政治稳定。

可见，民族间表现出来的差距和差异是构成民族问题的基本原因，解决民族问题的根本途径也在于努力消除这种差距和差异。由于民族间经济差异、文化差异的影响，民族问题还将保留相当长的一段时期。

当前在我国，虽然各民族之间已经建立起平等、团结、互助的新型民族关系，但各民族在生产生活方式、文化习俗、宗教信仰等方面的特点和差异仍然存在，尤其是经济和社会发展的差距仍然存在，因而民族间的矛盾仍然存在。我国的民族问题，"比较集中地表现在少数民族和民族地区迫切要求加快经济文化发展"①。而要加快民族地区经济和文化的发展，其根本在于发展民族教育。

我们国家的民族政策，是繁荣各民族的政策。如果不能加快民族经济文化的发展，在较长时间内不能缩小民族地区与其他地区经济文化上存在着的历史差距，不但会延缓民族地区实现现代化的历史进程，影响少数民族充分享受现代文明成果的程度，引起民族地区人民群众心理上的不平衡，而且还会影响民族地区的社会稳定，危及国家的长治久安，损害正常的民族关系，破坏国内的民族团结。

尽快减轻少数民族贫困地区人民心理上的不平衡，彻底解决民族地区与发达地区在发展水平上的差距问题，尤其是尽快解决跨境民族的文明与富裕问题，不仅仅是解决地区间经济文化不平衡的问题，而且是一个严肃的政治问题，是现阶段改善国内民族关系的关键所在。

民族问题的存在决定着民族教育存在的历史必然性，解决民族问题的迫切性，决定着超常规发展民族教育的必要性。因为只有大力发展民族教育，才能增进不同民族间的相互了解，增进交流与合作；才能提高民族地区劳动者的素质，提高劳动生产率，逐步缩小以至最终消除民族间在经济和文化方面存在的差距；也才能相互支援，相互合作，实现各

---

① 江泽民. 江泽民文选：第 1 卷 [M]. 北京：人民出版社，2006：183.

民族的共同发展与繁荣。发展民族教育是解决社会主义时期国内民族问题的主要途径。

在某种意义上讲，民族教育与民族问题具有共生性和共存性。民族教育作为一种历史现象，是与民族和民族问题的产生相伴随的；民族和民族问题的产生又为民族教育的发展提供了客观依据。民族教育的产生与发展为民族自身的发展进步和建立和谐的民族关系创造了条件。没有民族和民族问题的出现，便不会有民族教育这种历史现象；没有民族教育这种历史现象，民族自身的进步、民族共同体从蒙昧到现代民族的演化也不可能实现。民族教育将随着民族的最终消亡和民族问题的最终解决而结束其历史使命。民族发展离不开民族教育，民族教育赖以存在的基础在于民族本身。

在社会主义阶段，民族和民族问题的存在决定着民族教育的存在；民族和民族问题存在的长期性决定着民族教育的长期性；解决民族问题和实现国内各民族共同发展问题的复杂性，决定着发展民族教育的艰巨性。超常规发展民族教育是解决我国当前民族问题的关键性问题。

需要指出的是：社会主义不断发展生产力的客观需求要求民族教育持续发展。

社会主义发展的整个过程是一个不断解放生产力和不断发展生产力的过程，必须通过改革以适应生产力不断发展的需要。因而，教育尚处于后进状态的民族地区，不仅面临着尽快发展、迅速赶超先进民族和地区的历史任务；而且面临着不断推进改革，使民族教育事业振兴的问题。加快民族地区教育事业的发展，不能只是将它看成是简单的教育问题，超常规发展民族教育的意义实际上已经超出发展教育的本身。尤其是在社会主义初级阶段，由于民族问题的存在，民族教育工作不应削弱而应加强。振兴民族经济，使民族地区赶上经济发达地区必须依靠民族教育；彻底解决民族问题，安邦治国也必须发展民族教育；而民族文化的发展和更新，实现民族文化传统的现代化更离不开民族教育，振兴民族的希望在于振兴民族教育。

第二节 民族教育超常规发展的必然性分析

民族教育超常规发展在人类历史发展的各个阶段上都有其表现，是与人类发展相联系的一种社会现象。这种现象的必然性在社会主义条件下表现得更为明显。民族教育超常规发展在社会主义条件下具有必然性。

一、民族发展过程决定民族教育超常规发展

在我们对民族产生和发展过程进行考察后就不难发现，教育活动在其中起着至关重要的作用。它对民族发展过程中的各个阶段都具有重要的意义。民族教育既是民族产生的原始推动力之一，亦是民族这一社会现象由低级向高级实现演化的重要因素。

具体地讲，民族教育在民族的产生过程、民族的发展过程和民族的消亡过程中都曾发挥或正在发挥不可替代的重要作用。这不仅已被至今为止的民族发展的历史所证实，它还将被从今开始的民族的进一步发展的历史所证实。

（一）民族教育在民族产生过程中发挥着重要作用

民族是人们在历史上经过长期发展而形成的稳定共同体，是人类社会的一种普遍现象。它不是自有人类始便有的社会现象，而是人类社会历史发展到一定阶段上的产物。马克思主义认为：民族产生于原始社会末期。在这一时期内，由于原始社会生产力的极大发展和人类社会的两次社会大分工，出现了私有制、产品交换和阶级分化等过去没有的社会现象，造成了那种以血缘关系为纽带的氏族、部落的解体，使以地域关系为基础并有着共同经济文化特征的原始民族得以产生。

一般而言，人们共同体的发展经历了氏族、胞族、部落、部落联盟、民族几个发展阶段。各个阶段相互联系、相互区别和相互衔接，呈现一定规律性的运动变化过程。

民族的产生还与部分社会现象同时发生和彼此互动，其中有两种历史事象与民族的产生相关联。其一是人类社会出现等级、阶级，并向阶级社会过渡；其二是原始部落制度出现裂痕，并向国家制度过渡。与此同时发生的便是过去活动范围极为有限的部落向地域宽阔的民族过渡。

恩格斯在《劳动在从猿到人转变过程中的作用》一文中对民族最初形成的一般规律进行过论述。他认为："劳动本身一代一代地变得更加不同、更加完善和更加多方面。除打猎和畜牧外，又有了农业，农业以后又有了纺纱、织布、冶金、制陶器和航行。同商业和手工业一起，最后出现了艺术和科学；从部落发展成了民族和国家。"①

当然，上述论述来自对比较典型的民族发生过程的考察。事实上，由于社会历史环境的不同，又由于世界上各个地区最初人类实践活动的各异，民族形成的方式是多样性的。既有从部落而发展为民族的；又有几个民族相互融合而形成新的民族的；还存在着氏族部落直接过渡到民族的方式。除此之外，不同种族和不同信仰人群之间通婚，也是形成新的民族的途径。民族形成的这种多类型状况，为我们研究民族形成的一般规律和特殊规律提供了丰富的历史素材。

虽然民族的形成形式是多种多样的，但就民族最终形成的状况而言则有着极大的相似性，即民族形成后一般所具有的相对稳定的共同特征。按照斯大林给民族下的定义，所谓民族，是指人们在历史上形成的有共同语言、共同地域、共同经济生活以及表现于共同民族文化特点上的共同心理素质这四个基本特征的稳定的共同体。斯大林给民族下的定义，是我们研究民族问题的重要指导思想。

从民族所具有的四个基本特征出发，我们可以得到对教育活动在民族形成中作用的客观认识和客观评价。尽管这些特征是在民族形成之后才得以归纳的，但我们推而广之便不难发现，一般来讲，这四个方面的特征在民族产生之前就已经存在。而且正是这种客观存在且它所具有的

---

① 马克思，恩格斯. 马克思恩格斯选集：第 3 卷［M］. 北京：人民出版社，1972：515.

鲜明特色，才得以在长期的社会历史发展中不断地加以强化并得到形成和确认。

毫无疑问，这些具有本民族特色的基本特征在历史发展中曾发生过多次变形，它的最终形成，不仅体现着这些特征所具有的顽强生命力，而且体现着时代特征。它植根于本民族人们共同体深厚的土壤中，深深地打着不同人们共同体的印记，是区分不同人们共同体的科学标准，也是我们考察教育活动在民族产生过程中作用的一条基本线索。

民族特征的形成与教育活动息息相关，在一定意义上讲，教育活动是民族特征从雏形到成熟发展的重要因素。没有教育活动，民族特征便难以从萌芽到形成；没有民族特征的最终确认，民族的最终形成也是不可能的。下面本书将从民族形成的四个基本特征出发论述教育活动的特殊作用。

1. 人们共同体共同语言的形成离不开教育活动

大家知道，语言是人们进行交际活动的工具，每个民族都有自己本民族的共同语言。从民族形成的过程来看，它与氏族、部落相联系，严格意义上讲，它是不同的氏族、部落经历了长期发展而形成的，其间难以避免地存在着使用不同语言的社会群体向使用共同语言新的群体的转化过程。

尽管在共同语言形成过程中会产生不同语言的相互影响和相互借用，甚至还会产生一种与原氏族和部落所使用语言不同的新的语言。但是，共同语言的产生却成为民族产生过程中必不可少的重要条件。语言的这种演化越复杂，越丰富，形式越多样，在客观上就越说明教育活动在形成共同语言中的作用不可缺少。因为如果没有教育活动，原有不同氏族、部落的异种语言便难以保留和发展，新的共同语言要素也就难以发挥和保持。在这个意义上讲，没有教育活动，旧的人们共同体的新的共同语言要素就无法形成；没有教育活动，新的人们共同体的新的共同语言也就难以最终形成。教育活动在共同语言的形成过程中具有重要作用。

2. 人们共同体共同地域的形成离不开教育活动

共同地域是指单一人们共同体共同居住的地区，是单一人们共同体赖以生存的物质空间和物质条件。从历史演变来看，从前居住在同一地区的社会群体，会因为地域范围的迁徙和变化而发展成不同的民族；从前不属于某个共同体的社会群体，也会因地域范围的扩大而成为这一人们共同体的社会成员。

民族与国家也有着本质区别，国家是阶级统治的工具，是一个阶级对另一个阶级实行统治的机器，而民族则是人们稳定的共同体。民族与国家又有联系，一个民族既可以是一个国家，也可以不是一个国家而分属不同的几个国家。此外，多个民族同样可以成为一个国家中相互依存的成员。

不难看出，民族形成中的这个特点，在客观上决定着前国家形式对不同经济文化群体的教育政策。在单一经济文化群体中，教育政策只可能是单一的教育政策；而在多经济文化群体中，教育政策的表现形式则可能具有多样性。即在一个国家形成过程中存在着既有针对主体民族经济文化群体的教育政策，又有针对非主体经济文化群体的教育政策。

对单一经济文化群体而言，当它处于一个单一前国家形态时，教育政策是政权实施统治的一部分，政权管理和教育活动达到完美的和谐、同一。而当这一经济文化群体处于多个前国家形态中时，它的一部分可能以前国家形态的主体经济文化群体的身份接受社会主流文化的教育；它的另外一部分可能以另外的前国家形态的非主体经济文化群体的身份接受社会主流文化教育，而被迫将本人们共同体的社会主流文化排斥在外。

但无论是哪种情况，教育活动都是前国家形态实施其政治统治的一部分，起着其他社会现象所无法替代的作用。它的这种作用主要是通过教育活动对一定范围内的不同经济文化群体的社会关系进行调整，使相对稳定区域内的不同经济文化群体和睦相处，在调整人际关系方面与国家政权相结合起着相互补充的作用。

3. 人们共同体共同经济生活的形成离不开教育活动

共同的经济生活是指民族内部经济上的联系性和相互依存性，表现在共同的经济类型以及共同体内部经济要素之间的有机搭配与相互分工等方面。它是民族赖以形成的物质基础，维系着人们共同体的存在与发展。

不难看出，无论是共同经济生活的形成，还是使这种已经形成的共同经济生活得到保持和发展，都离不开教育活动的影响。教育活动实现着人们共同体内部经济要素的合理配置和趋同，通过教育活动使共同体成员更加符合共同经济生活的客观要求，并使经济生活的质量得到提高，实现着人们共同体的发展，为民族共同体的演化提供着驱动能量。在这个意义上讲，教育活动在形成共同经济联系并使之沿着自有规律发展方面的作用最为明显。共同经济生活是民族诸要素中最具特点的要素。

4. 人们共同体表现在共同文化特点上的共同心理素质的形成离不开教育活动

人们共同体共同心理素质是指在长期历史发展中形成的为本民族所特有的心理状态，是一个民族社会经济、历史传统、生活方式及地理环境特点在民族精神面貌上的反映。它通过语言、文化艺术、社会风尚、生活习惯、宗教信仰以及对祖国、对人民的热爱和对乡土的眷恋等形式，来表现本民族的爱好、兴趣、能力、气质、性格、情操和自豪感等。①

从对民族共同心理素质的定义的描述可以看出，在民族形成过程中，民族教育对人们共同体共同心理素质的形成具有重要影响。一方面，共同心理素质是从不同心理素质发展而来的，它经历了长时期的熏陶过程，这种过程中不可能排除人们有意识地传授的过程；另一方面，既然共同心理素质由不同心理素质发展而来，也就不能排除人们有意识

---

① 陈永龄. 民族词典 ［M］. 上海：上海辞书出版社，1987：365.

地选择和创造的过程。共同文化特点的形成，需要有意识的教育过程；共同心理素质的形成，同样需要有意识的教育过程。教育活动在民族共同心理素质形成中的作用是不可低估的。

当然，教育活动在民族形成中的作用，因为缺少实证资料只能从作用和结果的相关性中去做出结论。但有一点却是确定无疑的：没有教育活动，民族的历史便不会产生，即使可能产生也难以谈得上发展。因为只有当人类不同经济文化成果不但可能产生，并得以保存和再发展时，民族发展的历史才可以变为现实。教育活动与民族产生紧密相连，是民族产生中的重要因素。

（二）民族教育在民族发展过程中发挥着重要作用

首先，民族教育在民族发展过程中的作用，可以通过它对民族发展演变影响的考察中得到证实。

民族作为一个社会历史范畴，不但是人类一定社会发展阶段上的产物，而且是处于不断运动变化中的社会现象。从民族发展的基本动因来分析，民族的发展取决于民族的社会生产、分工以及交往程度；从民族发展的制约因素来分析，民族的发展受社会发展的制约。民族属性、民族结构、民族素质、民族关系、民族社会环境、民族自然环境等与民族的发展直接相关。①

从民族发展的类型来看，民族发展与人类社会的不同发展阶段具有一致性的方面。按照历史唯物主义观点，人类社会经历了原始社会、奴隶社会、封建社会、资本主义社会和社会主义社会。与人类社会这种发展阶段相联系，民族也可分成五种主要发展类型，即原始民族、奴隶制民族、封建制民族、资本主义民族和社会主义民族。5 种民族发展类型各自具有独有的特色并彼此相互区别，共同构成人类民族发展史中最具特色的文化形态。

原始民族产生于原始社会末期和阶级社会的初期，是在部落联盟的

---

① 金炳镐. 民族理论通论［M］. 北京：中央民族大学出版社，1994：129.

基础上发展形成的民族类型。由于这一时期正处在人类社会由无阶级社会向有阶级社会的转化过程中，因此使原始民族同时具有两种社会形态的一些特征：一方面它较浓厚地保留着原始社会的某些痕迹；另一方面它又存在着奴隶制社会的众多因素。原始民族是人类社会发展过程中最初表现的民族形式，在内部充满着两种社会形态的对抗和斗争。

奴隶制民族是由原始民族转化而来的民族类型，其特点如下。一是民族内部出现的阶级分化。奴隶制生产关系已经确立，民族内部的一部分成了奴隶主阶级，他们直接占有生产资料，成为统治者；民族内部的另一部分则成了奴隶阶级，变成了会说话的劳动工具。二是具有本民族特色的民族文化得到相应发展。随着民族内部社会生产力和社会分工的进一步发展，民族区域范围内出现了城市与乡村、脑力劳动者与体力劳动者的分离，这样便使本民族社会文化的积累和发展成为可能，民族的社会意识形态内容得到扩展和巩固。奴隶制民族在人类社会历史上第一次实现了阶级分化，它是较原始民族更为进步的民族发展类型。

封建制民族是由奴隶制民族转化而形成的民族类型。处于这一发展阶段的民族内部，已经产生了封建主义的生产关系。封建主阶级占有基本的生产资料，农民则依附于封建主。封建主阶级依靠土地的所有权对农民实行"超经济强制"，进行剥削。这正像列宁所指出的那样，"这种强制可能有各种各样的形式和不同的程度，从农奴地位起，一直到农民有不完全的等级权利为止"。① 封建制民族是人类社会发展过程中第二个在民族内部发展和巩固阶级对立的民族类型，是较奴隶制民族更为进步的民族发展类型。

资本主义民族是由封建制民族转化或由其他方式形成的民族类型，"是一定时代即资本主义上升时代的历史范畴，封建制度消灭和资本主义发展的过程同时就是人们形成为民族的过程"②。资本主义民族内部压迫者和被压迫者的关系进一步得到确认，所不同的主要表现在经济环

---

① 列宁. 列宁全集：第 3 卷 [M]. 北京：人民出版社，1959：161.
② 斯大林. 斯大林全集：第 2 卷 [M]. 北京：人民出版社，1953：300－310.

境方面，此时的民族已经在一定程度上打破了封建社会那种地方割据现象，共同的经济文化中心得以形成和确立。资本主义民族充分地利用了历史为其提供的政治、经济和文化舞台，有创造性地发展了特有的经济运作方式、政治制度，以及属于本阶级的意识形态。资本主义民族是人类社会发展进程中最后一个在民族内部存在剥削制度的民族类型，也是较封建制民族更为进步的民族发展类型。

社会主义民族是在旧有民族获得解放基础上，并经社会主义改造过程而发展形成的民族类型。在社会主义民族内部，过去的那种剥削制度被彻底铲除，社会主义生产关系得到确立，经济文化事业得到健康发展，并按社会主义原则建立起新型的社会关系和新型的民族关系。根据马克思主义关于社会主义的理论，由于社会主义产生过程的某些特殊性，社会主义按其经济文化发展程度可以划分为初级和高级两个主要发展阶段。与之相适应，社会主义民族同样可以划分为初级发展阶段和高级发展阶段两种类型。社会主义民族是在民族内部消除了阶级对立的民族类型，也是一切民族必经的和最后发展阶段的民族发展类型。

通过简要地回顾民族的历史发展进程和民族发展的文化类型不难看出，民族发展具有阶段性和顺序性的特点。

所谓民族发展的阶段性，是指民族随人类历史发展表现在与这种进程相一致的并相互区别的时代特征的总和。正是这种相互区别的时代特征才形成了民族发展的不同阶段性，才表现出了民族的不同发展类型。

所谓民族发展的顺序性，是指相互区别的民族类型在其本质联系上表现出来的上下相接，前后相继的现象，这种特征的存在使民族发展成了一个有规律的历史发展过程。

当然，民族发展的阶段性和顺序性只是民族发展的一般性规律，它不是绝对的。在世界历史发展进程中，有的民族由于所处的社会环境和自身发展条件的特殊性，使之跨越民族发展的一般性发展阶段，呈现出跳跃式的非常态发展（超常规发展）状态，从而加快了民族发展的历史进程，这是民族发展的一般规律在特殊历史环境中发生作用的结果。

尽管民族在发展过程中可以分别依据一般性规律和特殊性规律表现出发展的多类型状况，但就民族形态开始发生变化，完成不断的量的增殖，并最终引起民族形态更迭的因素而言，不外乎来自三个方面：其一是社会基本矛盾的运动；其二是阶级社会中的阶级斗争；其三是各民族自身的素质。而这三个方面都与教育活动有着直接关系，教育活动是影响上述三个方面发展的重要因素。

1. 民族教育在社会基本矛盾运动中的作用

不言而喻，社会发展的根本原因在于社会基本矛盾的运动，即一定社会的生产力和生产关系，经济基础和上层建筑之间的矛盾运动。生产力是实现人类社会发展过程中最具革命、最基本的要素。正是由于生产力的发展，才使生产关系发生变革和调整，也才得以形成与之相适应的上层建筑。而一定生产关系和上层建筑的形成又成为促进生产力进一步发展的动力。人类社会正是在生产力和生产关系、经济基础和上层建筑这两对矛盾相互作用中得到发展的。

实现社会的发展是如此，实现民族的发展也是如此。由于社会的发展，一般都是表现为一定民族社会的发展，而一定民族的发展过程又都与一定的社会发展相联系，因此，民族发展与社会发展具有同一性。社会基本矛盾的运动不仅决定着人类社会的发展，同样也决定着民族的发展；社会基本矛盾的运动既是人类社会发展的直接动因，又是民族形态发展变化的直接动因。

在社会基本矛盾的运动过程中，教育活动起着十分重要的作用。可以从三个方面分析：

一是从社会和民族发展的最初和最直接的原因——社会生产力发展来看：引起人们这种征服自然、改造自然能力因素的变化不外乎有三个方面，即具有一定科学技术知识、生产经验和劳动技能的劳动者、与一定的科学技术相结合的以生产工具为主的劳动资料以及人们的劳动对象。① 可以看出，对劳动者来说，得到科学知识、形成生产经验和掌握劳动技能都离不开教育活动的影响。对劳动资料来说，生产工具的变革必须在科学进步基础上才能完成，这一过程的完成同样离不开教育活动。对劳动对象来说，能够使劳动对象的作用得到充分发挥以及新的劳动对象的形成也离不开教育在科技发展中的作用。

二是从一定民族形成的生产关系和上层建筑的过程来看：生产关系是人们在进行物质资料生产过程中相互结成的社会关系，主要包括生产资料所有制形式、各种不同社会集团在生产中的地位和相互关系，以及产品分配形式等。一定民族的生产关系是这一民族进行物质资料生产的必备条件，缺少这一条件，社会生产和交换便不能进行，社会发展便成为一句空话。而维系一定的生产关系存在以及使劳动者适应一定生产关系的要求，则必须依赖教育活动的作用。上层建筑是建立在经济基础之上的政治、法律、道德、哲学、艺术、宗教等观点，以及和这些观点相适应的政治、法律制度。如果说教育活动在形成和维系一定生产关系方面还存在着某些间接影响的话，那么，教育活动对形成一定社会的上层建筑影响方面，则更多地表现为直接的促进作用。不论是形成社会的各种观念，还是形成一定的政治和法律制度，都与教育活动密不可分，甚至有些方面就是教育活动直接作用的结果。

三是从生产关系和上层建筑对生产力和经济基础的反作用来看，社会基本矛盾的运动不仅存在着生产力对生产关系、经济基础对上层建筑的决定关系，而且存在着生产关系对生产力、上层建筑对经济基础的反作用关系。后一个运动过程，是充分发挥人的主观能动性，并有效地促进社会发展的过程。人们社会实践活动中主观能动性发挥程度的高低，直接构成人们社会实践活动中改造自然和改造社会程度的高低。而影响人们主观能动性发挥程度的因素主要是人们对事物发展规律的认识程度。人们对自然、社会、思维运动规律认识程度高，则有利于人类社会

---

① 辞海编辑委员会. 辞海［M］. 缩印本. 上海：上海辞书出版社，1980：1728.

实践中主观能动性的发挥。而人类对自然、社会、思维领域内规律性的认识程度，则主要取决于人类有意识的教育活动。

可见，教育活动在社会基本矛盾运动过程中起着十分重要的作用，是影响民族发展的重要因素。

2. 民族教育在阶级社会中的作用

阶级斗争也是影响民族发展的重要因素。从人类社会的发展史来看，除原始社会及当今的社会主义制度外，人类社会曾经历了有阶级并存在着阶级之间不可调和的斗争历史，即使是社会主义社会，由于国际资本主义的存在，阶级斗争仍然在一定范围内存在，有时甚至会是十分激烈的。有社会在，就有民族在，只要民族没有消亡，民族与社会并存现象就不会改变。从一定意义上讲，民族就是在社会阶级斗争中和在民族斗争中得到发展的。列宁曾经指出："历史告诉我们，各民族之间、各社会之间以及各民族、各社会内部经常进行斗争，此外还有革命时期和反动时期、和平时期和战争时期、停滞时期和迅速发展时期或衰落时期的不断更换，这些都是人所共知的事实。马克思主义给我们指出了一条指导性的线索，使我们能在这种看来迷离混沌的状态中发现规律性，这条线索就是阶级斗争的理论。"①

在人类社会存在着阶级对立的情况下，阶级的对立往往是通过民族内部的对立来表现的。同属于一个民族的剥削者和被剥削者，彼此处于相互对立的统一体中，他们由于根本的利益冲突而形成阶级对抗，他们又由于相互之间经济社会的联系而同处一定的社会结构中。正是这样一种既相互联系又相互对抗的矛盾运动，推动着该民族社会的向前发展，实现着社会发展阶段的更迭，同时也实现着民族发展类型的转换。在一个民族处于对另一个民族实施政治统治的条件下，民族之间的这种既相互联系又相互对抗的关系则有着更多的表现形式。

在有阶级对抗和有民族对抗的社会环境里，无论是在经济地位上处

---

① 列宁. 列宁选集：第2卷［M］. 北京：人民出版社，1972：586－587.

于民族上层的统治阶级还是处于民族下层的被统治阶级，在他们形成的阶级对抗中，都离不开教育活动的影响。

作为民族的统治者，他们为了维护其自己的政治统治，一方面，必须在发展完善其政治制度的同时完成与这种政治制度相适应的意识形态，为其统治的合理合法性寻找理论根据；另一方面，还必须实施面对社区所有人的强大的社会公众教育，为其统治的合理合法性进行辩护。这些活动，无疑离不开教育活动。

作为民族的被统治者，在经济利益严重不平等和没有任何政治地位可言的情况下，在生产力和生产关系处于严重对立中时，同样存在着为社会变革而制造舆论，寻求思想斗争武器的过程，而这些同样也离不开教育活动。

教育在阶级社会中具有鲜明的阶级性，为一定的阶级和一定的政治服务。即教育为一定生产关系服务的特点表现得十分明显。一般而言，当一定社会的生产关系相对稳定，社会生产关系基本适应生产力发展状况时，教育为社会生产力发展服务的功能就较为明显，教育为生产斗争服务的作用就会占据突出地位；当一定的社会需要通过变革生产关系而实现进一步发展和解放社会生产力时，教育为阶级斗争服务的作用则占据突出地位。这种作用表现在两个方面：一方面既存在着旧的教育活动竭力维护其旧有生产关系和政治制度的方面，另一方面又存在着新的教育活动为推翻旧有生产关系和建立新的政治经济制度的方面。可见，教育活动在阶级社会中通过阶级斗争和民族斗争的形式进而对民族发展产生影响。

3. 民族教育在民族自身素质改善中的作用

民族自身的素质亦是影响民族发展的重要因素。民族素质的含义十分丰富，如果从教育的角度来考察，民族素质是民族群体或个体表现在知识、智力、能力等各个方面的要素的总和，具有综合性、发展性和个性化的特点。其基本范围可以从两个方面来把握：一是就民族整体而言，主要包括民族的文化素质、技术素质、科学素质、道德素质和心理素质等；二是就民族个体成员而言，主要包括先天的生理素质、政治思想素质、文化技术素质和心理素质等。①

民族素质与民族发展直接相关，相辅相成。提高民族素质是实现民族发展的根本目的，也是衡量民族发展程度的重要指标。民族素质的提高只有在民族发展中才能得到实现，民族发展是提高民族素质的重要条件。民族素质也是影响民族发展的重要因素，高民族素质可以带来民族自身更大程度的发展。在这样的意义上讲，民族持续发展的过程就是民族素质不断优化的过程。

在民族素质的各种要素中，民族群体或民族个体所具有的科学文化素质是其核心内容，对民族发展影响最大。民族科学文化素质对民族经济的发展有着重大影响，民族科学文化素质的高低直接影响民族经济的发展程度。民族科学文化素质发展水平高可以有效地促进经济因素的增长，实现民族经济的振兴，促进现代化进程的发展。民族科学文化素质对各民族民主政治的实现也有着重大影响，民族科学文化素质水平高是各民族实现当家做主、真正享有平等权利、实施本民族自治权利的保证。提高各民族的科学文化素质是实现民族发展的重要条件。

提高民族科学文化素质的主要途径在于发展民族教育事业。教育活动对改善民族群体或民族个体科学文化素质方面的作用最为明显和最为直接。从这个意义上讲，教育活动对民族发展的促进作用是通过改善少数民族群众科学文化素质来实现的。由于教育活动对民族科学文化素质改善的作用最大，而民族科学文化素质对民族发展的作用最大，因而，在理论上讲，教育活动对民族发展的作用也应该是最大。

（三）民族教育在民族消亡过程中发挥着重要作用

民族既然是一个历史范畴，它就不是人类社会中永恒的现象。随着人类社会的发展和全面进步，民族消亡的时代终究会到来。

所谓民族消亡，是指在共产主义社会条件下，由于各民族特征和民

---

① 黄汉江，孟立军. 湖北民族教育发展战略研究［M］. 大连：大连海运学院出版社，1990：110.

族差别的日趋消失而最终融为统一的全人类共同体的过程。从本书给民族消亡所下的定义可以看出：第一，民族消亡是一个长期的历史过程，不是一朝一夕就可以实现的，这需要以世界上所有民族经过长期的互相学习，相互促进和共同发展为条件；第二，民族消亡绝非社会主义初级阶段的事，决不能将这一过程"归入社会主义在一个国家内胜利的时期"，而是应当"归入社会主义在一切国家内胜利的时期即世界社会主义经济基础已经奠定的时期"①；第三，民族消亡还是一个艰难和存在着反复的过程，因为要实现民族消亡不仅要具备消灭阶级压迫和民族压迫这一社会前提条件，而且要消除各民族之间在经济和文化生活方面的差别。要做到这一点，必须经过共产主义社会的长期发展才能实现。

要实现民族的消亡必须经过民族融合因素增长的途径。

民族融合因素是指各民族在各自得到充分发展的基础上通过进一步的交往、学习，取长补短，使之在经济、文化发展水平上逐渐趋于一致的现象。民族融合因素的增长，意味着民族差别的逐渐消失，意味着各民族之间共同因素和特征的逐渐形成，以及各民族在生理素质方面的逐渐接近等。民族消亡只有在民族融合因素得到充分增长后才能够实现。这正如斯大林指出的："在一个国家内无产阶级专政时期繁荣民族文化（和语言）是为了给社会主义在全世界胜利时期各民族的文化（和语言）消亡并融合成一种共同的社会主义文化（和一种共同的语言）准备条件。"②

通过以上分析不难看出，实现民族的最终消亡虽然必须具备多方面的条件，但教育活动在各种条件中最为首要。从教育的功能讲，虽然教育活动只具有为一定社会生产关系服务而不直接具备实现社会生产关系变革的功能，但在消灭了阶级和民族压迫后，在实现国家和民族逐渐消亡的过程中，教育起着举足轻重的重要作用。因为促进民族融合因素增长的必备条件是各民族发展中的先进因素的相互影响、相互渗透和相互

---

① 斯大林. 斯大林全集：第11卷［M］. 北京：人民出版社，1955：298.
② 斯大林. 斯大林全集：第12卷［M］. 北京：人民出版社，1955：321.

吸收，表现在人们思想观念上即是各民族文化现象的相互认同和相互学习。这个过程的实现确实是教育活动"唱主角"的时期，不能设想可以通过其他方式来消灭人们在经济生活和文化生活上的差别。教育活动是促进民族融合因素增长的首要的和必要的条件。

如果说在有剥削的社会里，民族融合因素已经有所表现的话，那么，社会主义时期则是民族融合因素增长的重要时期。

在社会主义的初级阶段，由于民族发展的水平不一，经济和文化方面还存在着很大差异，因此，社会主义时期是各民族充分发展的重要时期。

笔者认为：民族融合因素应当划分不同的类型或层次。在社会主义的不同发展阶段，民族融合因素的增长方式应当是有所不同的。应当大力推进民族地区经济事业的快速发展，尽快缩小民族地区与发达地区之间的历史差距，以促进民族经济融合因素的快速生长；应当鼓励和支持各民族发展具有本民族特色的文化事业，繁荣各民族的优秀传统文化，形成多元化的文化格局，并通过民族文化认同和互相学习的途径，促进民族文化融合因素的快速生长。最终推动社会主义各项事业的发展。当然，所有这些，都是与社会主义教育活动分不开的。

从对民族发展过程的分析可以看出，民族教育对民族的产生、发展、消亡的全过程都具有重要影响，这种影响主要通过教育所具有的如下功能得以完成。

（1）教育的功能。教育作为人类有意识的社会实践活动，能够增进人们的知识和技能，影响人们的思想品德，这对于民族共同体来说是十分重要的。任何民族，都离不开知识和技能。例如，用于交际的语言也是一种知识与技能，它不仅是教育活动的结果，同时也是教育活动的目的和手段。不能想象，一个民族没有语言将如何生存和发展。任何人们共同体都离不开思想品德的教育和熏陶，思想品德是维系人们共同体生存与发展的必不可少的条件。即使是在原始社会，人们也将一定的思想品德教育作为教育活动的重要内容。发挥教育活动教育功能的最终结果是人们共同体整体素质的提高。

（2）服务的功能。教育的服务功能主要是指教育为一定的生产关系和生产力服务的功能。为一定的生产力服务，其结果必然是劳动者个体素质获得改善，从而大幅度提高整个社会劳动生产率和使社会经济生活得到改善。为一定的生产关系服务，其结果必然是促进旧有生产关系的巩固和发展以及促进新的生产关系的产生和发展，推动社会的进步和社会文明的提高。教育活动所具有的这种服务功能，是民族发展进步的基本理由。

（3）文化积累功能。教育具有文化积累的功能，任何社会任何民族如果没有文化积累过程，便不能实现民族和社会的发展，即使可以也无法得到保持。文化积累既是一个不间断的持续过程；又是一个在原有基础上不断提高的过程。文化发展的这种规律性在客观上决定了教育活动的不可替代性。没有文化积累，民族共同体不会产生；缺少文化积累过程，民族共同体便无法发展。文化积累功能得到发挥的目的在于建立适应本民族共同体需要的文化模式和文化内容，保持和发扬本民族共同体的文化传统。如人们共同体共同心理素质的形成和保持，无疑都与教育活动息息相关。

（4）文化创造功能。教育活动具有文化再创造功能，这也是不言而喻的。各民族共同体文化体系中旧有合理因素得以延续，需要教育活动来完成，其文化体系中合理新因素的形成和发展同样需要教育活动来完成。文化创造的过程无非有两种基本形式：一类是将其他民族共同体作为学习和效仿的榜样，将其文化系统中那些合理因素移植到本民族文化土壤中；另一类是在本民族原有文化基础上产生具有新文化因素的新文化形态。无论哪一种情况，都与教育活动紧密相连。尤其是第一种情况，在多民族共求生存与发展的社会环境中更具特殊意义。随着人类社会的发展与进步，这种表现会愈来愈突出。它是实现民族自然同化，特别是发展民族融合因素的重要条件。

正是教育活动所具有的教育、服务、文化积累和文化创造功能，才使民族这种社会现象的出现得以完成。教育活动是促进民族产生、实现民族发展和完成民族消亡全过程的必要因素。

既然民族教育对民族发展具有促进作用，那么加快民族教育发展从而实现民族的进一步发展便具有历史的必然性。这便是笔者提出民族教育超常规发展理论的基本理由。不难看出，民族教育超常规发展，可以加速实现民族发展的历史进程。

在社会主义条件下，民族教育超常规发展的必然性显得更为明显。因为从民族发展的历史进程来看，虽然社会主义民族是人类社会发展中的最后一种民族形态，较之历史上的一切民族类型更为先进。但社会主义时期的民族仍然是一个亟待发展的民族形态，是由自在民族向自为民族转化的重要阶段的民族，是要彻底地消除民族差别这一重要时期的民族。因而加速民族发展的历史进程同样是社会主义时期的重要任务。

要加速民族自身的发展过程，其中一个重要途径就是通过民族教育超常规发展来实现。况且，在社会主义条件下，由于各民族根本利益的一致性，更容易集中一切社会资源，更为有效地促进民族教育的超常规发展，从而达到促进民族发展的目的。

社会主义制度能够为通过民族教育超常规发展有效促进民族发展与进步事业提供更加充裕的条件。

二、民族发展趋势决定民族教育超常规发展

民族教育在民族发展过程中的作用，还可以通过它对民族发展趋势影响的考察得以证实。

民族发展趋势，是指民族共同体依据其自身发展规律在其发展过程中表现出来的总的方向。这种趋向既可以表现在单一民族发展过程中，又可以表现于多民族群体发展过程中。且在不同历史时期表现出不同的发展趋向。

本书所谈民族教育在民族发展趋势上的作用，主要是指在多民族共存条件下表现在民族发展方向总趋势和对不同社会发展阶段民族的不同趋向的影响方面。

1913 年，列宁曾针对资本主义民族存在的事实，提出了民族问题的两个历史趋势理论。他指出："在资本主义的发展过程中，可以看出在民族问题上有两个历史趋向。第一个趋向是民族生活和民族运动的觉醒，反对一切民族压迫的斗争，民族国家的建立。第二个趋向是民族之间各种联系的发展和日益频繁，民族壁垒的破坏，资本、一般经济生活、政治、科学等等的国际统一的形成。"①

从列宁的论述可以看出，一方面，由于市场和资本的国际化，各个民族和地区的联系不断加强和扩大，过去那种以单一民族而形成的堡垒遭到破坏，趋同性因素得到增长；另一方面，又由于殖民主义者的殖民压迫政策，各个民族的民族意识得到增强，民族隔阂和相互间不信任现象更为加剧，形成新的民族堡垒因素、非趋同性因素也在增长。列宁认为："这两个趋向都是资本主义的世界规律。"②

从列宁对资本主义条件下民族发展的两个历史趋势的论述看，两种历史趋势，即趋同性增长和非趋同性增长既同时存在，又方向相反。造成这种矛盾状态的原因在于剥削制度和民族压迫制度的存在。

在社会主义条件下，民族的趋同性因素和非趋同性因素也有共同增长的表现形式。但由于社会主义制度已经彻底地消灭了阶级和民族压迫制度，建立起平等、团结、互助的新型民族关系，民族发展的两种趋势不具有方向相反的性质，其内容上也存在着根本区别。

具体地讲，在社会主义时期，民族非趋同因素，主要指由于社会主义时期存在的差距现象而激发出来的民族意识的增强现象，是在社会主义原则基础上，在劳动人民共同占有生产资料基础上民族意识的一种表现方面。而民族趋同因素则是指在共同利益基础上各民族联系的增强和差距的缩小现象。民族趋同因素增长，有利于民族的团结和国家的安宁。

---

① 列宁. 列宁全集：第 20 卷 [M]. 北京：人民出版社，1958：10.
② 列宁. 列宁全集：第 20 卷 [M]. 北京：人民出版社，1958：10.

需要说明的是，无论是在资本主义社会还是在社会主义社会，教育活动在影响民族发展趋向方面有着巨大的作用。尤其是在社会主义条件下，趋同性因素的确立与保持、非趋同性因素的表现范围及表现形式等的正常运作，都离不开教育活动的正面导向作用和各民族群众发自内心的认同与拥护。

当民族趋同因素得到较高程度的发展，以至于消除民族特征，并已经不再需要民族这种形式来维护本民族利益的时候，人类社会将开始民族同化的过程。

从历史上看，民族同化现象存在着两种主要类型。

在有剥削阶级存在的社会中，存在着强制民族同化和自然民族同化两种基本形式。强制民族同化，即统治阶级使用强制性的手段，强迫某个民族放弃其自身特点，而被迫地接受另一个民族的特征。自然民族同化，则是某一民族在另一民族长时期的影响下，自愿地放弃原有特征并接受他民族特征的过程。列宁认为资本主义制度在打破民族壁垒、消除民族差别，并使民族同化的过程中"包含着极大的历史进步作用"。"无产阶级不能赞同任何巩固民族主义的做法，相反地，它赞同一切帮助消除民族差别，打破民族壁垒的东西，赞同一切促进各民族之间的联系日益紧密和促使各民族融合的东西。"应当"欢迎民族的任何同化，只要它不是借助于暴力或特权进行的"[①]。

在无剥削阶级存在的社会主义社会里，同样存在着民族同化的表现趋势。如果说在阶级存在的社会制度下，存在着自然同化表现形式的话，那么，在社会主义条件下，民族自然同化则是民族发展趋势最集中的表现阶段。由于社会主义制度消灭了阶级和民族的压迫和对立，实现了各民族在根本利益上的一致性，因而也就从根本上铲除了借助暴力或特权强行进行民族同化的社会和政治基础。社会主义时期是各民族走向自然同化的重要时期。

---

① 列宁. 列宁全集：第20卷 [M]. 北京：人民出版社，1958：18 – 19.

从民族同化的过程和表现形式来看，教育在其中所起的作用是不能被低估的。虽然在有剥削阶级存在社会中的民族同化现象和在无剥削阶级存在社会中教育所起的作用、所发挥的程度都不能同日而语，但就其发生作用的形式和就作用的力量是不能否认的。

大家知道，民族同化的前提在于民族特征的趋同，在于经济利益的一致。无论是达到经济利益一致还是民族特征的趋同，都不能离开教育活动的影响。在一定意义上讲，民族同化正是教育活动在民族交往中长期熏陶的必然结果。在社会主义条件下，不仅要彻底消除各民族之间在经济上的不平衡现象，而且要使各民族在文化上彼此认同，没有教育活动参与其中，要达到这个目标是不可能的。民族教育在民族趋同发展趋势中具有重要作用。

三、民族地区发展状况决定民族教育超常规发展

由于政治经济环境以及自然地理环境等因素的制约，地区与地区、民族与民族之间在发展速度和发展程度方面是极不平衡的，不平衡发展是人类社会发展的绝对规律。人类社会发展的过程，就是从极不平衡状态到相对平衡状态再到新的不平衡状态的运动变化过程。平衡中的不平衡和不平衡中的平衡，就是这种状态的真实描述。

地区间发展水平的不平衡一般是由民族发展的不平衡造成的。也就是说，民族间的不平衡往往是通过地区间发展程度的不平衡来表现的。应当看到，某一民族与他民族相比客观存在着的不平衡性状况，并不具有绝对意义，后进民族在一定的条件下可以转化为先进民族，而先进民族也可能在一定条件下转化为后进民族。

民族后进因素既可以反映在民族发展的整体方面，也可以反映在民族发展的局部或个别因素方面。尽管民族发展不平衡只具有相对意义，且后进民族也存在着某些先进因素，但民族之间在一定时期内存在着的不平衡现象却是客观存在的。

在有剥削阶级存在的社会制度里，民族间的不平衡现象一旦产生，

虽然不排除最终消除这种不平衡现象的可能性，但在发展滞后性因素的影响下，其发展趋势则是这种不平衡现象的不断加剧、难以消除。尤其是这种不平衡现象在民族间以对抗形式出现时，其消除的难度就更大。民族间发展的不平衡现象既是民族压迫的结果，同时也是民族压迫得以继续存在的根源。

民族间不平衡现象是通过民族间客观存在的差距现象来表现的。差距可以有多种表现形式，主要的可以表现为政治差距、经济差距和文化差距等三个方面。

政治差距是反映在民族间的表现在政治理论、政治制度和政治关系等方面的不平衡现象；经济差距是反映在民族间的表现在经济理论、经济制度和经济关系等方面的不平衡现象；文化差距则是反映在民族间的表现在文化理论、文化内容以及人们科学文化素质等方面的不平衡现象。

在有阶级存在的社会里，民族间差距的三个主要表现方面都十分突出。而在社会主义社会中，民族间差距由于政治差距大幅度缩小以至基本一致，主要反映在经济差距和文化差距两个方面。

在剥削阶级存在的社会制度下，民族间的差距存在着逐渐扩大的趋势。其主动地、人为地缩小这种差距的动能则显得十分薄弱，甚至是苍白无力。即使出现压迫民族采取有意识地推动被压迫民族发展而缩小压迫民族与被压迫民族之间存在差距现象的行为，其目的也在于更好地维护自身的民族统治和统治阶级的根本利益。

而在社会主义条件下，问题则发生了根本性的变化。缩小民族间存在的差距，即通过促进非主体民族发展而达到缩小主体民族与非主体民族之间存在的差距，则是社会主义时期各民族根本利益的一致性、社会主义制度的性质和任务以及社会主义民族发展的客观需要所决定的，是社会主义发展的历史必然。

多民族国家内的社会主义制度的建立，为人类社会发展史上增添了更加辉煌灿烂的一页。多民族共同发展，成为人类社会发展中积极的主流社会现象。

因为社会主义制度下各民族根本利益的一致性，社会主义原则坚持的民族平等、民族团结和各民族共同繁荣发展便决定着社会主义国家新型民族关系和民族事务管理这些主导方面，使社会主义在积极促进各民族共同发展方面具有举足轻重的地位和作用。促进各民族共同发展与繁荣，采取积极措施来缩小民族地区与发达地区的差距，在社会主义时期既是必然的，也是迫切的。如果不能达到这一目标，社会主义性质就无法体现，社会主义原则就无法贯彻，社会主义精神也就无法弘扬。

从我国社会主义实践过程也可以看出这一点。

社会主义制度在我国的建立，使各民族之间建立和发展了平等、团结、互助的新型民族关系，通过实行民族区域自治，保证了少数民族当家作主管理本民族内部事务的权利。少数民族地区的政治、经济、文化等各项事业得到很大的发展，展示出无比辉煌的发展前景。

尽管如此，我国少数民族地区与发达地区仍然存在着较大差距，在多方面表现出不平衡的特点：在政治上仍然保留着原有政治制度的某些影响，如我国凉山彝族地区家支势力的重新抬头，部分宗教影响较深地区宗教派系之间的矛盾影响等；在经济上的表现就更为明显，民族地区在经济发展的整体水平上仍然落后于全国平均水平；在文化教育方面也还存在着落后的文化观念、落后的文化因素以及人民群众整体科学文化素质偏低等问题。可见，社会主义条件下民族地区与非少数民族地区之间还存在着差距，这种不平衡对民族地区的政治、经济、文化各个方面有着不良影响。在这种客观环境下，通过尽快发展民族教育来促进民族地区的社会发展水平，就必然带有迫切性。

社会主义制度的建立，为各民族发展提供了良好的社会政治环境，可以充分发挥先进地区所具有的先进因素的积极性，诚心诚意地帮助少数民族地区发展。在社会主义条件下，少数民族和少数民族地区能够永远地摆脱历史上政治上受压迫、经济上受剥削和文化上受奴役的影响，携手并进，共同开创新的生活。

第三节　民族教育超常规发展的可行性分析

既然民族教育必须超常规发展，那么，民族教育是否可能实现超常规发展呢？回答同样是肯定的。

一、民族教育超常规发展在理论证明上是成立的

理论是人们对客观事物本质及规律性的正确反映，是在人们社会实践过程中产生并得到实践证明了的系统化的理性认识，是概念化、原理化的体系。

理论证明同样是我们认识客观事物的一条途径，因为理论证明不仅来源于客观的人类社会实践，而且是人类社会再实践的主要依据。马克思、恩格斯就是在客观地分析资本主义社会产生和发展过程的基础上，通过理论推绎这一途径，得出无产阶级的胜利和资产阶级的灭亡同样是不可避免的这一具有划时代意义科学结论的。并使之成为世界工人阶级争取自由解放、建立新型社会制度的指导思想。

民族教育超常规发展同样可以在理论上证明其可行性，主要理由如下。

（一）社会基本矛盾运动原理是民族教育超常规发展思想的
　　　理论基石

如前所述，马克思和恩格斯在创立历史唯物主义过程中，不仅深刻地论述了人类社会发展的阶段性和顺序性理论，而且揭示了生产力和生产关系、上层建筑和经济基础矛盾运动是实现社会发展动因的理论。社会主义制度的建立和社会主义事业的发展，都是社会基本矛盾运动的必然结果。

正像人们所看到的，实践中的社会主义并没有按"一般规律性"，

按"次序"实现"常规"① 发展，而是遵循特殊规律实现了"非常规"发展。即社会主义实践的"土壤"是不发达的国家基础。

这样，社会主义国家虽然已经具备了比较完备的社会政治制度，但却缺少与这种社会制度相适应的经济制度和文化系统，其"文明程度"还不能实现向社会主义的直接过渡。② 向共产主义过渡将是一个长期曲折和迂回的过程，因为它不可能"不经过使旧经济适应社会主义经济的准备时期而直接过渡到社会主义"③。在一个人人识字的大农业国和在一个小资产阶级占优势的国家，向社会主义过渡的情形是不可能相同的。④

如何解决这一问题，列宁认为：迅速发展生产力是解决过渡条件不足的唯一办法。"无产阶级取得国家政权以后，它的最主要最根本的利益就是增加产品数量，大大提高社会生产力"，⑤ 即必须"从一匹马上跨到另一匹马上，就是说，从农民的、庄稼汉的、穷苦的马上……跨到无产阶级所寻求的而且不能不寻求的马上，跨到大机器工业、电气化、沃尔霍夫水电站等等的马上"。⑥ 只有这样，才能用新的方式建立起千百万人生活的深刻的经济基础，才能用社会主义大生产取代资本主义生产和小生产，也才能够巩固和捍卫向社会主义过渡时期已经取得的成果。

为了能够迅速提高生产力并完成向社会主义的过渡，列宁曾设想国家资本主义是其最好形式。他认为："国家资本主义就是社会主义的入口"，⑦ 它有利于吸收资本主义的一切"肯定成果"。因为它是由无产阶级国家控制的"一个集中的、有统计、有监督的和社会化的东西"，⑧ 它优于"私人资本主义""自然经济""小商品经济"，"是社会主义的

① 列宁. 列宁选集：第 4 卷 [M]. 北京：人民出版社，1972：45.
② 列宁. 列宁选集：第 4 卷 [M]. 北京：人民出版社，1972：710.
③ 列宁. 列宁全集：第 33 卷 [M]. 北京：人民出版社，1957：66.
④ 列宁. 列宁选集：第 3 卷 [M]. 北京：人民出版社，1972：420.
⑤ 列宁. 列宁选集：第 4 卷 [M]. 北京：人民出版社，1972：586.
⑥ 列宁. 列宁选集：第 4 卷 [M]. 北京：人民出版社，1972：711.
⑦ 列宁. 列宁选集：第 3 卷 [M]. 北京：人民出版社，1972：556.
⑧ 列宁. 列宁全集：第 27 卷 [M]. 北京：人民出版社，1958：269.

最完备的物质准备"。①

后来，随着苏联"战时共产主义"向"新经济政策"的过渡，列宁进一步深化了社会主义生产力发展理论，他认为："应当把商品交换提到首要地位，把它作为新经济政策的主要杠杆。"② 特别强调了商品生产对于发展社会生产力，对于向共产主义过渡的重要意义。

可见，取得政权的无产阶级应当将发展社会生产力作为头等重要的大事，充分利用社会主义制度优越的政治条件来迅速推动社会生产力的发展，创造出高于资本主义国家的劳动生产率，这是建立社会主义大工业基础、巩固和发展社会主义制度的必要条件。

从我们前面论述的观点看，要促进社会主义国家内部不同生产力发展水平的不同地区的协调发展，其根本实现方式在于营造相比较社会生产力高度发展的社会文化背景，并通过一定的方式实现向社会生产力后进地区转移，从而使这些地区生产力得到超常规发展。社会主义初级阶段的国家面临着大力发展社会生产力的迫切任务，要使生产力超常规得到发展，必须具备先进生产力的文化背景，没有这种文化背景，或称国际联系，社会主义国家生产力的超常规发展是难以实现的。

要做到这一点，一是要吸取资本主义制度所取得的先进的生产力以及经济制度等，即主要借助资本主义国家先进生产力的文化背景；二是借助其他社会主义国家先进生产力的文化背景。这样，社会主义生产力的超常规发展才是可以实现的。

无论是吸收资本主义一切文明成果还是求得世界社会主义国家的援助，都与教育活动密不可分。教育活动在改善劳动者素质和创造更高的劳动生产率方面担负着重要角色。实现民族教育超常规发展，并不是要改变社会主义发展的总趋势和总规律，而是在社会主义发展总趋势和总规律基础上求得生产力素质的超常规发展，从而创造在常规条件下不能得到的劳动力素质的改善程度，为尽快完成社会主义物质基础的建设过

---

① 列宁. 列宁选集：第4卷 [M]. 北京：人民出版社，1972：164.
② 列宁. 列宁全集：第32卷 [M]. 北京：人民出版社，1958：424.

程和推进社会主义民主政治的进一步完善创造条件。

在社会主义国家内部，相对后进地区超常规发展教育事业更为重要。一方面，由于民族地区相对后进性，客观上要求加速劳动力改善程度和加快劳动生产率提高程度，促进经济和文化各项事业的快速发展。另一方面，能够更好地发挥区域间的支援与合作，充分利用发达地区优越的文化背景条件，对贫困不发达地区，特别是民族地区采取大力扶持政策，加快民族地区劳动者素质的改善过程。

不难看出，民族教育超常规发展理论并没有脱离生产力和生产关系、上层建筑与经济基础矛盾运动过程的原理，而是这一原理在不发达的社会主义条件下的具体运用。

（二）教育发展不是直线的而是螺旋式发展的过程

人们在考察社会现象时，往往习惯于直线地去看待社会的历史和未来，其实社会发展也同其他事物发展一样，"不是按直线式进行的"，而是呈"螺旋式"发展的，是"渐进过程的中断"。①

对历史发展，英国历史学家汤因比认为："把进步看成是直线发展的错觉，可以说是把人类的复杂的精神活动处理得太简单化了。"② 日本学者堺屋太一也认为："人类历史的发展并不是一条直线的，从古代社会到现代社会的发展是曲折的，用现代社会的标准来看，有时甚至离开了正常轨道。"③

教育活动也与其他社会现象一样，其发展过程是非直线式的，呈螺旋式发展态势。

所谓教育的螺旋式非直线式发展，笔者认为主要是指教育发展中的曲折性，即就一般情况而言，虽然从某个国家或整个地区来讲，教育发展总是呈现发展性和前进性。但就某一范围内的教育活动而言，却存在

---

① 列宁. 列宁选集：第 2 卷［M］. 北京：人民出版社，1972：584.
② ［英］汤因比. 历史研究（上）（第 2 版）［M］. 曹未风，译. 上海：上海人民出版社，1966：48.
③ ［日］堺屋太一. 知识价值革命：工业社会的终结和知识价值社会的开始［M］. 金泰相，译. 北京：东方出版社，1986：131.

着教育的曲折发展性，它不总是持续前进的，而是曲折发展的过程。

教育活动的曲折发展，决定着教育活动的非中心性，即教育中心的转移性。当某一范围内的教育活动处于持续前进发展状态时，它理所当然地成为这一时期某一国家或某一地区的教育中心；而当这一范围内的教育活动处于曲折发展状态时，它便失去了一个国家或整个地区教育中心的地位，而被由曲折发展转化为持续发展的其他地区所取代。"在每个历史时期，最发达的文明地区的文化并不都是一致的，往往有很大的差别。"①

教育中心因此不是固定不变的。教育螺旋式非直线式发展状态，决定着教育中心既存在性又非固定性。

教育活动发展的曲折性，揭示了教育在一定时期一定地域范围内存在着差距现象，或称发展过程中的动态不平衡现象。从其表现形式看，既有教育发达地区与教育不发达地区存在着的整体发展水平上的差距，又有教育发达地区和教育不发达地区各自内部存在着的差距，同时还存在着由于教育中心的转移而形成的新的差距现象。

在不发达的社会主义国家，发达地区与民族地区之间在教育发展水平上的差距表现得十分明显，是亟待解决的第一类教育差距现象。因为这类差距不但体现在发展程度上，而且体现在教学内容、教学形式、教学方法等方面。而民族地区内部存在的教育差距现象则是第二类教育差距，是解决教育差距的另一对互相矛盾的方面。

教育活动相对优势中心的存在，客观上决定着教育活动相互影响并相互转化的必然性。

既然存在着不同地区教育水平上的差距，也就存在着不同教育水平和教育内容等方面的相互影响问题。从一般意义上讲，相互影响的授予方是相对先进的教育类型；而相互影响的接受方则是相对后进的教育类型。随着时间的推移，教育授予方和接受方可以发生转化。教育的发展

---

① ［日］堺屋太一. 知识价值革命：工业社会的终结和知识价值社会的开始［M］. 金泰相，译. 北京：东方出版社，1986：131.

不断地表现为教育活动的相互影响过程，使教育的不平衡性和相互影响成为教育发展的绝对规律。

这种形态下的教育活动的相互影响，其实质是教育先进因素的转移过程，即由相对先进教育类型向相对后进教育类型转移其教育思想、教育制度、教学内容和教育方法等。这种转移，可以促使相对后进教育类型加速量的积累和质的飞跃，迅速提高整体教育水平。

实现教育的超常规发展，是教育事业发展中质的变化的主要形式。由于教育的相互影响是一个不可完结的历史过程，因而教育超常规发展也表现为不间断过程。所不同的只是地区或范围的差别。

社会制度对教育差距地区之间的相互影响起重要作用，它直接影响教育因素转移的程度。中国历史上，历代统治者对少数民族采取压迫、剥削、奴役的民族政策，造成各民族间的歧视、隔阂和战争，甚至迫使有的民族迁徙至边远地区，致使我国少数民族长期被贫穷和愚昧所困扰，这无疑阻碍着先进教育因素的转移过程。在社会主义条件下，建立了平等、团结、互助的新型民族关系，这无疑对教育先进因素的转移起促进作用。

（三）教育活动不总是呈缓慢渐进发展状态，也呈发展的跳跃性特点

客观事物发展变化的基本模式不外乎两种：一种是渐进发展，即量的不断积累过程；另一种是"飞跃式的""剧变的"① 发展，即质的阶段性突变过程。这后一个过程同样有着不同的表现方式，既可以是事物发展由量变到质变的转化，即旧质消失和新质形成过程；又可以是事物渐进发展过程中的加速度现象，即原有事物在发展层次上的提高。人类社会活动的复杂性，使事物发展形式呈现多样化的特点。

教育发展与其他事物发展有着相一致的地方，既有缓慢发展时期，亦有跳跃发展时期，具有非均衡发展的特点。

---

① 列宁. 列宁选集：第 2 卷［M］. 北京：人民出版社，1972：584.

　　所谓教育发展的非均衡性，是指教育发展过程中表现出来的波动特性。虽然从一个国家或整个地区的大范围来讲，教育发展往往呈现持续发展的渐进过程，但就某一小范围内的教育活动而言，则存在着发展中的波动性，并不总是持续发展，不仅会随时间的推移产生速度上的差别，还会出现发展程度上的差别。

　　在不发达的社会主义国家，教育活动在发展速度和发展层次上的差别也十分明显。在教育发达地区，教育发展层次相对较高，教育发展速度相对较快；而在教育不发达地区，则一般表现为发展层次相对较低和发展速度相对较慢。此外，在教育发达地区和教育不发达地区内部也同样存在着在发展速度和层次上的差别。

　　当前亟待解决的问题是民族地区教育在发展层次上偏低和在发展速度上偏慢的问题。

　　教育活动发展的非均衡性同样能够形成相对优势中心，同时也决定着教育活动相互影响并相互转化的必然性。一般而言，教育发展层次高和发展速度快的教育优势中心，能够通过辐射作用带动教育发展层次低和发展速度慢的地区，并促成教育不发达地区教育活动的超常规发展，以至缩小和最终消除地区间教育上的差距，达到在新的基础上的和谐与平衡。这种形式下的教育活动的相互影响，同样是教育先进因素在一定条件下发生转移的过程。

　　社会制度同样是制约不同层次和不同发展速度教育活动之间相互影响程度的重要因素，对教育先进因素向教育后进地区转移的实际效果产生影响。

　　在有剥削阶级存在的社会里，教育活动更多地表现为相互隔绝状态，使教育中心转移存在着制度和阶级属性的障碍，教育超常规发展比较难以实现，以至于我国不少少数民族长期处于文化封闭环境中，严重地制约了这些地区的经济和文化事业的发展，教育不平衡现象十分明显。

　　在社会主义条件下，由于民族间的共同利益和社会主义性质，民族地区与国内发达地区的联系日益增强，表现在教育上，则更多地表现为不同教育层次和不同发展速度的相互影响。教育中心的转移不存在制度和阶级属性的障碍，从而使教育先进因素转移的速度更快，转移的程度得以提高。社会主义制度为民族教育超常规发展提供了制度保障。

二、民族教育在历史上曾实现过超常规发展

（一）中国古代教育史的证明

在中国古代教育史上，我国民族地区曾受到汉民族文化或外来文化的影响，使民族教育发轫、发展和不断完善，实现了从原始教育形态向学校教育形态的超常规发展，这种超常规发展的标志是学校教育制度在民族地区的建立。

据史料记载，我国土家族学校教育始见于汉代。东汉统治阶级为了培养土家族出身的习染汉民族文化的上层代表人物，曾向土家族地区输送以汉民族文化为主要内容的教育，以改变"其俗少学者而信巫鬼"的社会风气，从而实现了土家族教育从原始教育形态向学校教育形态的转化。①

我国藏族教育在公元 7 世纪前仍是原始的教育形态，教育活动是在生产、生活中进行的，家长对子女、长者对少者采用言传身教方式传授生产技能和生活知识。随着佛教的传入，藏区开始创制藏文，并参照唐制订立各种典章制度，聘请中原以及印度、尼泊尔的僧人翻译佛教经典。8 世纪初，迎请印度僧人寂护、莲花生等人入蕃，创建了第一座佛教学经寺院，开佛教寺院教育之先河。

我国的维吾尔族也曾受到汉民族文化的影响，接受过儒学教育。唐代高昌地区就设置有官学和义学。《北周书·异域传》记载：高昌地区"文学亦同华夏，兼用胡书，有《毛诗》《孝经》，置学官弟子，以相教授，虽习读之，而皆为胡语"。可见，汉族地区的教育制度、办学形

---

① 孟立军. 试论土家族教育发展的历史特点 [J]. 民族论坛. 1994 (4).

式、教育内容都在高昌回纥中流行，并用双语进行教学。①

一般而言，从不同民族教育发展程度比较来看，那些较早地受到汉民族文化或外来文化影响的民族，教育发展水平都比较高，社会发展也比较快。从民族内部不同地域比较来看，那些更靠近汉民族地区或异民族地区的边缘地区，其教育和社会发展程度也相对较高。这也在一定程度上证实了异水平教育活动以及异文化教育活动互动的史实。

（二）中国近代教育史的证明

在中国现代教育上也曾出现过民族教育超常规发展的现象，其中最为典型的是在抗日战争时期。② 这期间，我国曾出现过以中等以上部分学校内迁和内地兴学为主要特点的教育中心转移现象。当时内迁学校数量之大和层次之多，在中国教育史上是没有先例的。

在内迁的学校中，高等学校是比较典型和影响最大的方面，计有37所高等学校迁往内地，占当时仍维持办高等学校总数的45%。如北京大学、清华大学、南开大学在合办"长沙临时大学"后再次迁往昆明，成立了西南联合大学；北平师范学院、北洋工学院、河北省立女师一部迁到陕西城固，成立了西北联合大学；南京中央大学迁四川重庆；东北大学迁四川三台；浙江大学迁江西吉安，后又迁到贵州遵义等。③

据云南省教育厅1938年统计，移滇的大专院校除西南联大外，还有中山大学（澄江县）、同济大学（昆明）、私立北平中法大学（昆明）、私立华中大学（大理县）、中央政治学校（大理设分校）、国立国术体育专科学校（昆明）、国立艺术专科学校（禄丰县）、中正医学院（昆明）、唐山工学院和上海医学院等。④

---

① 教育大辞典编纂委员会. 教育大词典：第4卷［M］. 上海：上海教育出版社，1992：8.

② 孟立军. 抗战时期教育中心内移及其对民族教育的影响［J］. 中南民族学院学报，1995（6）.

③ 高奇. 中国现代教育史［M］. 北京：北京师范大学出版社，1985：240.

④ 云南省教育志编纂委员会办公室. 云南教育大事记［M］. 昆明：云南大学出版社，1989：64.

高等学校内迁，使全国高等教育布局和学校分类都发生了重大变化。

为安置沦陷区被迫流亡的青年学生，我国从 1937 年开始设立国立中学。抗日战争期间，在河南、陕西、甘肃、四川、贵州、广西、青海、宁夏、绥远、重庆等省市设立国立中学 23 所，国立华侨中学 3 所，国立中山中学 2 所，国立女子中学 2 所，改办中学 4 所，共计 34 所。其中学生达千人以上的有 12 所，500 人以上的有 13 所，500 人以下的有 5 所。① 除普通中等学校外，还设立有国立四川造纸印刷职业学校、国立商业职业学校、国立师范学校等 14 所中等专业学校。②

此外还有大量迁往内地的中等学校和移居内地教育界人士兴办的学校等。

湖北省恩施也是受这次教育中心转移影响最重要的地区之一，使昔日这块边远偏僻地区一跃成为湖北省政治、经济和文化中心，教育活动受到深刻和深远的影响。

迁往恩施地区或重建的学校数量很多，包括学前教育、初等教育、中等教育、中等职业技术教育、高等教育等各个办学层次。以中等学校为例，成立了湖北省联合中等以上学校，巴东、建始、恩施、鹤峰、咸丰等地都设有联中分校。在恩施，由内迁的省立 13 中、汉口市立 1 中、省立荆州 8 中、省立宜昌 4 中、私立武昌中华大学附中、私立武昌大公中学、私立武昌育杰中学的初中部成立了联中恩施初中分校。由武昌第1 女中、汉口第 1 女中、江陵中学女生部、宜昌中学女生部成立了联中恩施女子高中分校。由省立 13 中、汉口市立 1 中、省立荆州 8 中、省立宜昌 4 中、私立武昌中华大学附中、私立武昌大公中学、私立武昌育杰中学的高中部成立了联中恩施高中分校。此外在恩施县境内还有屯堡女子初中分校、联中恩施职业学校等。

---

① 华东师范大学教育系、教科所. 中国现代教育史［M］. 上海：华东师范大学出版社，1983：359.
② 高奇. 中国现代教育史［M］. 北京：北京师范大学出版社，1985：240.

抗日战争时期教育中心转移现象，对我国边远地区教育，特别是我国的民族教育产生了重大影响，主要表现在这样几个方面。

1. 民族地区教育整体水平有所提高

这可以从学校的数量上得到证明。不少内迁高等学校和中等学校都是全国一流水平的学校，其中一批学校抗战期间一直在民族地区办学，这给这些地区的教育以重要影响。此外，新建的学校数量也很多，从全国高等学校数量来看，1937 年全国共有高校 91 所，到战后的 1947 年已有高校 207 所。[①] 从中等学校数量来看，除兴办有国立中学、国立师范学校和国立职业学校等外，各地还兴办了大量的学校。如中等师范学校从抗战开始后的 364 所，发展到 1945 年的 770 所，1946 年达到 902 所。[②]

再以湖北省恩施为例，抗战前恩施除小学外只有 1 所普通初级中学，供鄂西 7 县学生就读，普通中等教育发展缓慢。而据 1942 年统计，恩施县境内已有大学 4 所、中等职业学校 5 所、普中 3 所、各级各类小学 333 所。[③]

教育中心的转移使相对后进、封闭地区的教育事业得到发展，整体水平有所提高。

2. 教育发展不平衡状况有所改善

抗日战争爆发前高等学校分布不平衡，主要集中于上海、北平等少数城市及沿海地区，内地高校为数极少。据资料显示：1931 年全国的高等学校中，上海 22 所，北平 15 所，广东、河北各 8 所，湖北、山西各 6 所，江苏 5 所，浙江、江西、福建各 4 所，湖南、广西、云南、河南、山东、辽宁各 2 所，安徽、四川、新疆、甘肃、吉林、察哈尔各 1 所。而热河、绥远、陕西、贵州、青海、宁夏、西康、西藏、黑龙江等

---

① 毛礼锐，沈灌群. 中国教育通史：第 5 卷 [M]. 济南：山东教育出版社，1988：296.
② 毛礼锐，沈灌群. 中国教育通史：第 5 卷 [M]. 济南：山东教育出版社，1988：308 −309.
③ 孟立军. 抗战时期教育中心内移及其对民族教育的影响 [J]. 中南民族学院学报，1995 (6). "

偏远省份无一所专科以上的学校。①

教育中心转移使高等学校这种分布不平衡状况有所改善，学校数量增加较多的是四川、贵州、云南等省及西北地区。抗战前只有 1 所高校的四川省在抗战后已拥有大专院校 14 所。抗战前无一所高校的陕西省抗战后已有了国立西北农学院和私立知行农业专科学校等。甚至连边远偏僻的湖北省恩施也建立了国立湖北师范学院和省立医学院、工学院、农学院等。

3. 民族地区的教育质量有所提高

内迁学校大多来自教育比较发达的华北和华东地区，大量学校的迁入，使大批富有教学经验和学术专长的教师来到内地，对我国边远地区特别是民族地区的教育质量提高起到了积极作用。他们带来了进步的教育思想和教育传统，带来了丰富的教学和管理经验，这些是这些地区极为缺乏的。

1938 年 8 月云南举办中等学校各科教员讲习讨论会。省、市、县立的中、师、职学校计 62 校 155 名教师参加，其中国文科 45 人，英语科 18 人，史地科 27 人，数学科 26 人，理化科 15 人，生物科 11 人，教育科 13 人。到会讲课的有楚图南、华罗庚、刘文典、冯友兰、陈雪屏、倪中方等。② 湖北省教育厅 1942 年在恩施设立国民教育示范区，创办了实验中学、实验小学，其教学方法使本地教师耳目一新。③ 这些培训措施和学校的教学实践对民族地区教育事业的发展特别是教学水平的提高起到了促进作用。

4. 增强了民族地区办学积极性

抗战前一直致力于打内战的国民党政府，不仅不关心各少数民族聚

---

① 毛礼锐，沈灌群. 中国教育通史：第 5 卷 [M]. 济南：山东教育出版社，1988：294.

② 云南省教育志编纂委员会办公室. 云南教育大事记 [M]. 昆明：云南大学出版社，1989：66.

③ 孟立军. 抗战时期教育中心内移及其对民族教育的影响 [J]. 中南民族学院学报，1995（6）."

居地区的教育事业，而且连陕西、甘肃、四川、云南、贵州等内地各省教育事业也无暇顾及。以至于有的省无一所高等学校，甚至中等学校也寥寥可数。

我国西南、西北地区文化教育长期落后，教育基础薄弱，教育发展缓慢，教育观念陈旧，办学积极性不高。教育中心转移现象客观上使这些地区学校数量剧增，改变了过去这些教育不发达地区办教育的观念，使其办学积极性得到空前提高，兴办学校蔚然成风。如在云南大理地区，抗战期间就先后增设了省立祥云简师（1938 年）、漾濞简易师范学校（1938 年）、宾川简易师范学校（1938 年）、私立高级护士助产职业学校（1940 年）、私立福音高级护士职业学校（1945 年）、私立喜洲高级护士职业学校（1945 年）等多所学校。抗战期间，内地各省人民对我国教育事业的发展做出了重大贡献。

5. 增加了民族地区学生的入学机会

抗战期间曾对中等以上学校的学生实行贷金或公费制度，从而增加了学生入学机会，其中也包括本地学生。

此外，还采取了一些有利于民族地区学生学习的政策，如在原有助产、护士、工业等 4 所国立职业学校基础上增设了造纸、印刷、水产、农业、机械、商业、歌剧 7 所国立职业学校。并在西康、青海、甘肃、宁夏和四川松潘、犍为等民族地区陆续增设了 8 所国立边疆职业学校。

因考虑到边疆地区初中尚欠发达的情况，这些边疆职校多为招收高小毕业生的 4 年制初级职业学校，学制较一般职校延长 1 年，以加大语文教育及兼习部分师范课程。也有以招收初小毕业生修业 5 年的初级职业学校。教育部规定：对当地学生中程度较差或语言生活习惯特殊的学生给予适当照顾，可设置预备班，经补习后再升入职业学校。还可设短训班，招收 15～30 岁的边疆青年，分别给以瓦工、木工、纺织、酿造等技术的训练，结业后以应边疆社会之急需。

1939 年至 1947 年间，还曾在云南、贵州、青海、甘肃、宁夏、新疆等民族地区设立国立边疆师范学校。此类学校不与内地师范学校相同招收初中毕业生，修业 3 年，而是与内地简易师范学校一样招收高小毕业生，修业 4 年。按规定：确因学生语言习惯差异或学业程度不符合标准，而不宜随班上课且 20 人以上者，可设边生补习班，给以公费，补习 1~2 年后通过入学考试者转为正式师范生。①

为解决云南中等学校师资不足的问题，1941 年从中学毕业生中选拔 60 名免试入西南联大师范学院学习。

这些特殊措施，为民族地区的学生提供了更多的学习机会，目前在我国民族学界和教育学界的不少知名学者就是这期间培养出来的。

6. 民众科学文化水平有了一定程度的提高

抗战期间，国民党政府为了加强其统治，曾推行"新县制"和国民教育制度，加强了对社会教育的控制。要求在乡（镇）设中心国民学校，保设国民学校。中心学校和国民学校内部分为小学部和民众教育部两个部分，乡（镇）长、中心国民学校校长和国民学校校长由 1 人担任。学校教员兼乡（镇）、保的文化干事。将民众补习教育与义务教育统一在乡（镇）、保国民学校中进行。

湖北省于 1938 年 4 月成立社会教育工作团，迁入鄂西后继续做激发民众爱国热情、宣传抗日的工作。由于团内有些成员是中共党员，工作较有起色。1940 年还曾在恩施杨家湾创办实验民众学校 1 所，以指导民众教育工作。1940 年后，在中心学校和国民学校设小学部和民教部。民教部设初级成人班及初级妇女班，开设国语、三民主义、珠算或笔算等课程，有条件的还兼授历史、地理、卫生等。这些教育活动在一定程度上改善了民众文化素质。

7. 为民族教育奠定了一定基础

教育中心的转移，不仅给边远民族地区带来教育事业的空前繁荣，而且也在一定程度上为这些地区的教育奠定了基础，可以表现在两个方面：一是内迁学校对民族地区的影响；二是这些边远地区形成的教育能

---

① 毛礼锐，沈灌群. 中国教育通史：第 5 卷［M］. 济南：山东教育出版社，1988：313.

力以及战后部分内迁学校仍留在民族地区。

抗战胜利后，全国教育善后复员会议决定：国立专科以上学校，一部分迁回收复区，一部分留设后方，另一部分因战争停顿者予以恢复。为了解决陕、新、川、康、滇、桂、甘、黔等后方省教师不足的问题，曾采取措施奖励那些仍留在这些地区坚持服务的专科以上学校的教师。

1945 年，湖北省政府东迁离开恩施后，省立第七师范学校、省立第七高级中学、省立农学院附属高级农业职校仍留在恩施。中华人民共和国成立后，这些学校分别发展成为恩施师范专科学校（湖北民族学院前身）、恩施州高级中学和恩施州农业学校，为鄂西经济社会发展和人才培养做出了积极贡献。

8. 促进了民族教育事业的改革

教育中心的转移，使边远地区，特别是民族地区教育思想实现了更新，促进了民族教育事业自身的改革。

1940 年，私立昆明回族明德中学训导主任沙儒诚被昆明市回教俱进协会聘任为该校校长。他对校务进行了积极改革：改变自办阿文学校以来只授阿拉伯文经文课的传统，主要开设包括音、体、美在内的所有普通中学课程；用汉语授课；并广纳人才，聘任非回族教师任教，当时西南联大学生李辰等多人被聘任为该校教师；实行招生制度的改革，招收女生，实行男女生同校，1941 年招收沙文美、李士英、杜锦华等第一批女生。①

此外，抗战时期教育中心转移，对我国民族学科的发展也产生了十分积极的影响。我国老一辈的社会学家、民族学家不少都曾在这一时期对我国南方少数民族进行过大量的实地调查，丰富了我们对我国少数民族的认识，促进了我国民族学科的形成与发展，为发展我国民族教育事业、促进民族地区的经济社会发展等方面提供了理论指导。

当然，这种特殊历史条件下的教育中心转移也具有历史的局限性，

---

① 云南省教育志编纂委员会办公室. 云南教育大事记 ［M］. 昆明：云南大学出版社，1989：73.

不能不带有那个时代落后的一面，这种情况也在一定程度上给民族地区教育带来不利影响。

这种不利影响可以表现在以下方面：一是造成教育事业发展的虚假现象；二是部分学校教学质量严重"滑坡"；三是国民党政府反动政治目的阻碍教育真正目的的实现；四是学校经费管理比较混乱，贪污办学经费的现象时有发生等。

笔者翻阅各种资料罗列其上内容的目的，无非是想说明，在教育中心转移的影响下，民族地区教育的超常规发展是完全可以实现的。尽管抗战时期是十分特殊的历史条件，但相对先进教育对相对后进教育的影响，并促进相对后进教育超常规发展则是确定无疑的，所不同的只是条件和发展程度的各异。

三、民族教育在社会主义条件下能够得到更充分的发展

社会主义制度的建立，为民族教育的超常规发展提供了制度保证，使民族教育从此步入了持续健康发展的轨道。

为了促进我国民族教育事业的发展，党和政府根据我国民族教育的实际，制定了一系列发展民族教育的特殊政策和措施，实现了民族教育在当代社会主义实践中的超常规发展，取得了令世人瞩目的巨大成就：一是提高了全党、全国各族人民对民族教育工作地位的认识；二是初步建立起结构合理的有中国特色的民族教育体系；三是各级各类教育质量有了明显提高；四是办学效益不断增强；五是少数民族群众科学文化素质有了极大改善等。

民族教育已从量的渐进变化发展到质的突变。

（一）单一民族实现发展的证明

从一个民族教育水平的提高，也能说明民族教育超常规发展的可行性。

赫哲族是世代居住在我国松花江、黑龙江与乌苏里江沿岸的以捕鱼为主、狩猎和采集为辅的一个民族。中华人民共和国成立前由于受到内

外反动统治阶级的残酷压迫和剥削，生产落后，生活贫困，到 1945 年只剩下 300 多人，濒临灭绝。全民族几乎全是文盲，只有 3 名小学生。①

中华人民共和国成立后，党和政府为赫哲族修建学校，选派教师，发给教育补助费，帮助赫哲族发展文化教育事业，使赫哲族教育事业迅速崛起。到 1960 年，该族适龄儿童已全部入学；在青壮年中已基本上扫除了文盲。据 1982 年人口普查资料显示，赫哲族每千人中有大学程度的 25.25 人，高中程度的 208.8 人，初中程度的 230.4 人，小学程度的 293.5 人。1988 年，普及了小学教育，入学率为 100%，巩固率为 96%，毕业率为 94%。② 1982 年全国每万人在校大学生比例为 15.5 人，而赫哲族却高达 298.5 人。③ 文盲半文盲占 12 岁以上人口比例比汉族低 17 个百分点，劳动力分布在第三产业的比例，1982 年便高达 42.9%，名列中国各民族之首，已接近中等发达国家水平。④ 据国家统计局 2010 年第六次全国人口普查数据显示：受教育程度的 6 岁及以上人口中，小学文化程度的占 16.60%，初中文化程度的占 36.98%，高中文化程度的占 18.62%，大专文化程度的占 11.62%，大学文化程度的占 12.89%，研究生文化程度的占 1.38%。

不仅如此，据 1990 年第四次全国人口普查资料表明，我国已有 13 个少数民族文化教育水平明显高于全国平均水平，其中就包括赫哲族。赫哲族教育事业的发展和受教育程度的提高，无疑说明了民族教育超常规发展在社会主义制度下的可行性。

我国西藏教育事业在社会主义条件下也实现了历史性的跨越。

和平解放前夕，整个西藏包括私塾在内还不到 10 所学校。据西藏

① 杨荆楚，王戈柳. 我国的民族区域自治：毛泽东对马克思主义民族理论的贡献 [J]. 民族研究，1994 (1).
② 教育大辞典编纂委员会. 教育大词典：第 4 卷 [M]. 上海：上海教育出版社，1992：51.
③ 杨荆楚，王戈柳. 我国的民族区域自治：毛泽东对马克思主义民族理论的贡献 [J]. 民族研究，1994 (1).
④ 张天路. 赫哲族的平等、生存权利与人口兴衰 [J]. 民族团结，1992 (3).

调查组 1959 年对江洛金等五个庄园的调查，在 581 人中，不识字的有 550 人，占 94.7%。通过国家帮助和西藏人民群众的努力，西藏教育得到迅速发展。到 20 世纪 90 年代，西藏全区大、中、小学校学生共有 17.7 万人，是 1959 年学生总数的 10 倍多，其中藏族和其他少数民族学生 15.4 万人，占学生总数的 87%，学龄儿童入学率为 53.1%，在校学生年巩固率为 91%。全区人口中具有大专以上文化程度的有 1.26 万人，中专、高中文化程度的有 4.66 万人，初中文化程度的有 8.45 万人。全区职工中已有 75% 的人受过小学以上的教育，农牧区青壮年中已有 30% 的人初步识字或达到初小以上文化程度，文盲、半文盲已由中华人民共和国成立前占人口总数的 95% 左右下降到现在的 44.43%。①

延边朝鲜族教育发展水平一直较高，在全国少数民族教育中创造了"60 年，六个全国第一"。即第一个基本普及小学教育，第一个基本普及初中教育，第一个实现青壮年扫盲，第一个在全国少数民族地区建立盲聋哑学校，第一个在全国少数民族地区建立综合性大学，第一个建立农民大学。延边州从中华人民共和国成立之初文盲人口比例高达 80%，到如今成为全国教育强州；从 1952 年完成普及小学教育，到目前每万人口中具有大学以上文化程度的人数达到 1034 人。② 延边州在中华人民共和国成立后所发生的这种奇迹般的变化，体现了社会主义条件下民族教育超常规发展的可行性。

（二）单一国家实现发展的证明

从苏联少数民族文化水平的提高，也可以证实民族教育超常规发展的可行性。

发展民族教育，提高人民群众的文化水平，一直是苏联民族政策的重要方面。据美国弗吉尼亚大学格特鲁德 E·施罗德教授的研究表明，苏联在少数民族教育方面取得的成就是巨大的。1922 年 9~49 岁人口

---

① 周润年. 西藏教育大发展的四十年 [J]. 中央民族学院学报，1991 (4).
② 数说延边教育 [J]. 民族画报，2017 (1).

的脱盲率，乌克兰为 63.8%，塔吉克只有 3.8%。到 1970 年，这个年龄段的人已普遍脱盲。在原所有共和国及其命名民族中，教育水平有显著提高。1959—1979 年间，在 10 岁以上（包括 10 岁）的人口中完成高等教育的人数增加了两倍，格鲁吉亚和阿塞拜疆增加了 1 倍，白俄罗斯增加了 4 倍。

城乡居民平均受教育水平的差别也在缩小。1979 年城市地区就业人口中中学毕业生的比例，立陶宛为 56%，格鲁吉亚为 81%，而 1959 年这一比例则分别是 24% 和 46%。在农村地区受过高中教育的工人比例，立陶宛是 29%，乌兹别克为 62%，而 1959 年这一比例分别为 4.5% 和 15.8%。1979 年，中亚和外高加索诸共和国的农业工人所受教育状况要好于其他共和国，3 个人口普查年资料显示，这些加盟共和国城市工人受教育水平超过苏联全国平均水平。[①]

从苏联少数民族受教育状况的变化，也说明了民族教育超常规发展是可行的。

要么让民族地区的教育水平长期落后下去，要么采取积极措施，实现民族地区教育事业超常规发展，尽快赶上和超过教育发达地区。民族教育超常规发展是民族地区历史和现实的必然选择。

社会主义制度为民族教育超常规发展提供了良好的政治社会环境。在社会主义条件下，民族教育能够实现与历史上相比更大跨度的跳跃。民族教育在社会主义条件下的实践，已经充分证实了民族教育超常规发展的可行性。

---

① ［美］罗伯特·康奎斯特. 最后的帝国：民族问题与苏联的前途［M］. 刘靖北，刘振前，译. 上海：华东师范大学出版社，1993：160 - 162.

第五章

民族教育超常规发展的战略实施

民族教育超常规发展不但需要在理论上证明其必要性、必然性和可行性，而且需要在实践上找到对策的支撑。因此，民族教育超常规发展实施过程的研究理所当然地成了本书的重要内容。

实现我国民族教育超常规发展是一项系统工程，需要多方面的发展相配合。要实现我国民族教育在新形势下的超常规发展，亟待研究和解决的问题还很多，而且民族教育超常规发展问题又是一个全新的理论与实践问题，不可能面面俱到，本书只能择其要点，从实现民族教育超常规发展的条件与因素、民族教育超常规发展需要处理好的几个关系、实现民族教育超常规发展的实施步骤以及民族教育超常规发展的测试和衡量标准四个方面分别论述。

第一节　重点扶持与自主发展相结合

我国民族教育超常规发展的总原则、总政策是国家重点扶持与民族地区自主发展相结合。

一、重点扶持是实现超常规发展的重要条件

从前面本书给民族教育重点扶持所下的定义来看，其含义主要包括三点。第一，从重点扶持的主体与客体的行政隶属关系看，是指党和各

级政府部门在其职权范围内给予民族教育的特殊援助。第二，从重点扶持的援助类型来看，不但包括经费、设备等有形物质上的支持，而且包括在政治上、政策上等方面无形非物质的支持。第三，从重点扶持实际实施过程来看，既要对民族教育类型加以区分并分别对待，又要从整体上考虑全面推进支持民族教育的发展。①

对民族教育采取重点扶持政策是党和政府一贯坚持的重要思想，是我国教育政策有重点地向民族教育方面倾斜的重要理论依据，这一思想主要反映在党的一些重要文献和国家颁布的有关法律法规文件中。

1949 年公布的《中国人民政治协商会议共同纲领》就曾指出："人民政府应帮助各少数民族的人民大众发展其政治、经济、文化、教育的建设事业。"② 一届人大一次会议通过的宪法也强调要"帮助各少数民族发展政治、经济和文化的建设事业"③。这之后，五届人大五次会议通过的宪法和六届人大二次会议通过的《中华人民共和国民族区域自治法》又分别进一步阐述了这一思想："国家根据各少数民族的特点和需要，帮助各少数民族地区加速经济和文化的发展。"④ "国家根据国民经济和社会发展计划，努力帮助民族自治地方加速经济和文化的发展。"⑤ 1985 年颁布的《中共中央关于教育体系改革的决定》也指出：国家"帮助少数民族地区加速发展教育事业"⑥。

对民族教育采取重点扶持政策的思想还集中地体现在国家有关部委制定的文件中。教育部、国家民委《关于加强民族教育工作的意见》指出："国家应采取特殊措施，重点扶持民族教育，逐步建立适合少数

---

① 孟立军. 论民族教育的自主发展与重点扶持 [J]. 中南民族学院学报，1995（1）.
② 民族政策文献汇编 [M]. 北京：人民出版社，1953：1.
③ 民族政策文件汇编：第二编 [M]. 北京：人民出版社，1958：2.
④ 全国人民代表大会常务委员会办公厅. 中华人民共和国第五届全国人民代表大会第五次会议文件 [M]. 北京：人民出版社，1983：35.
⑤ 全国人民代表大会常务委员会办公厅. 中华人民共和国第六届全国人民代表大会第二次会议文件汇编 [M]. 北京：人民出版社，1984：82.
⑥ 人民教育出版社. 教育改革重要文献选编 [M]. 北京：人民教育出版社，1986：19.

民族地区特点的民族教育体系。"① 1981 年召开的第三次全国民族教育会议也提出："发展民族教育，仍然需要国家和地方继续采取特殊措施，在人力、财力、物力上给予重点扶持。"②

重点扶持民族教育，是实现民族教育发展的必备的外部条件。说它是必备条件，主要是针对那些原有教育基础薄弱地区而言的。对这些地区来讲，外部强有力的扶持往往是至关重要的发展因素。如果没有这种外部扶持力量，要使这些地区的民族教育迅速起步，赶上或超过原有基础较好地区的教育水平，并为今后的进一步发展打下坚实的基础，是难以想象的。缺少外部条件的扶持，至少会使这些地区教育长期处于徘徊状态，以致失掉良好的发展机遇，影响民族教育乃至全国教育的整体发展水平。

民族教育的重点扶持，其理论依据在于政府宏观调控的必要性。民族教育与全国教育整体水平的差距性以及民族教育内部发展的不平衡性，客观上增加了民族教育工作对政府有关部门实施宏观调控的依赖性。充分发挥政府有关部门的作用，统筹兼顾促进民族教育均衡发展，提高民族教育的整体水平，是实现民族教育发展，特别是超常规发展的重要的外部条件。

民族教育的重点扶持的另一个理论依据在于民族教育发展的跳跃性特点。比较有利的外部环境可以促使民族教育在较短时间内完成超常规发展的过程，步入良性循环的轨道。这在客观上也要求对民族教育实行重点扶持的政策。

政府有关部门对民族教育的重点扶持以及宏观调控功能的发挥，是通过贯彻民族教育特殊政策来实现的。这不但要求有重点扶持的特殊政策，而且有赖于政府有关部门宏观管理的科学化、民主化。既然帮助民族教育事业发展是我国民族工作的重要组成部分，那么，促进民族教育

①　国家教育委员会民族地区教育司. 少数民族教育工作文件选编：1949—1988［M］.
　　呼和浩特：内蒙古教育出版社，1991：93.

②　国家教育委员会民族地区教育司. 少数民族教育工作文件选编：1949—1988［M］.
　　呼和浩特：内蒙古教育出版社，1991：114.

持续有序发展便成为政府部门应尽的政治责任。因而，有关宏观决策管理部门要站在这样的高度，认真研究民族教育问题，制定有利于民族教育健康发展的政策和措施，主动推动民族教育的发展。

在我国民族教育实践中，为了帮助民族地区发展教育事业，政府有关部门采取了很多积极的影响深远的扶持措施，有力地推动了我国民族教育的发展。第一次全国民族教育会议期间就曾重点解决了民族教育的机构、师资和学生待遇等亟待解决的问题。如在各级人民政府教育行政部门设置民族教育行政机构；采取积极有效的措施培养民族地区严重缺乏的师资；从物质上给予民族学生以实际帮助等。为了解决民族教育经费的不足，要求各地人民政府除按一般开支标准拨给民族地区教育经费外，还应该按经济情况及教育工作另拨专款，帮助解决少数民族学校的设备、教师待遇、学生生活等方面的特殊困难。并建议从支援经济不发达地区发展资金、边境地区事业补助费、边境地区基建补助费中划出适当比例，作为发展民族教育之用。为了解决民族地区民族学生入学难的问题，国家在边远地区、山区、牧区及其他经济文化落后的少数民族地区开办了寄宿制民族中小学，实行管住、管吃、管穿、管学习的制度。为了加强民族教育师资队伍建设，经国务院批准，边境136个县（旗）、市中小学民办教师（职工）经考核合格者可全部转为公办教师。为了提高民族学生高考的入学比例，国家在有关高等学校举办民族班，并在高考录取中实行"同等成绩，优先录取"的办法。为了支援边疆地区民族教育的发展，国家还组织了对边疆地区教育援助工作，等等。

党和政府采取的一系列对民族教育重点扶持的政策，促进了民族教育的发展，改善了民族地区师资队伍的基本素质，为民族教育发展打下了坚实的基础，收到了十分明显的效果。

只要我们始终不移地坚持重点扶持民族教育的政策，将推动民族教育事业的发展作为我国民族工作的大事来抓，就一定可以使民族教育打破常规发展模式的束缚，得到超常规的发展速度，将民族工作不断地推向前进。

二、自主发展是实现超常规发展的重要因素

从前面本书给民族地区自主发展所下的定义来看，就是指民族自治地方的自治机关可以根据民族地区的实际需要与可能独立自主地发展本地区的教育事业。其含义包括三点。第一，发展民族教育事业必须在不违背我国宪法有关法律文件精神的前提下来进行。实施过程应当符合我国的基本大法的精神。第二，必须以制定特殊的民族教育政策和措施为条件，这是民族教育实现自主发展的客观要求。第三，必须从本地实际出发，不应强求同步发展。这是实现民族教育事业健康发展的基本要求。

自主发展民族教育是我国民族教育理论的重要原则。1952 年政务院第 125 次政务会议通过的《中华人民共和国民族区域自治实施纲要》在规定自治权力时指出："各民族自治区自治机关得采取必要的和适当的办法，发展各民族的文化、教育、艺术和卫生事业。"① 这期间虽然没有十分明确地提出民族地区自主发展教育的思想，但实际上已阐述了发展民族教育必须根据民族特点来进行，要选择恰当的方法与途径的思想。对这一思想进行比较完整表述的是 1954 年一届人大一次会议通过的宪法。该宪法指出："自治机关可以依照当地民族的政治、经济和文化的特点，制定自治条例和单行条例，报请全国人民代表大会常务委员会批准。"② 1982 年五届人大五次会议通过的宪法也进行了进一步阐述："民族自治地方的自治机关自主地管理本地方的教育、科学、文化、卫生、体育事业，保护和整理民族的文化遗产，发展和繁荣民族文化。"③

对自主发展民族教育思想阐述得最为完整的是 1984 年颁布的《中

---

① 民族政策文献汇编［M］. 北京：人民出版社，1953：167.
② 民族政策文件汇编：第二编［M］. 北京：人民出版社，1958：2.
③ 全国人民代表大会常务委员会办公厅. 中华人民共和国第五届全国人民代表大会第五次会议文件［M］. 北京：人民出版社，1983：61.

华人民共和国民族区域自治法》。该法指出："民族自治地方的自治机关根据国家的教育方针，依照法律规定，决定本地方的教育规划，各级各类学校的设置、学制、办学形式、教学内容、教学用语和招生办法。""民族自治地方的自治机关自主地发展民族教育，扫除文盲，举办各类学校，普及初等义务教育，发展中等教育，举办民族师范学校、民族中等专业学校、民族职业学校和民族学院，培养各少数民族专业人才。"①

自主地发展民族教育，是实现民族具有发展的基本内部条件。从事物发展的动因来分析，可以说是民族教育发展中起决定性作用的因素。没有这种自主发展精神和运作措施，要想从根本上改变民族教育相对后进状况，迅速提高民族教育的发展水平，只能是一句空话。只有坚持民族教育的自主发展，才能使民族教育发展立足于坚实的现实基础上。

自主发展民族教育，其理论依据在于民族地区教育事业发展的不平衡性和后进性。不切实际地否认在这种发展上存在的差距，或者强求处于不同发展水平层次上的教育同步发展，在理论上是难以成立的，在实践中也是后患无穷的。只有基于对民族教育发展的不平衡性和后进性的认识，将立足点放在民族地区教育的实践中去寻求发展，才能脚踏实地地推动我国民族教育的发展，也才能够根据不同地区民族教育不同发展条件，促进部分地区民族教育的超常规发展。

承认民族教育发展的不平衡性和后进性，是实现民族地区自主发展的前提条件，而要真正实现民族教育的自主发展，必须要以制定自治地方民族教育发展的特殊政策为必备条件。要正视民族教育的现实，因地制宜地制定适应本地区需要的民族教育政策和发展措施，切实推动民族教育事业的振兴。从事物发展的过程来看，这实际上是一个从理论向实践的不断转化过程，是将思维研究成果转化为现实物质成果的过程。从这个意义上讲，民族教育的自主发展最终将应体现在这种转化的实现程

<hr>

① 全国人民代表大会常务委员会办公厅．中华人民共和国第六届全国人民代表大会第二次会议文件汇编［M］．北京：人民出版社，1984：90.

度上。当然，转化过程是有条件的，不仅需要认识路线上的正确，还要有切实可行的实施过程。

只要我们坚持用辩证唯物主义和历史唯物主义的观点来正确地认识民族教育的历史与现状，针对我们工作中存在的问题，制订出特殊的教育政策和操作性强的实施措施，并在实际工作中不懈地加以推动，民族教育就一定能实现真正上的自主发展，也才能真正实现超常规发展。

民族教育实践蕴藏着巨大生命力和创造力，民族教育的自主发展，既是我国民族教育长期实践的科学总结，又是我们今后民族教育工作重要指导思想。

三、国家重点扶持与民族地区自主发展相结合

民族教育的自主发展和重点扶持是超常规发展我国民族教育的总原则。

自主发展是民族教育发展的内在条件，是实现民族教育发展的决定性因素，如果缺少这种内在条件，民族教育便失掉了主动性和创造性，丢掉了实现发展的目标和内在动力，也就失掉了民族教育存在和发展的现实基础。

但仅仅依靠民族教育的自主发展显然是不够的，国家扶持是实现民族教育发展的主要的和基本的外部条件。如果缺少这个条件，民族教育的发展规模和发展速度都将受到影响，民族教育就很难形成协调发展和重点突破的良好局面，最终还将影响民族教育乃至我国教育的整体发展水平。实践证明，国家和内地教育先进地区的大力支援，始终是民族教育超常规发展的必不可少的条件。

可见，超常规发展民族教育必须是民族地区自主发展与国家重点扶持两个方面的有机结合，如果缺少这两个方面的任何一方，都会程度不同地延缓民族教育的发展进程。

民族地区自主发展与重点扶持相结合具有以下的具体要求。

1. 民族地区自主发展与重点扶持相结合必须是两种特殊政策的

结合

自主发展需要以特殊政策为基础，没有特殊政策，便失掉了民族教育发展的特殊性。同样，重点扶持也需要以特殊政策为条件，没有相应的特殊政策，也会使民族教育缺乏其民族特色。因此，民族教育的自主发展和重点扶持相结合必须是两种特殊政策的结合，即民族教育的外部政策和内部政策的结合。这在客观上要求我们既要区分民族教育发展的不同类型，协调教育政策；又要有重点地促进发展，推动民族教育整体水平的提高和教育政策的完善。还应当努力协调民族教育与一般教育以及不同地区民族教育之间的政策平衡，使教育政策更加完善。

2. 民族地区自主发展与重点扶持相结合必须是两种积极性的结合

自主发展强调的是民族地区兴办教育事业的积极性，这是植根于民族教育土壤中而自觉地萌发的一种发展意识的反映，带有强烈、持久、倔强的特点。重点扶持强调的是政府有关部门促进民族教育发展的积极性，是依据我国教育实际而自觉产生的一种发展意识的反映，带有全局性、普遍性、均衡发展性等特点。显而易见，要使民族教育得到持久健康发展，就必然是两种积极性的结合，即外部积极性和内部积极性的结合。只有实现这两者的结合，才能使两种积极性相互作用，产生合力效益，既充分发挥内部积极性在发展民族教育中的主体作用，又要发挥外部积极性在内部积极性得到充分发挥基础上的主导作用，促使民族教育与发达地区教育的相互影响和相互转化，把握民族教育发展的机遇，振兴民族教育事业。

民族地区自主发展与重点扶持相结合符合马克思主义关于事物辩证发展的思想。目前我国民族教育内部存在着的矛盾和差别，是民族教育超常规发展的动力源泉。正是民族教育这种自身矛盾的发展状态推动着民族教育实践的发展。无论我们强调自主发展一面还是强调重点扶持一面，都是在不断地促进民族教育在量上的积累以至最终促其质变的过程。

应当指出的是，民族地区自主发展与重点扶持在民族教育发展的不同时期、不同阶段上，其表现形式是不同的。一方面，从民族教育发展的共时性来看，对教育滞后地区应侧重强调国家重点扶持方面，而对教育相对较发达的地区来讲，则应当侧重强调自主发展的方面。另一方面，从民族教育发展的继时性来看，民族教育总的发展趋势呈现出从物质性扶持向政策性扶持的转化过程和从重点扶持向自主发展的转化过程。我们目前强调对民族教育重点扶持，其目的在于使民族教育最终摆脱国家的重点扶持，实现民族教育的自主发展；而我们目前强调对民族教育采取政策倾斜政策，其目的也在于最终取消对民族教育的政策倾斜。当然，要做到这一点，必须以民族教育超常规发展为条件。

国家重点扶持与民族地区自主发展相结合，是根据我国民族教育发展的实际情况提出的，是中华人民共和国成立以来一直强调的发展民族教育的重要原则。但从目前情况看，民族教育仍然存在着国家扶持不足和民族地区自主发展不够的问题，这在一定程度上限制了民族教育的加速发展进程。

因此，应当进一步加强对民族教育重点扶持工作的领导，制订切实可行的政策和措施，使党和政府重点扶持思想落到实处，切实贯彻于具体政策和措施中。还要调动社会各方支援民族教育发展的积极性，使之形成良好的社会风尚，努力增加对民族教育的有效投入，有计划、分步骤地推动民族教育的发展。

此外，启动智力援助民族教育工程十分重要，通过这一工程的实施，提高民族地区自我发展和自我完善的能力，充分发挥民族地区发展教育的积极性，立足于本地，扎根于民族地区特有优势，真正实现民族教育的超常规发展。

第二节　整体推进与重点突破相结合

我国民族教育超常规发展实施步骤是整体推进与重点突破相结合，这是我们推动民族教育超常规发展在方略上的选择。

一、实现民族教育两种形式的超常规发展

整体推进，是指从全局观念出发有步骤地推动民族教育整体水平提高的过程。所要达到的目的在于使民族教育在发展水平上上台阶的问题，呈现出发展过程的阶段性特点。整体推进民族教育的理论根据在于民族教育与我国教育整体水平相比而具有的滞后性，只有从整体发展水平上提高民族教育的发展层次，才能切实地缩小民族教育与发达地区教育水平上的差距。民族教育发展的整体推进是发展民族教育的一种基本形式。

重点突破，是指有选择、有计划地推动民族教育某些局部方面发展的过程，是整体推进民族教育发展的一种特殊表现形式，也是民族教育发展阶段性的一种表现方式，所要达到的目的在于使民族教育局部发生质的飞跃，从而缩小该局部与他局部之间存在的差距。重点突破民族教育的理论依据在于民族教育内部发展的不平衡性，只有采用积极的方法促进民族教育局部方面的发展，才能通过局部的发展来带动全局的发展，从而提高民族教育发展的整体水平。民族教育发展的重点突破是发展民族教育的另一种基本形式。

实现民族教育超常规发展必须是整体推进与重点突破相结合。因为两者的根本目的是一致的，都在于提高我国民族教育的整体水平，改变民族教育长期发展滞后的问题。它们的差别仅在于：整体推进侧重解决的是民族教育与全国教育发展水平之间的差距，是整体提高的问题；而重点突破则是侧重解决民族教育内部不同局部之间的差距问题。

两种方式的结合，可以有效地解决民族教育内外部各种有利因素作用下共同实现发展的问题。又由于这两类差距的消除从根本上讲要有赖于民族教育超常规发展，因而整体推进与重点突破的结合，可以实现民族教育在两种形式下的超常规发展。

整体推进与重点突破揭示了事物通过非均衡发展达到均衡发展的运动变化规律。

世间事物的发展是不平衡的，"不平衡，矛盾，斗争，发展，是绝对的，而平衡，静止，是相对的。所谓相对，就是暂时的，有条件的"。① 事物发展的前提通常是处于一种不平衡状态中，由不平衡开始，到平衡结束，再从平衡到新的不平衡，循环往复。即从不平衡达到平衡，再由平衡到新的不平衡，事物的这种发展永远不会完结。

民族教育的发展同样如此。民族教育内部发展的不平衡必然要求通过实践过程来达到新的平衡，而民族教育外部发展的不平衡同样也要求达到新的平衡，即由非均衡发展达到均衡发展。民族教育超常规发展的在这两种形式上的表现，即整体推进和重点突破，就是事物发展辩证关系的极好证明。

二、划分发展类型和进行分类指导

要使民族教育整体推进与重点突破，必须要进行发展类型的划分并使政策倾斜，这是发展我国民族教育的一条基本经验。

（一）划分民族教育发展类型的标准

第一次全国民族教育会议曾对民族教育发展的不平衡性以及相应的工作方针进行过表述。该会议指出：由于各地区少数民族的发展很不平衡，民族与民族之间、地区与地区之间，有着很大的差别。如东北地区的朝鲜族入学儿童已达学龄儿童的占 92% 左右，小学已接近普及的程度。内蒙古、新疆、青海和宁夏等省区民族教育也都有相当程度的发

---

① 毛泽东. 毛泽东选集：第 5 卷 [M]. 北京：人民出版社，1977：314.

展。但与此同时，在我国西南的横断山脉一带，西北的游牧区等少数民族地区，还只有少数的学校或者还没有学校。①

因此，现阶段少数民族教育工作的方针，就应该根据各民族的实际情况分别决定，在各民族文教事业现有的基础上，配合政治、经济建设的需要逐步地发展、改造和提高。如在西南、西北及其他各省山区、游牧区和偏僻的边境地区等少数民族教育工作尚无基础的地区，应有重点地创办学校和各种文教事业；在云南、广西、湖南等某些过去虽较有基础但工作尚未完全恢复的少数民族地区，应大力恢复并积极整顿；在东北、内蒙古、新疆等过去基础较好，中华人民共和国成立后又有相当发展的少数民族地区，应着重提高质量并作适度发展。② 1979 年召开的第五次全国民族学院院长会议也特别强调："由于少数民族地区经济文化发展极不平衡，各级各类学校的发展规模和速度，办学的体制和办学的形式，课程的设置等，应有所不同。"③ 这些论述中包含着依据民族教育内部不同地区发展水平来划分发展类型，并加以区别，分类指导，促进发展的思想。

1985 年颁布的《中共中央关于教育体制改革的决定》在论述有步骤地实行九年制义务教育时也曾指出：由于我国幅员广大，经济文化发展很不平衡，义务教育的要求和内容应当因地制宜，有所不同。文件将全国大致分为三类地区，并规定了各自地区不同的发展目标。即在约占全国人口 1/4 的城市、沿海各省中的经济发达地区和内地少数发达地区，要在 1990 年左右按质按量普及初级中学教育；在约占全国人口一半的中等发展程度的镇和农村，首先按质按量普及小学教育，在 1995 年左右普及初中阶段的普通教育或职业技术教育；在约占全国人口 1/4

---

① 国家教育委员会民族地区教育司. 少数民族教育工作文件选编：1949—1988 [M].
　呼和浩特：内蒙古教育出版社，1991：35.
② 国家教育委员会民族地区教育司. 少数民族教育工作文件选编：1949—1988 [M].
　呼和浩特：内蒙古教育出版社，1991：37.
③ 国家教育委员会民族地区教育司. 少数民族教育工作文件选编：1949—1988 [M].
　呼和浩特：内蒙古教育出版社，1991：56.

的经济落后地区，要随着经济的发展采取各种形式积极进行不同程度的普及基础教育的工作。① 这对于认识民族教育的特殊性并制定分类指导的工作方针具有重要意义。

区分教育类型是搞好民族教育分类指导的前提。以什么作为划分的标准亦是区分教育类型的关键。

首先，区分教育类型可以以经济发展水平作为划分标准，即按不同地区经济发展状况将教育划分为若干发展层次，《中共中央关于教育体制改革的决定》就是采用的这种划分方法。

其次，区分教育类型可以以教育发展程度作为划分标准。即按不同地区教育发展的主要指标来划分教育的不同层次，这需要借助经济发展指标来确定。

最后，区分教育类型可以以民族的特殊性作为划分标准。因为异质文化必然要影响教育类型和教育行为，不同的文化特色同样可以成为划分不同教育类型的客观标准。

笔者认为：民族教育与一般教育相比，在划分教育类型上要复杂得多。它既与民族经济发展状况密切相连，又与民族文化传统息息相关。因此，划分民族教育类型应当主要以民族教育发展状况为标准，同时考虑经济的和文化的标准，这样划分更加符合民族教育的实际，也更有利于民族教育的健康发展。

依据《中共中央关于教育体制改革的决定》对教育发展水平的划分标准，具体到民族地区，笔者认为：民族地区也可以大致划分为三类地区：

第一类是部分散杂区和部分民族自治地方的中心地区。这些地区的原有教育水平与汉族地区相当或大致相当，学校教育系统已形成，适龄儿童入学率在95%以上，青壮年文盲程度比较低，少数民族学生巩固率和及格率与全国平均水平大致相当。

---

① 人民教育出版社. 教育改革重要文献选编［M］. 北京：人民教育出版社，1986：18
－19.

第二类是部分散杂区和民族自治地方大部分地区。这些地区原有教育基础相对汉族地区比较薄弱，教育发展滞缓，校点建设不足，办学条件不能满足教学需要，适龄儿童入学率低于90%，少数民族学生入学率、巩固率、合格率、升学率比较低，青壮年文盲比例较高。此类教育是民族教育的中间层次，是民族教育工作的重点。

第三类是边远杂散地区和民族自治地方边远高寒地区。此类地区原有教育基础十分薄弱，普及义务教育标准低，基础教育质量有待提高，中等教育发展迟缓，学校设点不足，教育经费严重不足，教育设备亟待补充，少数民族学生入学率、巩固率、合格率都低于正常水平，教师队伍质量不高，青壮年文盲率较高，民族文化对民族教育有众多不利影响。此类教育是民族教育重点扶持的方面。

（二）划分类型的目的是进行分类指导

划分教育类型是分类指导的重要前提，要实现民族教育的分类指导，必须要统筹安排，根据三种不同教育类型分别制订发展规划，并分步骤有计划地促进规划的实施。

首先，要解决制订民族教育不同类型发展规划的原则问题。

制订民族教育不同类型的发展规划，必须贯彻可行和高效的原则。"可行"是要求民族教育发展规划具有可操作性，符合民族地区教育发展的实际，有利于民族教育事业的发展。"高效"是要求民族教育发展规划具有效率高的特点，真正可以推动民族教育的超常规发展。要坚持实干精神，像抓扶贫攻坚计划一样来切实抓好民族教育工作。只要全党上下高度重视这项工作，将发展民族教育真正作为民族经济振兴和促进民族地区社会发展的突破口，民族教育的超常规发展是一定可以实现的。

其次，是要制订民族教育不同类型的发展规划问题。

虽然国家对民族教育发展采取重点扶持的政策，但笔者认为：对民族教育三种发展类型地区应有所区别，其扶持的力度和强调自主发展的程度应当有所区别。

对于第一类地区，在帮助发展的前提下充分强调民族地区自主发展方面，加快这些地区基础教育发展的步伐。按国家有关规定积极普及九年制义务教育，并切实加强幼儿教育，大力发展以成人扫盲和职业技术教育相结合的成人文化教育。基本扫除青壮年文盲，努力提高基础教育水平，提高教师业务素质，全面提高本地区少数民族群众科学文化素质。要加大对民族教育的有效投入，增加经济运行中的科技含量，使教育与经济两者之间形成良好循环的局面。

对于第二类地区，应在国家扶持和民族地区自主发展并举前提下实现民族教育的超常规发展，要根据本地区实际加强基础扫盲工作，在进一步抓好学校布点工作的同时，抓好一批民族寄宿制学校的建设，努力达到"普六"指标，并努力办好一批中学，努力探索"普六"教育与职业技术教育结合的形式与方法。举办成人文化技术学校，逐步推进青壮年脱盲工作，提高教育质量，改善办学条件，为普及九年制义务教育做好各项工作。

对于第三类地区，国家应加大对这些地区教育的扶持力度，使这些地区在教育水平上得到迅速提高。限于这些地区的教育实际，这些地区应首先将"普四""普六"作为发展民族教育的重要指标加以完成。为此，国家应增加教育经费，改善办学条件，增加寄宿制学校，开办各种少数民族班，也可适当增加特困民族地区和边境民族地区学生的生活补助费。并可试行通过各种管理措施来增加学校教育经费，使这些民族地区的学校初步形成正常的教育产出机制。通过多种渠道提高现有教师的业务水平和增加其数量，可试行教师轮岗制、教师边远地区任教年限制等特殊方法，以弥补这些地区教师的不足。还要将扫盲教育与推广适用的生产技术教育结合起来，加速这些地区运用科技实现经济脱贫和文化脱贫的进程。努力克服民族传统文化中对脱盲不利的影响因素，真正树立起治穷先治愚、治愚先兴教的思想。努力培育"大兴民族教育，加快经济振兴"的文化氛围，切实推动民族教育事业的发展。

（三）要解决不同类型启动的适时转化问题

制订详尽的规划必须有发展的重点，有重点才能通过发展重点来带动全局。确立发展重点取决于政治启动、经济启动和文化启动的互动机制，制订规划要注意适时进行发展重点的转换。

第一类地区一般都是经济较发达地区，这些地区经济启动作用的发挥，使经济和社会得到相应发展，经济已经形成稳定发展的良好势头，已经开始能够为教育发展提供发展动力和物质支持，教育经费自给率较高，教育、科技和经济相结合实现社会发展的良性循环机制已初步建立。

这些地区当前的任务，是在更充分地发挥经济启动效能的同时，不失时机地向以文化启动实现发展的模式转化。这一点对于已经初步实现脱贫而步入小康的民族地区来讲是十分重要的，如果不能恰当地、适时地实现这种转化，其后果往往是不能带来新的经济增长，甚至还会引发不安定的社会因素。这一点已被目前先富起来的地区正反两个方面的经验教训所证实。

第二类地区是经济欠发达地区，虽然经济有较大发展，但其发展程度还不足以为教育的持续发展提供足够的经费和维持其增长速度。应当说，这类地区是最难实施有效控制的类型。因为这类地区既面临着加快经济增长的任务，同时也面临着加快发展教育等文化事业的任务，即处于经济启动与文化启动同时并举的时期。忽视任何一个方面，都有可能对今后发展造成不利影响。

因此，摆正经济启动和文化启动的关系至关重要，既要坚持发展经济工作不动摇，又要坚持发展文化事业，搞社会主义精神文明建设不动摇。并应努力把握好由经济启动到文化启动的转化点，适时实现这种转化，以获得经济和社会的持续高速发展。

第三类地区一般属于经济贫困地区，这些地区经济发展不足，社会发展缓慢，人民生活改善程度偏低。这类地区属于国家扶贫攻坚计划实施地区，首要的任务是解决人民群众生活在贫困线以下的问题。从本书所阐述的三种启动模式理论来看，主要处于经济启动或将要开始经济启动阶段。

对这些地区来讲，应当把脱贫致富与发展教育事业，提高劳动群众科学文化素质水平结合起来进行，正规的学校教育可以适量增加农牧科技等内容，使教育活动成为本地区脱贫致富全过程中的一个必要环节。民族地区群众的脱贫扶贫工作，也应当与提高全体劳动者的科技文化素质相结合，通过推广科技适用技术这一环节，达到提高普通劳动者科学文化水平和脱贫致富的双重目的，以增强这些地区运用知识、科技实现进一步发展的能力。

总之，经济启动和文化启动要结合民族地区的具体条件加以实施，尤其重要的是掌握两种启动的转化点。

需要说明的是，政治启动在上述不同类型地区的作用仍不可低估。社会主义发展的基本动力在于改革，而这种改革社会主义生产关系的过程就是实施政治超常规发展的过程。试想一下，如果当初没有联产承包责任制这种生产关系的调整和确立，我国农业经济能够实现腾飞吗？政治关系是一个不断调整不断适应生产力发展的过程，因此，政治启动的作用不容忽视。

第三节　教育特点与实际需要相结合

少数民族教育特点与民族地区发展需要相结合是实现民族教育超常规发展的基本要求。从教育与社会之间的关系考察，应当包括从一般原则到一般政策相互联系的几个方面。

一、少数民族特点与民族教育体制改革相结合

我国民族教育超常规发展首先要解决少数民族特点与民族教育体制改革相结合的问题。

民族特点是指我国各民族在历史长期发展过程中形成的，在物质生活和精神生活方面所具有的与我国汉民族相区别的某些特征。具体到本

书研究的内容，主要是指那些对民族教育发展具有特殊影响的因素。

发展民族教育必须注重民族特点，正像列宁所指出的一样："只要各个民族之间、各个国家之间的民族差别和国家差别还存在"，"就不是要求消除多样性，消灭民族差别"，而是要求运用共产主义的基本原则时，"把这些原则在细节上正确地加以改变，使之正确地适应和运用于民族的和民族国家的差别"①。注重民族特点是我们制定和实施政策的基础。

要使少数民族特点与民族教育体制改革相结合，就必须贯彻一个基本精神，即各级政府及教育行政部门要树立发展民族教育必须充分注意和尊重民族特点、地区特点的思想。要根据各民族教育的不同情况，分别采取不同的工作方法，因地制宜地促进民族教育事业的发展。

尊重民族特点和地区特点，与教育发展的重点直接相关，也就是要使教育发展的目标定位在民族地区特有的某些特殊需要方面，而不是照搬照抄某些现成的，其至是已经得到某些地区实践证明是正确的东西。因为，即使经实践检验过的东西，也必须有与之相配合的社会经济环境。缺少这一条件，离开被证实的环境，任何经验和理论都将重新受到实践的检验，不可能一成不变。何况我们讨论的是我国个性差异表现得比较明显的民族教育问题。

比如，素质教育问题对民族地区来讲也是十分重要的问题。第三次全国教育工作会议提出：要进一步解放思想和加快教育改革和发展，开创我国素质教育工作的新局面。应当说，目前我国教育界在教育思想、教育体制和结构、教育内容和方法等方面，与社会主义现代化建设需要不相适应，尤其是以追求升学率为主要特征的"应试教育"在相当大的程度仍然存在。相比较，民族地区就显得更为明显。

素质教育就是以提高国民素质为根本宗旨，注重培养学生创新精神和实践能力。其基本要求就是全面贯彻党的教育方针，坚持面向全体学

① 列宁. 列宁选集：第4卷［M］. 北京：人民出版社，1972：246.

生，造就"有理想、有道德、有文化、有纪律"的德智体美等方面全面发展的社会主义建设者和接班人。也就是实现"一个转变"，即教育观念的转变；实现"两个优化"，即教师素质的提高和队伍的优化，课堂教学主渠道的优化；实现"两个提高"，即学生创新精神的提高和实践能力的提高。即树立以创新精神为基调的素质教育观；建立以科学文化素质为基础、以思想道德素质为核心、以专业技能素质为保障的综合素质教育体系。

这无疑对民族教育提出新的要求。民族地区过去也严重存在着以"千军万马争过独木桥"为特征的追求升学率现象。经多年努力虽有改善，但其表现仍然普遍存在。素质教育不是教育模式而是一种教育观念，这一思想的提出，必然会影响到民族地区教育教学活动的全过程，同样应当引起我们的高度重视。

教育体制指一个国家或一个地区教育制度、教育结构、教育外部影响因素，以及教育内部运行机制等一切教育因素的总和。教育体制改革的目标是建立符合现代化事业发展需要的现代教育制度。现代教育体制与一般教育体制相区别，它是建立在现代大工业基础之上的。社会主义现代教育体制应当体现社会主义的一般原理和原则，是由社会主义高度发展的社会生产力决定的教育制度和教育运作机制。教育体制如何构成和教育机制如何运行，不仅代表着一个国家或地区的教育发展水平，同时也在相当程度上体现着教育活动的效率和培养人才的质量。构建现代教育体制是社会主义现代化事业发展的客观要求。

应当说，教育体制和教育机制既有相互联系又有相互区别的方面。从联系方面看，教育体制与教育机制同时处于十分重要的地位，是影响民族教育活动实际水平和实际质量的重要影响因素，它们之间具有相互依存的关系。从相互区别来看，教育体制与教育机制是教育管理制度中两个不同的方面，各自所具有的内涵相互区别，是指不同质的内容。具体地讲，教育体制包括教育制度的构成状态与教育结构等方面的内容，它不仅包含着一个国家或一个地区教育领导机构和组织行政机构的构成，还包括以行政机构为基本划分方式的制度建设方面。它的存在，保证了教育活动的有组织性、有计划性和有目的性，保证了教育活动运行的基本规则。教育机制则属于与教育体制相配合的方面，它的存在，保证了教育活动在基本体制前提下的正常运作过程，体现着运作过程中的方式、方法和效率。

可见，就民族教育而言，既要追求民族教育体制的完善，这包括机构和规章的完善等。又要追求教育机制的完善，通过竞争优胜劣汰，通过奖励惩罚鼓励先进等。无论是体制还是机制，都是我们应努力实施改革的内容。

很显然，发展民族教育必须是注重民族特点和教育体制改革的有机结合。

第一，注重民族特点能够使教育体制的改革更具生命力。因为本书所讲的民族教育，是植根于民族地区这种社会大环境中的民族教育。教育的现代因素在与这种社会环境结合的过程中，有些是与民族传统文化和民族价值观念相吻合或基本吻合的；但也有些是不相吻合甚至是相互对立的，客观上要求发展民族教育必须尊重民族特点。如果忽视了民族特点，尤其是忽视了那些对发展民族教育起阻碍作用因素的影响，势必会对教育有效机能的发挥产生不利影响，直接影响民族教育的教育效果，以致延缓民族教育发展的历史进程。

第二，教育体制的改革只有在尊重民族特点的基础上才能够进行。教育体制的改革绝非是盲目的，最终目的在于提高全民族素质，多出人才和出好人才。离开这个根本目的，任何教育体制改革，都会偏离改革的方向，最终导致失败。如果教育体制改革不以尊重民族特点为前提，不以提高我国少数民族人口素质、多出和出好人才为目标，又怎样能让教育体制改革在民族地区实现呢！可见，尊重民族特点与社会主义教育体制改革有机结合，是发展民族教育的重要指导思想。

民族教育发展过程中的正反两方面经验教训也充分地证明了尊重民族特点与现代教育体制改革结合对发展民族教育的特殊意义。中华人民共和国成立初期、党的十一届三中全会以来民族教育的蓬勃发展和"文化大革命"中民族教育发展停滞甚至倒退的历史事实都说明：哪个时期这种结合做得好，民族教育就会得到迅速发展；哪个时期这种结合做得不好，民族教育就会遭受挫折。

民族特点与现代教育体制改革相结合，就是要以实事求是的态度来发展民族教育，就是要根据民族教育的特点，在发挥民族教育特有优势的基础上，在民族特点和现代教育体制的结合处寻找民族教育新的生长点。不仅使民族特点成为促进教育发展的重要因素，而且使现代教育体制改革能够在民族地区的社会政治经济土壤中得到快速生长。

要实现民族教育超常规发展，必须在尊重民族特点与现代教育体制改革相结合思想指导下，确立制定具体措施的发展思路。

二、现代教育内容与民族教育形式相结合

中华人民共和国成立初期，我们就对这一问题有比较清晰的认识。第一次全国民族教育会议在阐述少数民族教育总方针时就曾指出：少数民族教育必须是新民主主义的内容，并应采取适合于各民族人民发展和进步的民族形式。[①] 可以从两个方面来认识：

1. 必须强调教育内容的现代化问题

应当看到，无论是在我国汉民族集中居住的地区还是在我国少数民族集中居住的地区，其教育内容的主体方面应当是一致的，即教育内容必须体现全国统一的教育方针和政策，体现出受教育平等等社会主义精神。并在遵守国家教育法律和法规基础上，在国家有关教育政策指导下从事教育活动，培养社会主义事业的建设者和接班人。教育内容的现代化应当作为我国民族教育改革发展中必须坚持的原则。

2. 必须强调教育形式的民族化问题

由于民族间在教育传统方面表现出来的差异性，发展民族教育还必

---

① 国家教育委员会民族地区教育司. 少数民族教育工作文件选编：1949—1988［Z］. 呼和浩特：内蒙古教育出版社，1991：37.

须在尊重本民族教育传统的基础上进行。这样做，可以取得更加满意的教育效果，有利于各民族教育事业的健康发展，切忌在发展民族教育时搞"全盘汉化"和"一刀切"，切忌盲目地推行某种僵死固定的模式，而应切实根据国情和不同民族的族情办事。否则，不仅会影响民族教育的发展，甚至还可能伤害民族感情，破坏民族团结。

长期以来，我们在发展民族经济工作方面曾实行过多种过渡形式，以便能更好地适应民族经济发展的需要。但耐人寻味的是，我们在发展民族教育事业方面却形式单一，强求一致。其结果在一定程度上给民族教育造成不利影响，这方面的教训值得汲取。

如我国傣族就是一个民族文化传统十分深厚的民族，历史上傣族教育自成体系，"教教合一"。傣族群众在接受佛教的同时，学习傣语文、数学、历史、医学、文学、天文历法和伦理知识等。据统计，中华人民共和国成立初期，西双版纳傣族自治州有 574 座佛寺，920 名佛爷，5550 名和尚。学校教育仅存 6 所，在校生 240 人左右，只占和尚数的 4.3%。① 这种传统的教育形式对傣族的发展起到积极的作用，使傣族具有与其他民族相比较高的文化水平，识字的傣族群众占傣族人口的 1/3 左右。据德宏州潞西县文教科 1950 年估计，该县傣族民众有 50%~80% 的人识傣文，与广大汉族农村文盲人口占 80%~90% 情况相比，傣文教育的普及程度是比较高的。

但是，中华人民共和国成立后的一段时期内，由于忽视了傣族教育这种特点，脱离本民族的教育传统，盲目地推行固定化的教育模式，并受到先后推行老傣文和新傣文的反复，傣族教育一度发展缓慢。其发展速度和水平甚至低于哈尼族、阿昌族、基诺族等原先教育发展水平较低的民族。②

试想一下，如果当初我们在规划发展傣族民族教育时能够从傣民族

---

① 米云光. 试论正确处理上座部佛教与傣族教育的关系 [J]. 民族工作, 1996 (1).
② 董建中. 论民族传统文化与民族教育的协调发展问题 [J]. 云南师范大学学报, 1991 (1).

实际出发，尊重傣族这种教育的传统，吸收傣族教育中那些有利于现代教育发展的合理因素，以民族特有的文化传播方式来弘扬科学文化知识和社会主义时代精神，其教育效果会更好一些。

近些年来，西双版纳傣族自治州充分发挥宗教人士和信教群众支持教育的积极性，逐步改变了过去那种"要么披袈裟进寺，要么脱掉袈裟才能进学校"的极端做法，使一批和尚到校跟班学习，并在适龄和尚较集中的中心佛寺举办和尚班，聘请主寺佛爷讲授傣文和英文，教育部门则指派公办教师配合教学工作。截至 1995 年，该州学龄和尚有2019 人，已入学的有 1358 人，入学率达到 67.26%；在中小学读书的佛爷及和尚在校生有 1721 名。全州学龄儿童（含和尚）有 98897 人，已入学 91682 人，入学率达 92.70%。①

尊重少数民族文化教育传统，承认民族间在教育形式上的差异，积极引导各民族特有信息传播形式与现代教育内容的有机结合，不但不会阻碍民族教育的发展和传播现代科学文化知识，而且还有利于民族教育事业的健康发展，容易被广大少数民族群众理解和接受，有利于民族间的团结和建立和谐巩固的民族关系。

三、教育结构与民族地区实际需要相结合

教育结构是指教育内部的各种因素的比例构成，是教育整体性在层次类型等方面的特征。它涉及民族教育各个方面和各个层次，反映教育的整体状况。

民族地区实际需要是指民族地区依据资源优势、区位优势实施发展规划时表现在人力、智力、财力等方面的迫切要求。具体到民族教育研究限域，主要是指民族地区经济和社会发展过程中对于知识和人才的特殊需求。

要实现民族教育的超常规发展，必须是教育结构与民族地区实际需

---

① 米云光. 试论正确处理上座部佛教与傣族教育的关系［J］. 民族工作，1996（1）.

要的有机结合。如果不能实现这种结合，民族教育就会失掉发展的基础和发展的动力，最终将导致民族教育发展的停滞。只有把民族教育结构与民族地区实际需要结合起来，才能使民族教育活动与民族地区经济和社会发展事业接轨，并在异水平教育类型的相互作用中得到协调发展。

　　发展民族教育的落脚点应是民族地区，民族教育必须为当地经济和社会发展服务，即提高民族地区教育工作的社区适应性。要抛弃那种为办教育而办教育的思想，改变那种教育脱离民族地区实际需要的倾向。根据各民族地区的不同特点和各民族的实际需要，确立民族教育为民族地区、为少数民族群众文明富裕服务的思想，走符合本民族和本地区实际的办学路子。只有这样，才能使教育活动成为民族地区各项工作之必须，才能使民族教育充满生机和活力，也才能够真正促进我国民族地区的经济和社会发展。

　　要使民族教育结构与民族地区实际需要结合，需要调整的方面较多，归纳起来，其中最为主要的是调整民族教育的层次结构和类型结构等。

　　1. 调整民族教育的层次结构

　　调整民族教育层次结构的目的是调整教育的办学重心，使之能够与民族地区社会发展规律以及民族教育发展规律相一致。教育的办学重心，不仅取决于国力所能承受的能力，还取决于社会对人才的需求状况。由于目前我国某些教育政策在执行过程中的偏移以及一些教育传统因素的影响，我国教育活动中比较普遍地存在着高重心发展的倾向，民族教育也存在着类似的情况。

　　办学重心的高低是通过办学的层次结构反映的，这不但表现在某一办学层次的办学状况方面，而且表现在各办学层次之间的比例方面。制约办学重心最重要的因素在于教育服务地区的人才结构，民族教育必须根据民族地区的人才结构状况决定办学重心。

　　分析我国民族地区人才需求结构，它具有多层性的特点。从民族地区发展趋势和发展潜力来看，民族地区对高层次的科技人才和管理人才也有一定的需求；但从民族地区目前存在的生产力发展相对偏低和经济社会发展相对缓慢的现状看，又决定了民族地区现阶段人才需求中的低层次化倾向，中低层次的专门人才仍然是民族地区当前人才需求的重点。目前，根据民族地区人才素质状况分析，急需加强继续教育工作，有效解决教育、科技型人才比较缺乏、在职人员亟待进一步提高问题。此外，带有补课性质的成人教育任务也十分沉重。

因而，民族教育必须根据民族地区这种人才需求状况来确立办学重心，调整教育的办学层次，真正使教育与民族地区的实际需要结合。

2. 调整民族教育的类型结构

调整民族教育类型结构的目的是举办多种类型的民族教育。民族地区人才需求的特殊性以及调整办学重心的需要，决定着举办民族教育的多类型特点。民族教育不能同一般教育一样过分强调正规化和规范化，民族教育有些方面的情况特殊，不能强求整齐划一。

应在强调正规化和规范化总原则前提下，提倡民族教育的特殊性和民族特色。民族地区丰富的自然资源决定着民族地区对培养科技人才教育类型的迫切需求；民族地区当前主要以农牧业为主的生产格局，决定着民族地区对培养农牧业科技人才教育类型的迫切需求；民族地区干部素质提高的迫切性又决定着民族地区对培养政治干部教育类型的迫切需求。各种教育类型之间同样有一个保持比例问题，调整教育类型结构，是民族教育体制改革的重要内容。

调整民族教育的类型结构的主要依据有三个方面。一是民族地区产业结构的变化。随着我国现代化事业的发展，民族地区已改变了过去那种与世隔绝的"世外桃源"状态，部分劳动力已从第一产业中分离出来，并向第三产业转移，劳动力配置形成新的格局。二是民族地区人才需求已从"饥饿型"向"温饱型"转化。民族地区过去那种不择类型的人才需求观已开始发生变化，某些科类人才已出现相对过剩现象。三是我国民族工作总任务的阶段性变化。我国民族工作在中华人民共和国成立后的很长一段时间内主要是解决民族平等问题，而当前民族工作的总任务则是促进民族经济振兴，实现各民族繁荣。所有这些人才需求变化都急需通过调整人才培养类型结构来解决。

我国民族学院人才培养重点的转变情况，可以给我们以重要启示。

在中华人民共和国成立后相当长一段时期，民族学院为了适应国家建设、民族区域自治与实现共同纲领、民族政策的需要，根据新民主主义的教育方针，普通而大量地培养各少数民族干部。以"培养普通政治干部为主，迫切需要的专业与技术干部为辅"①，这是对民族学院人才培养重点的第一次确定。

1979 年第五次民族学院院长会议上，针对培养少数民族干部工作的实际和四化（指导四个现代化，即工业现代华、农业现代化、国防现代化和科学技术现代化）对少数民族干部的需要，对民族学院人才培养重点进行了调整，明确指出：民族学院主要是培养少数民族干部和专业技术干部的社会主义新型大学，要大力培养四化所需要的具有共产主义觉悟的政治干部和专业技术干部，为少数民族地区的社会主义现代化建设服务。② 这是对民族学院人才培养重点的第二次确定。

1983 年国家民委、教育部、财政部印发的《关于民族学院干部轮训转向正规培训的意见》，提出民族院校干部教育要适应民族干部"四化"的要求，从 1983 年下半年开始"逐步过渡到正规培训"。高等院校和中等专业学校要"担负起对于干部进行正规化培训的任务"。在此后一至两年内，除开办必要的各类轮训班外，"要积极挖掘潜力，创造条件，举办正规学制为两年、三年的初中、高中班，中专和大专班"③这是对民族学院人才培养重点的第三次确定。

2004 年教育部等五部委印发的《关于大力培养少数民族高层次骨干人才的意见》，面对少数民族和西部地区人才新的需求和发展机遇，

---

① 国家教育委员会民族地区教育司. 少数民族教育工作文件选编：1949—1988 ［M］. 呼和浩特：内蒙古教育出版社，1991：25.

② 国家教育委员会民族地区教育司. 少数民族教育工作文件选编：1949—1988 ［M］. 呼和浩特：内蒙古教育出版社，1991：64－65.

③ 吴仕民. 中国民族教育 ［M］. 北京：长城出版社，2000：508－509.

有必要进一步提升民族地区劳动者的整体素质，特别是较大幅度地增加博士、硕士毕业的高层次骨干人才所占比例。希望"通过相当一个时期的努力，逐步缓解和根本扭转少数民族高层次骨干人才匮乏状况，改善人才层次结构，逐步形成一支涵盖少数民族地区经济和社会发展各重点领域、以取得国内学历、学位为主体的少数民族高层次骨干人才队伍"①。这是对民族学院人才培养重点的第四次确定。

从民族学院人才培养重点转移的历史过程可以看出，虽然民族学院在国家发展高等教育事业方面享有一定的优势条件，但是仍然有必要根据民族地区的实际需要来对教育结构进行调整，以不断适应民族地区对人才需求的变化。否则，人才培养重点会偏离正常需要，也就难以使民族院校在不断的发展中焕发出生机与活力。这是中华人民共和国成立以来我国民族学院人才培养模式调整变化所带给我们的一条基本经验。

为此，必须使民族教育的类型结构调整与民族地区的发展趋势相适应。第一，与民族地区自然资源优势和产业重点相适应，大力发展民族地区人才迫切需求的教育类型。第二，与民族地区发展趋势相适应。随着民族地区发展，民族地区已出现经济振兴的良好局面，一些新科技成果已在民族地区得到应用，民族地区产业结构中的科技含量比例越来愈高，民族教育类型调整要适应民族地区"两个转变"的需要。第三，还要与民族教育发展的可能相适应。民族教育发展要受到内外两个方面的限制，必须通盘考虑来自各个方面的制约影响因素。既要考虑民族地区人才的实际需要，又要考虑民族教育发展的经济状况和自身承受能力，促进民族教育类型结构的优化选择。

当前民族教育应当侧重解决发展民族职业教育的问题，加大职业教育在民族教育体系中的比重。

从我国目前大部分民族地区实际需要来看，在普及初等义务教育的基础上积极推动职业技术教育，特别是以适用科学技术为主的农村职业

---

① 杨定玉. 中国民族教育政策法规汇编 [M]. 北京：知识产权出版社，2017：442.

技术教育是十分必要的。通过普及农村适用的职业技术教育，培养熟练的中、初级科技专门人才和具有一定技术水平的普通劳动者，直接为促进民族地区经济文化事业发展服务，是适宜的能够使民族地区人民群众尽快脱贫致富的一条捷径。因为职业技术教育本身就是一种有意识、有目的地对受教育者实施的在一定文化知识水平基础上进行专业知识和技能、技巧培训的教育活动，它的性质本身便已决定了职业技术教育在我国民族地区实现发展中的重要作用。

从国外职业技术教育发展趋势来看，同样能够给我们以重要启示。随着科学技术的进步，世界各国都将职业技术教育放在重要的发展位置上。甚至有的国家将发展职业技术教育称为振兴本国经济事业的"秘密武器"，是现代经济发展的"柱石"。特别是近些年来，职业技术教育正与普通教育、继续教育和终身教育相互渗透，并展示出新的发展前景。

从对我国民族地区进行调查的材料看，我国民族地区整体上仍然在一定程度上存在着劳动者素质偏低，劳动生产率不高，生产技术落后，自然环境对劳动者生产活动制约力偏强等问题。这就构成了民族地区发展教育事业的一种阻碍因素。适时地发展职业技术教育，在相对后进地区推广适用的生产技术，并适时地将这种处于较低水平上的教育形式推向更高的层次，不能不说是尊重民族特点、促进民族教育发展的一项重要内容。

要发展民族职业教育需要实现两个转化：第一，实现民族教育从面向少数学生向面向民族地区全体劳动者的转化；第二，实现民族教育从片面应试教育向全面素质教育的转化。

随着民族地区产业结构由单一农业经济向农工商多种经济结构的发展，民族地区不但需要掌握科技农业技术的新式农民，而且需要有业务专长的种植、养殖、建筑、运输、金融等经营管理人才，发展民族地区职业教育势在必行。

四、学校教育与社会教育相结合

学校教育与社会教育对民族地区来讲都是十分重要的。

1. 学校教育与社会教育相互补充

学校教育主要是指面向在校学生所实施的教育活动；而社会教育则是面向社区所有劳动者所进行的教育活动。

教育活动的特殊功能以及民族地区的特殊人才的需求决定着学校教育存在的必然性；而民族地区社会劳动者整体素质状况以及民族地区发展的需要又决定着社会教育的必要性，两者缺一不可。

对学校教育来讲，它承担着培养新一代民族地区劳动者的任务；对于社会教育来讲，则承担着解决民族地区现有劳动力素质提高，加快民族地区社会发展的任务。

可见，民族地区教育必须贯彻"两条腿走路"的方针，分别解决民族地区劳动者素质整体提高的问题。需要指出的是，我国不少民族地区到目前为止，仍然程度不同地存在着重学校教育而轻社会教育的问题。

2. 社会教育对民族地区具有特殊价值

事实上，就两类教育面对的不同受教育者而言，学校教育对民族地区今后的发展无疑是必要的，具有无限的发展前景。而与民族地区当前社会发展和人民群众脱贫致富奔小康目标联系更为紧密的当属社会教育。

实践证明，面对普通劳动者的社会教育以及广泛实施的文化扶贫工程在实现民族地区当前的社会发展中具有十分重要的意义。很多经济文化相对落后的地区，通过举办文化技术学校，开办乡村干部和种植养殖实用技术班，不仅改变了民族地区农村贫穷落后的面貌，还改变了各族群众的传统观念，提高了各族干部群众对精神生活和物质生活的新的需求，促进了这些地区的社会发展。民族地区社会教育超常规发展是在社会主义市场经济条件下使民族地区脱贫致富的重要措施。

要彻底解决民族地区的文化贫困现象，还必须发挥各种宣传媒体在提高劳动者素质方面的作用。据资料显示：截止到 1995 年 6 月，宁夏全区 410 万人口中，仍有 200 万农村人口看不到电影，110 万人听不到广播、108 万人看不到电视。特别是宁南山区 8 县，在全区 110 万听不到广播的人中就占了 100 万人。青海省广播覆盖率为 58.3%，有 193 万农牧民听不到广播。果洛、玉树、海西三个藏族自治州县以下的电影队因多种因素的影响已全部停映。① 还有研究显示：宁夏西海固原是国家级贫困地区和革命老区，现有人口 200 万人。目前仍然程度不同地存在着文化投入少，设施落后、文化活动没有阵地、村干部对文体活动不够重视等问题，农民对丰富的文化生活有着热切的期盼。②

应当看到，加强对民族地区群众进行各种形式的社会教育已刻不容缓。

五、民族教育一般管理与特殊管理相结合

民族教育作为我国教育活动的一部分，必须遵循教育的一般管理理论实施管理；民族教育作为教育活动的一种特殊类型，又必须遵循教育的特殊管理理论实施管理。发展民族教育，特别是实施民族教育超常规发展战略，必须是教育的一般管理与特殊管理的结合。

1. 教育活动的一般管理与特殊管理

教育活动的一般管理，是相对于民族教育特殊管理而言的，是指国家对各级各类学校实施教育管理活动以及学校内部实施管理的过程，一般应包括两个部分。一是国家教育管理部门对各级各类教育的行政管理，亦称教育管理，主要包括国家对教育事业的组织领导、教育结构、教育立法、教育投资等方面的管理以及国家教育管理部门与各级各类学

---

① 陆文梅. 文化贫瘠：文化贫困现象在宁夏、青海民族地区 [J]. 民族团结, 1996 (3).

② 徐树雄. 贫困地区农村文化现象析理：以宁夏西海固为例 [J]. 农业经济, 2017 (4).

校之间的关系和运行机制等。二是各级各类学校内部的行政管理，亦称为学校管理，主要包括管理体制、管理过程与方法、事业发展规划、教学科研管理、思想政治教育工作、人事分配制度管理、后勤管理、设备管理以及规章制度管理等。

教育活动的特殊管理，这里是特指民族教育而言的，同样包括教育管理和学校管理两个主要部分。由于民族教育的特殊性决定着教育活动管理的特殊性，为了阐述问题方便，本书将特指民族教育管理活动规定为特殊管理。通过科学的管理民族教育，应当达到协调各机构与各部门之间的相互关系，充分发挥人力、物力、财力的作用，科学地组织和调整教育内部的人际关系，为实现民族教育的教育目的创造良好的条件，真正促进民族教育的健康发展。

2. 民族教育一般管理具有特殊性

民族教育管理的特殊性是民族教育实行教育一般管理与特殊管理相结合管理特色的实践基础，是由民族教育特殊管理内容和特点所决定的。至少可以表现在以下几个方面：

第一，教育布点分散。我国民族地区一般人口密度较低，教育活动相对来讲十分分散，这给提高民族教育质量、推动民族教育的快速发展带来特殊困难。例如，据统计，云南省1994年有小学46613所，而其中一师一校的办学点就有21606个，占全省小学数的46.35%。这种教育活动的分散性特点在教育发达地区是难以见到的。

第二，教学用语多样。教育活动中的语言障碍也是不容忽视的特殊问题，如在云南省世居的25个少数民族中，除回族、满族使用汉语外，其他民族都有自己的语言，至今仍有600万少数民族不通汉语，单一汉语教学效果不够理想。双语教学又给民族教育工作带来许多困难。不仅提高质量难度大，也在一定程度上影响着学制内学生的学习效果。

第三，投资回报偏慢。教育投资也是各级教育管理部门不能不考虑的问题，高水平教育活动的基本要求便是以最小、最经济的投入，来换取最大、最科学的效益。虽然提高教育效益是各级教育行政部门孜孜不倦的追求目标，但是由于民族地区的学校分散、学校在校生不足等因素的影响，民族教育投资效益不高具有普遍性。据统计，云南省每所小学平均只有学生 83 人。①

第四，教学效果控制难。民族地区普遍存在着学校分散，学校布点不足，以及学生入学水平参差不齐的问题。由于学校规模小，以及其他方面条件的制约，民族地区教育活动不能像一般发达地区正规学校那样来进行，往往是一位教师兼任多年级、多科目课程，这种复式教学在民族地区十分普遍。据统计，云南省有 1/3 的学校开展复式教学。

第五，宗教影响教育活动。宗教影响教育的现象还在部分民族地区存在，这对民族教育管理有着重要影响。在有的地区，宗教干扰学校教育的问题仍然存在。

第六，教师队伍补充艰难。教师是搞好教育活动的关键。没有高素质的教师队伍，提高民族教育质量便失去了必要基础。但是由于民族地区普遍存在着教育环境偏差、教育经费短缺、教师流动性大、教师待遇普遍偏低等实际困难，这些都给民族教育补充新教师和在职教师培训等带来不利影响。

此外，民族教育管理还有受民族文化影响较深等特点。

可见，发展民族教育必须探索发展民族教育的特殊管理方式。管理出效率，出效益，要提高民族教育入学率、巩固率、合格率，要提高各级各类教育质量，就必须加强教育管理工作。要处理好民族教育管理的特殊问题，就必须将教育的一般管理和特殊管理有机结合，走一条与一般教育管理活动不相一致的管理之路，切实推动民族教育的超常规发展。

一般教育管理遵循的是一般教育管理的规律，而特殊教育管理遵循的是特殊教育管理的规律。民族教育的一般管理与特殊管理相结合，其实质是教育管理的一般规律和特殊管理规律的结合。这两类规律在民族

---

① 保定召. 发展云南民族教育必须分类指导 [J]. 民族工作，1996（7）.

教育活动中的充分发挥，是我国民族教育超常规发展的重要条件。

第四节 经济指标与教育指标相结合

实现我国民族教育超常规发展的检测标准是经济发展指标与教育超常规发展指标相结合。

一、经济发展指标是衡量地区发展程度的重要标准

（一）民族经济发展指标与民族经济特点直接相关

所谓民族经济特点，是指我国民族经济发展进程中形成的反映民族经济性质的基本特征的总和，是影响民族经济发展的重要因素。笔者认为，我国民族经济的主要特点有三个方面。

第一，生态环境差与丰富的自然资源并存。

自然地理环境是经济发展的一个基本条件，不利的自然地理环境无疑会成为制约经济发展的重要因素。从我国民族地区分布的特点看，我国少数民族聚居地区，大多分布在我国的边疆地区和山区，自然地理条件相对较差。

具体来讲：从气候条件看，我国西部民族地区大多是大陆性气候，属于干旱半干旱地区，年降雨量偏少，干燥度较大。从地理特点来看，我国四大高原的主体和主要山系分布在民族地区，高原和山地是其主要组成部分，这些地区山高坡陡，植被偏少，水土流失比较严重。从土壤类型来看，高山土壤、荒漠土、盐碱土、半干旱区草原土有较大分布，不少地区土壤贫瘠，有机质含量低，土层偏薄，适宜性相对较差等。①

特别是不少地区由于缺少生态环境的保护意识，人为因素造成的土地沙漠化、水土流失和土壤退化现象也比较严重，使生态环境进一步恶

① 黄健英. 加快民族地区经济发展中的环境问题 [J]. 民族论坛，1995（4）.

化。这种相对条件偏差的自然地理环境是民族地区摆脱贫困、实现经济振兴的制约因素。

但是，民族地区却地大物博，蕴藏着丰富的自然资源。森林资源、草原资源、水能资源、矿产资源、生物资源、物产资源等都十分丰富，许多资源储量在全国乃至世界都占有重要的位置，为这些地区的经济发展提供了重要的物质基础，在我国实现现代化建设事业中占有极其重要的地位。离开民族地区丰富的物质资源和各族人民群众建设社会主义的积极性，要实现我国的社会主义现代化是难以想象的。

民族地区生态环境差与丰富的自然资源并存这一特点，既提供了我国民族地区经济实现发展的一种可能性，又对民族地区经济发展有着巨大的制约作用，是影响民族经济发展方向和速度的重要方面。因此，民族地区必须扬长避短，充分发挥其优势，才能实现民族地区经济事业的振兴。

第二，前期开发早与市场发育偏低并存。

开发程度是影响民族地区经济发展的重要因素，是衡量民族经济发展水平的重要指标。开发程度的高低与开发时间的早晚密切相关。一般来讲，开发早的地区必然是经济发展程度较高的地区。

从历史角度考察，我国民族地区普遍具有开发早的特点，如我国西部少数民族的祖先从远古时代起就已经繁衍生息在这些地区。据史料记载，早在殷周时代，天山南北就有"戎""羌"各族人民居住开发，发展了畜牧业和农业生产。秦汉时期，柴达木盆地已出现绿洲，农林牧业得到相应程度的发展，出现了与农牧业相结合的家庭手工业。唐宋后，西域地区形成了如叶尔羌、喀什噶尔、阿克苏、哈密等商业中心城镇，成为连接内地与阿拉伯及欧洲"丝绸之路"的重要地区。

云贵地区在公元前 3 世纪时就已得到初步开发。在南诏政权和大理政权时期，今日的彝族、白族、纳西族及一些其他民族居住地区相继获得开发，还形成从贵阳到昆明（拓车）、大理（阳苴咩）、保山（永昌）、景洪（镇南）的商业贸易中心，并发展了与南亚诸国的贸易。13

世纪后土司制度使西南民族地区经济发展较慢。明清后"改土归流""屯田"制度使大批汉族劳动者移居民族地区,促进了农业、手工业和商业的进一步发展。

藏族地区的开发可以追溯到公元 7 世纪,松赞干布建立吐蕃政权并使这一地区得到开发,农牧业生产发展程度已达到较高水平,酿酒、制陶、造纸、纺织、采矿、冶炼等手工业也得到了发展。13 世纪后,农奴制度代替奴隶制度,领主经济得到发展,与内地的商业交往有所增强,茶、马互市和布丝绢帛与畜产、土特产品的交换规模都有所发展。①

尽管如此,民族地区由于多种因素的影响,特别是近代外国资本势力入侵以及历史上统治阶级的民族压迫政策,致使民族地区长期发展缓慢,经济发展程度偏低,商品意识薄弱和市场发育偏低,人民群众的生活状况长期得不到根本性的改善。

特别是当前社会主义市场经济体制建立过程中,不少地区仍然在一定程度上存在着自然经济、产品经济和计划经济的成分。自我封闭、自给自足、自我循环、重义轻利、固守旧制、小富则安等现象仍然有所表现。高水平的证券市场、资产市场、资金市场、信息市场、技术市场等有待加强建设,直接为市场经济服务的商品市场、劳务市场、人才市场等也有待进一步完善。特别是民族地区群众对市场的认同程度偏低、商品意识偏弱等也影响到了民族地区经济和社会发展。

民族地区前期开发早与市场发育偏低并存这一特点,既说明民族经济发展的历史悠久并具备进一步发展的基础与传统,又客观地反映出我国民族地区与现代化目标之间存在的较大差距。因此,民族地区只有立足于本民族实际,充分发挥民族经济特有优势,才能实现民族地区经济事业的振兴。

第三,增长跨度大与发展水平相对滞后并存。

发展速度也是影响民族地区经济发展的重要因素。一般而言,发展

---

① 施正一. 中国西部民族地区经济开发研究 [M]. 北京:民族出版社,1988:14 - 16.

跨度大，其经济发展水平就高。我国民族地区经济在中华人民共和国成立以来发生了质的飞跃，呈现跨度大的特点，虽然也经历过曲折的发展过程，但就总体而言呈现持续发展的趋势。农牧业生产和工业生产得到快速发展，各项经济指标稳步增长，各族人民群众生活逐步得到改善，民族地区正在加快现代化建设的步伐。

尽管如此，我国民族地区经济就整体发展水平而言，仍然相对滞后，不但在发展层次上与经济发达地区存在较大的差距，而且在发展速度上的差距也呈现逐步扩大的趋势。

全国贫困人口中，民族地区贫困人口所占比例较高，客观地存在着一定差距。此外，民族地区的发展速度也落后于经济发达地区，有的地区还存在着差距不断拉大的趋势。民族地区发展速度相对落后的问题也比较突出。

民族地区经济除存在上述显性差距外，还存在着隐性的差距。主要表现为由于经济体制缺少健全性，民族地区自我发展能力偏弱。如消费市场相对狭小，财政调节经济的能力偏弱，高附加值工业低水平循环等。这些隐性差距也不可避免地加剧着民族地区经济滞后状态。

民族经济大跨度的发展，为民族地区经济的进一步发展提供了良好的发展基础。民族经济发展的滞后性又提示人们，民族经济发展不能循规蹈矩，必须选择合乎本地区实际的发展模式，不寻求走一条与一般地区发展模式相异的发展道路，要改变民族地区经济相对落后状态是比较困难的。

由此可见，一方面，民族经济有实现发展的可能和实现发展的先例，实现民族地区的进一步发展，赶超经济发达地区是完全可能的；另一方面，民族经济的振兴也不是一帆风顺的，民族地区不经历市场经济的阵痛，没有先进的经济思想、经济制度和运作机制，要尽快实现民族经济的振兴也是不可能的。我国民族地区的经济事业，正面临着历史给予这些地区的又一次的机遇与挑战。

不难看出，经济发展指标必须与民族地区实际相符合，必须是民族经济的直接反映，经济发展指标不能脱离民族地区的发展状况，任何人为参与而影响经济发展指标真实性的行为都是必须防止的。

（二）经济与教育具有亲缘性

应当看到，教育事业的发展离不开经济事业的振兴，经济与教育的这种关系决定着民族教育超常规发展与民族经济发展的相关性。

一般而言，民族教育超常规发展必须在教育经费有所增加的基础上才能进行，从这个意义上讲，民族经济发展对民族教育事业所具有的支持程度，是民族教育能否实现超常规发展的关键。因此，掌握民族经济发展的各项指标，对实现民族教育超常规发展的意义十分重大。

经济发展状况也是确定由经济启动向文化启动转换的重要依据。经济发展状况不仅揭示了某一地区当前和过去的一段时期经济的总体发展水平，而且在确立工作重点转移中起重要的作用。

一定的经济指标，既可以反映某一地区已经或即将达到的经济发展层次，又可以为文化启动时机的选择提供最可靠的依据。我国民族地区发展相对滞后，不能不成为教育超常规发展的障碍因素。

不难看出，民族教育超常规发展必须考虑经济发展指标，民族经济发展状况在相当大程度上制约和决定着民族教育超常规发展的水平与程度。

当前，人们在进行国际或国内不同地区经济状况比较时通常使用国民生产总值（GNP）或国内生产总值（GDP）等数据，这些统计方法，可以比较客观地反映一个国家或一个地区经济发展水平，有利于国与国、地区与地区的经济能力、经济发展状况的比较。这些已经被广泛采用的统计方法同样可以作为民族教育超常规发展的重要参考依据。但从与教育结缘角度来考虑，它侧重于经济发展状况对民族教育超常规发展支持度方面的确定。

民族地区各类经济发展指标可以客观地确定对民族教育的投入比例，是确定民族教育超常规发展程度的不可缺少的辅助性指标。但仅有此系列指标还是不够的，因为它缺少来自民族教育内部各个方面的数据体系，不能客观地评价民族教育自身发展的程度，更不能量化地反映民族教育超常规发展的程度，缺少民族教育超常规发展可信度的认识。因此，有必要设计一套民族教育超常规发展的指标体系，并据此对民族教育超常规发展程度进行实测，使之成为信息反馈和政策调整的主要依据。

二、教育超常规发展指标是教育发展状况的具体体现

民族教育超常规发展的检测标准主要由指标体系的确立原则、体系构架以及测算方法等部分构成。由于该内容基本属于民族教育超常规发展实验研究的范畴，必须要以一定时间段的教育实验研究成果作为支撑，因而本书只对这方面内容做原则性勾勒。

（一）民族教育超常规发展指标体系确定的原则

民族教育超常规发展指标体系的确定必须依据一定的原则来进行，这是指标体系能够具有可行性和可靠性的保证。民族教育超常规发展指标体系的构成应当遵循下列原则。

1. 系统性原则

民族教育超常规发展指标反映的是某一特定民族地区的教育在一定的时空条件下各个方面及各种因素的有机组合，体系应具高度概括性，信息源应具系统性。系统性原则有以下几点要求。一是指标体系应有广泛的覆盖面。民族教育绝非社会的单一现象，其要素较多，影响面也较大，因而指标应尽可能多地涵盖教育的内部因素和相关方面。二是指标应具代表性。即要在教育各种发展因素中遴选那些最具特色的方面构成，要能够突出重点和兼顾一般。三是各指标间要有一定的内在联系。它们绝不是零散信息的无序堆积，而是有机联系的各个方面的有序构成。既要防止主要方面的遗漏，又要防止教育因素的交叉和重叠。

2. 可行性原则

民族教育超常规发展指标体系必须具有可行性，这是构建指标体系

的关键性环节。一是信息来源要具有可行性。即指标反映的是比较确切的和稳固性比较强的因素，数据收集不存在因技术及不确定因素影响过大等而造成的特殊困难，以保证数据的可靠性和可信度。二是便于操作。指标体系应简便易行，没有异常繁杂的难以掌握的技术问题和操作规程。

3. 可比性原则

民族教育超常规发展指标体系应兼顾国内外相互之间的可比因素，也就是必须具备可比性，这是构建指标体系的根本目的。这种比较因素是教育决策的主要参考指标。

（二）民族教育超常规发展指标体系框架构成

民族教育超常规发展指标体系设计是测验标准的关键性环节，它的设计是否合理、可靠、可信，是该指标是否具有科学性的重要内容。

指标体系的设计大致包括设计思路和框架设计两个部分。

指标体系设计的主要思路在于以下几点。一是采用一套反映民族教育及其相关方面的指标系统来表示民族教育超常规发展的各构成要素。二是指标选择上要包括总量、人均、数量、质量、效率等各项指标。三是指标体系既能进行民族教育与全国教育、某一民族地区与全国其他地区的横向测量；又能进行民族教育内部纵向的测量。四是各种数据资料主要以各级教育行政部门的统计数据为主要标准。部分数据的收集可在其他政府部门协助下或通过有关专项调查来获得。五是测量结果主要反映民族教育超常规发展的变化状况。

根据以上确定的原则和思路，经过指标筛选，笔者认为，民族教育超常规发展指标体系可以考虑用7个要素和30余个指标构成。

1. 同期不同地区教育基本要素比

将不同地区各类教育主要要素增长情况加以汇总比较，以反映某一民族地区同期与其他地区相比在教育整体上的发展状况。主要包括：教育经费投入增加值、人均教育经费增加值、实验设备增加值、图书资料增加总值、基建投资增长总值、每万人拥有学校数等。

2. 民族地区学校教育达标比

将不同地区学校教育达标增长情况加以汇总并进行比较，以反映某一民族地区同期与其他地区相比在教育要素方面的发展状况。主要包括：适龄儿童入学提高率、适龄儿童巩固提高率、初等教育毕业提高率、中等教育入学提高率和高等教育入学提高率等。

3. 办学质量

通过数据收集和社会评价等方法对办学质量进行比较，以反映某一民族地区同期与其他地区相比在教育质量提高方面的状况。主要包括：升学提高率、学生评价、家长评价、教育主管部门评价等。

4. 师资状况

通过对教师各种数据的收集和比较，以反映某一民族地区同期与其他地区相比在教师质量提高方面的状况。主要包括：教师学历达标提高率、教师进修经费提高率、教师综合素质评价、教师年龄结构变化率等。

5. 劳动力文化构成

通过对民族地区现有劳动力文化构成数据进行收集和比较，以反映某一民族地区同期与其他地区相比在劳动力文化结构调整方面的状况。主要包括：现有劳动力文化构成提高率、业余农职校学生入学提高率、每万人口小学文化程度人口提高率、每万人口中等文化程度人口提高率、每万人口大学文化程度人口提高率等。

6. 平均受教育年限

通过对民族地区人口平均受教育年限资料的收集和对比，以反映某一民族地区同期与其他地区相比在人口受教育程度上的变化状况。主要包括：儿童少年受教育年限提高率、青壮年受教育年限提高率、中老年受教育年限提高率等。

7. 成人识字率

通过对民族地区成人这一层次人口识字资料的收集和比较，以反映某一民族地区同期与其他地区相比在成人识字程度上的变化状况。主要包括：青壮年识字提高率、中年识字提高率、老年识字提高率、千人拥有报纸、图书提高率等。

三、经济发展指标与教育超常规发展指标相结合

测算方法应在定量分析和定性分析相结合的基础上进行，应当注意以下方面。

一是科学进行测试评价。要根据单项指标的重要程度对原始数据分类定权加以修正和调整，通过加权算术平均公式计算，使数量众多、属性不一的各种数据归并为一个数值，即综合指数，以对民族教育发展状况进行评价。上述指标体系通过整理后的综合指数应主要反映民族教育与其他地区相比在发展程度上的差别。为了能够及时反映民族教育在我国整个教育体系中的发展变化状况，并与我国经济发展测量周期一致，民族教育超常规发展的测量周期以一年为宜。

二是与制订教育发展规划结合进行。民族教育超常规发展指标的建立和测量，必须与制订教育发展规划结合起来进行。通过测量，可以比较客观和直观地反映我国民族教育或某一地区民族教育超常规发展状况，从而比较有效地对民族教育发展变化程度进行有效监控，增强民族教育发展规划制订的针对性和可行性。民族教育超常规发展的最佳形态，一是保持综合指数的逐年递增；二是综合指数大于同期其他地区教育综合指数的上升幅度。

三是与考察同期同地区经济发展指标结合进行。民族教育超常规发展指标体系的建立和测量，还必须与考察同期同地区经济发展指标结合起来进行。通过两套指标参数及综合指数的比较，特别是通过考察经济对教育支持程度的对比，以获得经济增长（特别是对教育投入的增长）与教育超常规发展程度之间联动关系的认识，从而增加我们对民族教育投入的理性控制，以最优的教育投入换取民族教育最大程度的超常规发展。

总之，只要具备良好的社会条件和优惠的政策措施，我国民族教育超常规发展是可以实现的。这不仅在理论证明上是成立的，而且在民族

教育实践中也得到了充分证明。这项研究，不但有助于我们认识我国民族教育发展的特殊性，而且有助于我国民族教育事业的健康发展。深入探讨我国民族教育超常规发展的模式和方法，是中华人民共和国民族教育理论与实践面临的重要课题。

后　记

　　大学毕业时，社会主义时期的民族问题对我来说还是一个十分陌生的课题，带着十分概念化的东西和朦胧的憧憬，我义无反顾地迈上了对民族地区由感性体验到理性思考的征程。

　　由于工作的缘故，我有机会接触到少数民族地区和少数民族群众。民族地区的现状和少数民族群众勤劳、质朴的品质深深地打动着我，使我有机会和有勇气扬起理想的风帆。

　　当我在鄂西、湘西崇山峻岭间奔走时，当我在广西百色少数民族边境小镇考察时，当我在海南腹地五指山麓的村寨里与村民座谈时，当我在滇西偏居一隅的乡村小学中听取教师讲课时，当我在豫东、鲁北民族聚居村调研时，当我在新疆茫茫戈壁滩和内蒙古大草原上采风时……我不但充分领略了我国少数民族地区那令人流连忘返的旖旎风光和富有深厚文化底蕴的民族风情，而且也感到了民族地区经济亟待发展、教育亟待振兴和文化亟待现代化。正是对民族地区从感性认识到理性认识的升华和一名社会科学工作者的历史责任，使我将理论研究的视角聚焦于我国民族地区发展这一现实问题上。

　　为了完成对民族地区加快发展问题的研究，我从政治、经济、文化等多角度进行了探索。要实现民族地区的发展，必须要切实解决好政治发展、经济发展和文化发展的关系，有必要对三者之间的作用及相关问题进行揭示。民族地区个性差异较大，但从总体来看，当前的主要任务是经济发展问题，解决脱贫和温饱问题，即完成本书提出的经济启动的任务。但从民族地区长远发展来看，文化启动势在必行。况且经济振兴从来就不能离开教育事业的发展。

本书侧重于民族教育与民族地区发展关系的研究，其理由是显而易见的。在与民族地区干部群众接触中，我感到有必要重新塑造民族教育的形象，以便克服忽视教育在民族经济及社会发展中作用的倾向。如果本人的研究能够比较恰当地揭示民族教育与民族地区经济和社会发展的关系，能够对少数民族地区干部和群众真正树立起科教振兴民族地区的意识有所帮助，也就达到了本项研究的初衷，并为此感到欣慰。

本课题是全国哲学社会科学研究课题。本书是在我 1996—1997 年完成的博士学位论文基础上改写的。在论文的写作过程中，我的导师李会滨教授给予了全力支持和精心指导。夏振坤研究员、杨宏禹教授、梅荣政教授、哈经雄教授、任一飞研究员、杨圣敏教授、谢维和教授、周星教授、杨昌源教授、黄汉江教授在我的论文评审中给予了充分肯定。全国教育规划办给予立项。广西民族出版社和中南民族学院科研处对该书出版给予了大力支持。我还特别参考和引用了一些学者的研究资料。在此，对关心和支持我的导师、各位专家及其他同志们表示衷心的感谢。

当然，民族问题毕竟是当前多民族国家普遍遇到的世界性难题，由于自己学识有限，一些相关问题尚未进行更加深刻的探讨。本书中不尽如人意的地方，恳请读者批评、赐教。

孟立军
1999 年 8 月 15 日

再版后记

本书是国家社会科学基金"我国民族教育超常规发展的理论与实践研究"的最终研究成果。该成果于1999年以题为"历史性跨越——民族教育超常规发展与民族地区发展研究"出版以来，得到了较好的社会反响。2001年荣获第二届全国教育图书奖二等奖，《民族研究》杂志刊登了对该书的书评。

为了能与我们这个发展的时代相适应，一直希望能有机会修订此书。恰逢光明日报出版社《光明社科文库》向社会广泛征集选题，成就了我修订该书的愿望和梦想。

去年有幸获批教育部哲学社会科学研究重大课题攻关项目"中国共产党关于民族教育理论与实践研究"（19JZD048），再次激发了我对中国共产党民族教育理论进行全方位思考的冲动。民族教育超常规发展作为发展我国民族教育最重要的战略理论和实践模式之一，对完成此项课题的研究也至关重要，有必要进行重新的审视和完善。为了能够突出重点，更好地展现各研究部分的联系与区隔，以及凸显理论阐述的完整性、严密性和逻辑性，此次修订不仅对全书理论框架进行了重新调整，还对部分章节内容做了较大幅度的改动。

此次修订还对部分数据资料进行了更新。尽管初版成书时已尽量采用了学界最新研究成果，但时过境迁，许多数据都不可避免地带有成书那个时期的深刻印记。此次修订大幅度删减了原书数据材料，并适当补充了一些新的数据材料，希冀能更多地反映时代变迁给我们带来的新的思考。

当然，修订的目的在于在原有基础上有所完善和提升。因此本次修订，除了对那些非改、非增不可的地方进行必要的调整外，仍希望能够保持原来成果的时代特点和叙述风格，在此特作说明。

当然，由于时间仓促，此次修订不可避免地存在着一些瑕疵，甚至是令人难以弥补的缺憾。这种困惑与无奈将会在今后永不停留的探索实践中加以弥补。

在此书再版之际，特别感谢光明日报出版社，以及原书出版单位广西民族出版社给予我学术研究工作的支持。回首望去，正是由于有了你们的伴随和竭尽全力的帮助，才使我在实现自己学术梦想的征程上显得如此从容和自信，充满着惬意、遐想和无尽的期盼，再一次衷心地谢谢你们！

孟立军
2020 年 6 月 25 日